酸素欠乏危険
作業主任者テキスト

中央労働災害防止協会

序

　酸素欠乏危険場所での作業は，土木，建設工事をはじめとして，化学工業，食品製造業などでも広く行われており，酸素欠乏症等による災害は，様々な業種において発生するおそれがあります。

　酸素欠乏症等の発生状況をみると，発生件数，被災者数ともここ数年は減少傾向にかげりがみえ，致死率が非常に高い災害です。

　また，これらの災害の多くは，測定，換気，作業主任者の選任，作業者教育等，酸素欠乏症等を防止するための基本的な事項が行われていなかったことにより発生しているものと考えられます。

　本書は，酸素欠乏危険作業主任者技能講習および酸素欠乏・硫化水素危険作業主任者技能講習両用のテキストであり，酸素欠乏危険作業主任者として職務に従事する際に必要な知識を，基本的事項から実務上知っておいていただきたい事項まで広い範囲にわたり取り上げたものです。このたび，最新の知見や情報に基づいて内容を見直し，改訂を行いました。今回の改訂に当たってご協力いただきました専門家の先生方には改めて感謝申し上げます。

　本書が酸素欠乏危険作業主任者をはじめ多くの関係者に活用され，酸素欠乏症等の防止に役立つことを願っております。

　令和3年6月

中央労働災害防止協会

「酸素欠乏危険作業主任者技能講習」の科目等は p.274 に，「酸素欠乏・硫化水素危険作業主任者技能講習」の科目等は p.276 に掲載しています。

【今回の改訂に当たりご協力いただいた専門家（50音順）】

椎名　孝夫　　椎名労働衛生コンサルタント事務所　所長

中島　　宏　　防衛医科大学校　衛生学公衆衛生学講座　准教授

野寺　　誠　　埼玉医科大学　保健医療学部　准教授

目　　次

第4編　保護具（酸素欠乏危険作業で使用する呼吸用保護具等）

第5編　事故の場合の退避および救急処置

第6編　災害事例

第7編　関係法令

第 **1** 編

序　　論

⇒この編で学ぶこと

□酸素欠乏症，硫化水素中毒による労働災害の発生状況

□第１種酸素欠乏危険作業と第２種酸素欠乏危険作業の区分

□作業主任者の職務

・作業開始前

・作業場所への立入り前

・作業中

・作業終了後

第1章　酸素欠乏症等の労働災害発生状況

1　酸素欠乏症等の労働災害発生状況の推移

　酸素欠乏症および硫化水素中毒による労働災害について，平成3年以降の推移を
みると，酸素欠乏症については**図1-1**，硫化水素中毒については**図1-2**のとおり
となっている。

　図1-1によると，酸素欠乏症の労働災害発生件数は長期的には減少傾向にある
が，近年は増減を繰り返している。

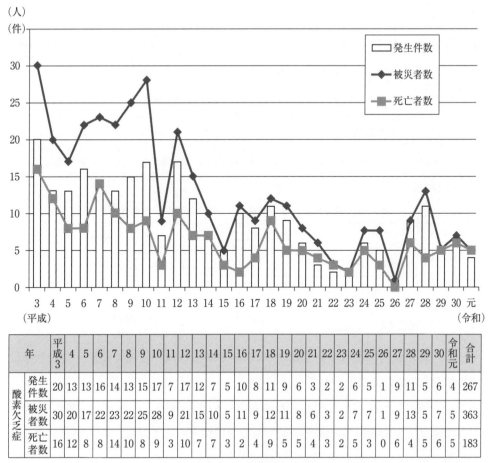

年	平成3	4	5	6	7	8	9	10	11	12	13	14	15	16	17	18	19	20	21	22	23	24	25	26	27	28	29	30	令和元	合計
発生件数	20	13	13	16	14	13	15	17	7	17	12	7	5	10	8	11	9	6	3	2	2	6	5	1	9	11	5	6	4	267
被災者数	30	20	17	22	23	22	25	28	9	21	15	10	5	11	9	12	11	8	6	3	2	7	7	1	9	13	5	7	5	363
死亡者数	16	12	8	8	14	10	8	9	3	10	7	7	3	2	4	9	5	5	4	3	2	5	3	0	6	4	5	6	5	183

(酸素欠乏症)

図1-1　酸素欠乏症の労働災害発生状況

被災者数は死亡者数を含む。　　出典：厚生労働省（令和2年7月7日基安労発0707第3号）

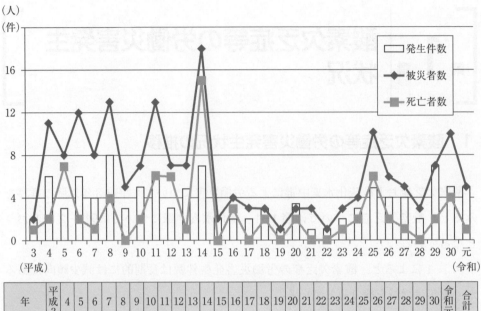

図1-2　硫化水素中毒の労働災害発生状況

年	平成3	4	5	6	7	8	9	10	11	12	13	14	15	16	17	18	19	20	21	22	23	24	25	26	27	28	29	30	令和元	合計
硫化水素中毒 発生件数	2	6	3	6	4	8	3	5	6	3	5	7	2	2	2	3	1	3	1	1	2	3	5	4	4	2	7	5	5	110
被災者数	2	11	8	12	8	13	5	7	13	7	7	18	2	4	3	3	1	3	3	1	3	4	10	6	5	3	7	10	5	184
死亡者数	1	2	7	2	1	4	0	2	6	6	1	15	0	3	0	2	0	2	0	0	1	2	6	2	1	0	2	4	1	73

被災者数は死亡者数を含む。　　出典：厚生労働省（令和2年7月7日基安労発0707第3号）

(注)　平成14年の死亡者数が際立って多いのは，この年，下水道管きょの清掃作業中の災害で一度に5人が死亡する重大災害が発生しているなどにより，1件あたりの被災者が多くなっているためであり，これらの状況を受けて，厚生労働省から平成14年8月26日付け基安労発第0826001号「酸素欠乏症等災害防止対策の徹底について」が発出され，これにより，酸素欠乏危険作業に従事する事業者等に対する集団指導や安全パトロールの実施等が指示された。

表1-1　酸素欠乏症等の致死率　（平成3年から令和元年）

	酸素欠乏症	硫化水素中毒
被災者数	363	184
うち死亡者数	183	73
致死率（死亡者数／被災者数）	50.4%	39.7%

　一方，硫化水素中毒については，平成15年からは減少していたが，ここ数年は増加傾向もみられることがある（図1-2）。

　また，被災者数に占める死亡者数の割合，つまり致死率をみると，**表1-1**のとおり酸素欠乏症で50.4%，硫化水素中毒で39.7%となっており，致死率が非常に高く危険であるといえる。

　また，過去20年間（平成12年から令和元年）の酸素欠乏症等の労働災害発生状

況を業種別にみると，**図1-3**のようになっている。これによると，酸素欠乏症については製造業が最も多く，次いで建設業となっており，この2業種で全体の66.2%を占めている。また，硫化水素中毒については，製造業および清掃業が最も多く，この2業種で全体の64.2%を占めている。

さらに，酸素欠乏症等の労働災害発生状況を発生月別にみると，**図1-4**のよう

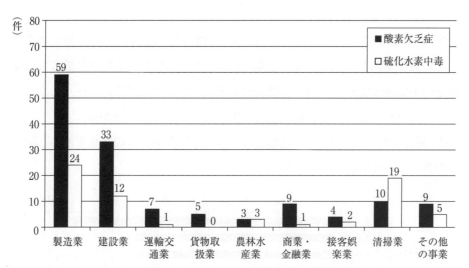

図1-3　酸素欠乏症等の業種別の労働災害発生状況（平成12年から令和元年）

出典：厚生労働省（令和2年7月7日基安労発0707第3号）

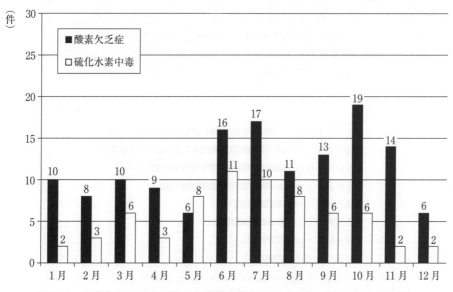

図1-4　酸素欠乏症等の月別の労働災害発生状況（平成12年から令和元年）

出典：厚生労働省（令和2年7月7日基安労発0707第3号）

になっている。これによると，酸素欠乏症では，当該20年間で発生件数の最も多い月は10月，次いで7月，6月となっており，硫化水素中毒では最も多い月は6月，次いで7月，5月・8月となっている。

2　酸素欠乏症等の労働災害発生状況からみた原因および管理面での問題点

　平成10年から19年までの10年間における酸素欠乏症等による労働災害の分析で，その発生原因についてみると，**図1-5**のとおりとなっており，最も多い原因が測定の未実施であり，次いで，換気の未実施，空気呼吸器等の未使用の順になっている。これらの原因が他の原因に比べ突出して多いことが分かる。

　また，同様に酸素欠乏症等の労働災害について，管理面での問題点をみると**図1-6**のとおりとなっている。

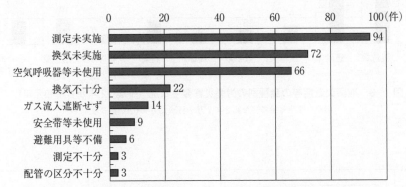

（注）1件につき複数の災害発生原因があるため労働災害発生件数の合計とは一致しない。

図1-5　酸素欠乏症等の発生原因別労働災害発生状況（平成10年から平成19年）

出典：厚生労働省（平成20年7月1日付け基安労発0701001号）

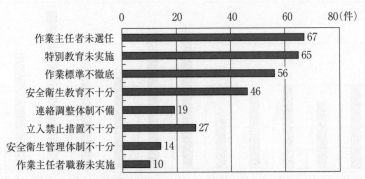

（注）1件につき複数の災害発生原因があるため労働災害発生件数の合計とは一致しない。

図1-6　酸素欠乏症等の管理面での問題点別労働災害発生状況（平成10年から平成19年）

出典：厚生労働省（平成20年7月1日付け基安労発0701001号）

　これによると，酸素欠乏危険作業主任者の未選任が最も多く，酸素欠乏危険作業の特別教育の未実施，作業標準の不徹底，安全衛生教育が不十分であることがこれに続いている。

　このように，酸素欠乏症等の労働災害については，

①　酸素濃度または硫化水素濃度の測定を行っていなかったこと

②　換気をせずまたは換気が不十分なまま酸素欠乏等の場所に立ち入ったこと

③　酸素欠乏危険作業主任者を選任していなかったこと

④　空気呼吸器などの呼吸用保護具を使用しなかったこと

⑤　転落のおそれのある場所で，墜落制止用器具等を使用していなかったこと

⑥　作業者への酸素欠乏危険作業，酸素欠乏症あるいは硫化水素中毒の防止についての教育が不足していたこと

⑦　「関係者以外立入禁止」の表示がなかったこと

等が，主な原因としてあげられる。

　酸素欠乏危険作業主任者は，これらの基本的な労働災害防止対策を実施するとともに，対策を遵守することの重要性を現場の作業者に認識させることが重要である。

第2章 酸素欠乏危険作業主任者の職務と役割

　酸素欠乏危険作業とは，労働安全衛生法施行令（以下「令」）別表第6に掲げる酸素欠乏危険場所における作業であるが，酸素欠乏症等防止規則第2条により第1種酸素欠乏危険作業，第2種酸素欠乏危険作業に区分されている。

1　第1種酸素欠乏危険作業

　酸素欠乏危険作業のうち，第2種酸素欠乏危険作業以外の作業をいう。

2　第2種酸素欠乏危険作業

　酸素欠乏危険作業のうち，令別表第6第3号の3，第9号または第12号に掲げる酸素欠乏危険場所（酸素欠乏症にかかるおそれおよび硫化水素中毒にかかるおそれのある場所として厚生労働大臣が定める場所に限る）における作業をいう。

3　酸素欠乏危険作業主任者の選任と職務

（1）　酸素欠乏危険作業主任者の選任

　第1種酸素欠乏危険作業については，酸素欠乏危険作業主任者技能講習または酸素欠乏・硫化水素危険作業主任者技能講習を修了した者のうちから，また第2種酸素欠乏危険作業については，酸素欠乏・硫化水素危険作業主任者技能講習を修了した者のうちから酸素欠乏危険作業主任者を選任しなければならないこととされている。

　酸素欠乏症等防止規則では，第1種および第2種酸素欠乏危険作業に係る作業主任者について以下の事項の履行を求めている。

（2）　第1種酸素欠乏危険作業に係る作業主任者の職務

　酸素欠乏危険場所のうち，硫化水素中毒にかかるおそれのない場所における作業（第1種酸素欠乏危険作業）について選任された作業主任者は，次の職務を行わな

ければならない。

　①　作業に従事する労働者が酸素欠乏の空気を吸入しないように，作業の方法を決定し，労働者を指揮すること。

　②　作業を行う場所の空気中の酸素の濃度を測定すること。

　③　測定器具，換気装置，空気呼吸器等その他労働者が酸素欠乏症にかかることを防止するための器具または設備を点検すること。

　④　空気呼吸器等の使用状況を監視すること。

　　なお，②の酸素濃度の測定は，次の場合に行わなければならない。

　　ア　その日の作業を開始する前

　　イ　作業に従事するすべての労働者が作業を行う場所を離れた後，再び作業を開始する前

　　ウ　労働者の身体，換気装置等に異常があったとき

（3）　第1種酸素欠乏危険作業に係る作業主任者の職務の遂行について

　第1種酸素欠乏危険作業に係る作業主任者が職務を遂行するに当たって，その詳細は，「作業開始前の留意点」，「作業場所への立入り前の措置」，「作業中の措置」，「作業終了後」の4段階に分けると把握しやすい。ここでは第1種酸素欠乏危険作業に係る作業主任者の職務について説明する。

　①　作業開始前の留意点

　　ア　作業場所の確認

　　イ　換気設備，酸素濃度測定器具，空気呼吸器および墜落制止用器具等の点検

　　ウ　立入禁止の囲い，標識等の確認

　　エ　監視人の選任と配置

　　オ　関係者での，災害防止のために必要な連絡，打ち合わせ

　　カ　作業者への指示，確認

　　　(ア)　作業場所，作業範囲，工程等の指示

　　　(イ)　酸素欠乏空気の発生時の退避方法

　　　(ウ)　作業者の健康状態，保護具の確認

　②　作業場所への立入り前の措置

　　ア　作業場所の酸素濃度の測定を実施し，酸素濃度が18％以上であることの確認

　　イ　作業者の酸素欠乏危険場所への立入り時期の決定

　　ウ　保護具の着用の時期の決定

エ　立入り人員の点呼

③　作業中の措置

ア　酸素欠乏空気が発生した場合の退避経路の確認

イ　作業の指揮

ウ　換気装置等の監視，調整，点検

エ　監視人の配置，監視位置の確認

オ　保護具の使用状況の確認

カ　酸素濃度の確認

キ　災害発生時は，責任者に連絡し，救出活動を実行する

④　作業終了後

ア　人員の点呼

イ　作業の状況，作業環境の変化を確認

ウ　換気装置の稼働停止の指示

エ　引き継ぎをする場合は，作業環境，換気状態等の内容を確認

（4）　第2種酸素欠乏危険作業に係る作業主任者の職務

酸素欠乏危険場所のうち，酸素欠乏症および硫化水素中毒にかかるおそれのある場所における作業（第2種酸素欠乏危険作業）について選任された作業主任者は，次の職務を行わなければならない。

①　作業に従事する労働者が酸素欠乏の空気および硫化水素を吸入しないように，作業の方法を決定し，労働者を指揮すること。

②　作業を行う場所の空気中の酸素および硫化水素の濃度を測定すること。

③　測定器具，換気装置，空気呼吸器等その他労働者が酸素欠乏症および硫化水素中毒にかかることを防止するための器具または設備を点検すること。

④　空気呼吸器等の使用状況を監視すること。

なお，②の酸素および硫化水素の濃度の測定は，次の場合に行わなければならない。

ア　その日の作業を開始する前

イ　作業に従事するすべての労働者が作業を行う場所を離れた後再び作業を開始する前

ウ　労働者の身体，換気装置等に異常があったとき

（5）　第2種酸素欠乏危険作業に係る作業主任者の職務の遂行について

第2種酸素欠乏危険作業に係る作業主任者の職務の詳細は，第1種酸素欠乏危険

作業に係る作業主任者と同様に，4段階に分けると以下のようになる。

① 作業開始前の留意点

ア 作業場所の確認

イ 換気設備，酸素濃度・硫化水素濃度測定器具，空気呼吸器および墜落制止用器具等の点検

ウ 立入禁止の囲い，標識等の確認

エ 監視人の選任と配置

オ 関係者にて，災害防止のために必要な連絡，打ち合わせ

カ 作業者への指示，確認

　(ア) 作業場所，作業範囲，工程等の指示

　(イ) 酸素欠乏空気・硫化水素の発生時の退避方法

　(ウ) 作業者の健康状態，保護具の確認

② 作業場所への立入り前の措置

ア 作業場所の酸素濃度および硫化水素濃度の測定を実施し，酸素濃度が18％以上，かつ硫化水素濃度が10ppm以下であることの確認

イ 作業者の酸素欠乏危険場所への立入り時期の決定

ウ 保護具の着用の時期の決定

エ 立入り人員の点呼

③ 作業中の措置

ア 酸素欠乏空気または硫化水素が発生した場合の退避経路の確認

イ 作業の指揮

ウ 換気装置等の監視，調整，点検

エ 監視人の配置，監視位置の確認

オ 保護具の使用状況の確認

カ 酸素濃度および硫化水素濃度の確認

キ 災害発生時は，責任者に連絡し，救出活動を実行する

④ 作業終了後

ア 人員の点呼

イ 作業の状況，作業環境の変化を確認

ウ 換気装置の稼働停止の指示

エ 引き継ぎをする場合は，作業環境，換気状態等の内容を確認

第 **2** 編

酸素欠乏症等の病理と症状

⇒この編で学ぶこと

□酸素欠乏症の発症と症状

□硫化水素中毒の発症と症状

[第1章] 酸素欠乏症の病理と症状

1　気中酸素濃度と酸素分圧

　地球の大気には，組成率にして20.95％（約21％）の酸素が存在し，人間をはじめとする生物の生命を支えている。植物は，日中太陽光のエネルギーを受けて水と二酸化炭素から光合成によって炭水化物を産生し，動物は呼吸によって取り込んだ酸素と炭水化物などの食物から得た栄養素をブドウ糖に変えて細胞内でエネルギーを産生して生命を営んでいる。すなわち，酸素とブドウ糖が生命を維持する基本である。

　人間は他の動物と比べて，機能の著しく発達した巨大な脳を持っている。その脳を構成している細胞は，それら自身で，エネルギー源であるブドウ糖と酸素によって大量のエネルギー物質（アデノシン三リン酸＝ＡＴＰ）を産生し，かつそれを消費しつつ，休むことなく活動している。そのエネルギー消費量は1日当たり500kcalにも及び，それに見合う酸素量は100L以上にもなるが，これは全身の必要量の約5分の1に相当する。

　脳は生命現象における中枢的な存在であるが，酸素に対する依存性が最も高く，酸素供給量の減少によって，その活動は直ちに不活発となる。そして，酸素の供給停止すなわち無酸素下では，瞬時に活動を停止し，2分以上経てば，大脳皮質細胞においては不可逆的な崩壊がはじまり，たとえ蘇生しても重篤な障害を残すこととなる。

　空気の組成は**表2-1**のように酸素と窒素で約99％を占め，そのほかに約0.03％の二酸化炭素（炭酸ガス）が，生体の呼吸調節と密接なかかわりをもって存在して

表2-1　空気の組成

構　成　ガ　ス	体積比率　%	分　圧	
		hPa	mmHg
酸　　　　　　　素	20.95	212.2	159.2
窒　　　　　　　素	78.08	791.0	593.4
二酸化炭素（炭酸ガス）	0.03	0.3	0.2
アルゴンその他の希ガス	0.94	9.5	7.2
計	100.00	1013.0	760.0

（標準大気（ISO 2533-1975）より）

いる。人体は，酸素が 20.95% の環境に順応しているので，通常はこれ以上の酸素を必要としない。高濃度酸素は，酸素中毒を引き起こし，かえって有害となることもある。窒素は結果的には酸素を適度に希釈している存在となっているが，密閉された作業現場等の閉鎖環境で酸素が吸収・消費されると，窒息を引き起こす。なお，窒素とは窒息させる元素という意味である。

　大気全体の圧力のうち，酸素の及ぼす圧力を酸素分圧という。

　大気圧は海抜 0m では 1,013hPa（760mmHg）であるが，このうち酸素は 20.95% であるので，酸素の分圧は

$$1,013 \times \frac{20.95}{100} \fallingdotseq 212.2$$

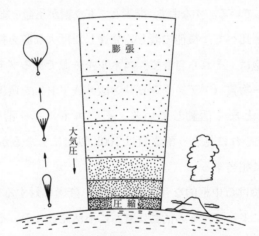

図2-1　下層空気の圧縮（濃縮化）と上層空気の膨張（希薄化）

表2-2　高度と気圧および酸素分圧の変化

高　　度	気　　　　　圧		酸　素　分　圧		海面高度換算相当濃度
(m)	(hPa)	(mmHg)	(hPa)	(mmHg)	(%)
0	1,013	760	212	159.2	21
1,000	899	674	188	141.2	19
2,000	795	596	167	124.9	16
3,000	701	525	147	110.0	14
4,000	617	462	129	96.8	13
5,000	540	405	113	84.8	11
6,000	472	352	99	73.7	10
7,000	411	307	86	64.3	8
8,000	357	267	75	55.9	7
9,000	308	230	65	48.2	6
10,000	265	198	56	41.5	5

と計算され，約 212hPa（約 159mmHg）となる。

　20.95％という空気組成の体積比率は海抜 0m から上空 20km くらいまでほとんど変わらない。しかしながら，高度と気圧の関係を示した**図 2-1** および**表 2-2** のように気圧は高度を増すにつれて低下する。したがって，上空では海抜 0m 付近の空気と比べて酸素が希釈された状態となるために実質的な酸素量は少なくなる（酸素分圧の低下）。

　ガスの透過が可能な薄い膜をへだてて，分圧の異なる同種のガスが存在する場合，ガスは分圧の高い方から低い方に移行する。その結果，最初は分圧に差があったガスは均一な分圧（濃度）になる性質がある。肺呼吸における酸素の取り込みもこの原理が基本となっている。

　呼吸によって肺に吸入された空気は肺胞に送られる。肺胞内に届いた新鮮な空気中の酸素分圧と肺胞を取り巻く毛細血管内の血液との酸素分圧の差によって，肺胞から血液へと酸素の移動が起こる。したがって，呼吸循環障害などにより酸素欠乏状態が生じた場合のみならず，高所に滞在した場合や高い高度の飛行機内のように気圧の低下に伴う吸気中酸素分圧の低下があった場合には，酸素吸入を行えば，血中への酸素の取り込みは増加する。

2　人体における酸素の摂取と利用

（1）　呼吸器の構造と機能

　肺の中で空気と肺毛細血管の血流とが触れ合う場所は，**図 2-2** のような細気管支の末端にある肺胞で，ここで酸素を吸収し二酸化炭素を放出するガス交換が行われる。この肺胞の数は肺ごとに 3 億個にも及び，ガス交換面積は約 70㎡で，バドミントンコートの面積とほぼ同じである。人間はこれくらい広い呼吸面積から必要な酸素を取り込んでいる。

　肺自体は拡張や収縮ができない。呼吸筋である肋間筋と横隔膜の相互運動によって拡張・収縮して呼吸を行っている。酸素濃度の高い新鮮な空気を吸い，体内の各組織で燃焼して生じた二酸化炭素を排出している。肺でガス交換が行われる肺胞と肺胞を取り囲んでいる毛細血管の接合面は非常に薄い。この薄い膜では，酸素やその他のガスが容易に透過できるようになっている。

（2）　体内における酸素の分配と輸送

　肺胞で血液に取り込まれた酸素の流れと酸素分圧（単位：mmHg）の変動を

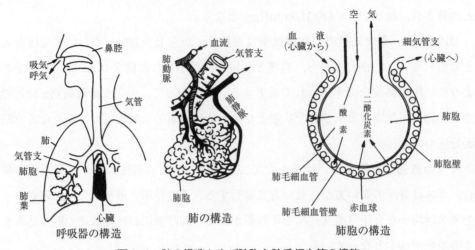

図2-2　肺の構造および肺胞と肺毛細血管の機能

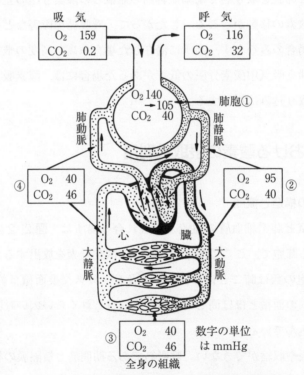

図2-3　呼吸・循環回路における酸素分圧の変動

図2-3に示す。

　新鮮な空気を吸入することにより，肺胞内の酸素分圧は105mmHgとなる（図2
-3の①）。肺胞中の酸素は非常に薄い膜を介して毛細血管中の血液と接すると，赤

血球の主成分であるヘモグロビン（血色素）と結合する。ヘモグロビンが酸素化されて血中酸素分圧が95mmHg（ほぼ飽和状態）となる。これが動脈血として心臓（左心室）から大動脈を経て全身に送られる（図2-3の②）。全身の組織で酸素が消費され酸素分圧が40mmHgとなった血液は大静脈を経て心臓（右心房）に戻る（図2-3の③，④）。右心房に戻った静脈血は右心室に送られて肺動脈を経て肺に送られて，再び酸素化されて動脈血となる。

（3）　血液の役割

　正常な成人では，全血液量は3,500 ～ 5,000mLで，その血液は主に赤血球，白血球，血小板および血漿から成っている。

　赤血球中のヘモグロビンは鉄を含んだ蛋白質の一種で，その鉄が酸素と容易に結合し，また，容易に放出する特性を備えている。このヘモグロビン1gは，1.338mLの酸素と結合する。人間の血液は1L中に150gのヘモグロビンを含み，200mLの酸素を運ぶことができる。

（4）　生体の酸素利用

　生体内のすべての細胞は，酸素を利用して，エネルギーを産生し，活動している。酸素が供給されなければ生命は維持できない。

　エネルギー消費量が大きい細胞および組織は，その機能を維持するために，より多くの酸素を要求する。

　全身で最も酸素を消費する脳は，重量が1.4kgで体重の2％程度であるが，酸素消費量は全身の必要量の約20％に当たる。脳は，酸素を貯蔵できないので，供給された酸素は一瞬にして使い果たしてしまう。もし心臓停止などで血液が止まれば，脳の機能も瞬時に止まり，意識不明となり仮死の状態に陥る。呼吸している空気が無酸素状態や極限的な低酸素濃度となれば，肺血流による必要な酸素分圧が得られないので，その無酸素空気等を1回でも呼吸すれば意識喪失をきたす危険性がある（本章3（2）参照）。

　筋肉の酸素消費量は，脳に比べてかなり小さいが，全身の筋肉の総量は大きいので，その活動時の酸素消費量の増大は無視できない。**表2-3**のように全身的に運動量が増せば，酸素消費量は著しく増大し，最大活動時には全身的な酸素不足をきたし，運動終止後もしばらくの間酸素不足を解消するための深大な呼吸と頻脈が続く。

　筋肉にはヘモグロビンに似た性質のミオグロビン（筋肉の赤い色の本体）があるため，血液中の酸素を貯える性質がある。例えば，肺胞空気の酸素分圧が40mmHgに低下した場合，血液中のヘモグロビンの酸素飽和度（結合度）は66％

表2-3　各種労作時の酸素消費量

(体重68kg成人男子の例)

条　　　　件	エネルギー消費量 (kcal/min)	呼　吸　量 (L/min)	酸素消費量 (L/min)
臥　　　位	1.15	6	0.24
坐　　　位	1.44	7	0.30
立　　　位	1.72	8	0.36
歩　　行（3km/時）	3.13	14	0.65
〃　　　（6km/時）	5.76	26	1.20
走　　　行	9.60	43	2.00
最 大 活 動	14-20	85-90	3-4

(消費エネルギーに対する酸素消費量：約0.21L/kcal)

にしか上がらないが，筋肉のミオグロビンはヘモグロビンの持っている乏しい酸素を奪取して94％まで飽和してしまう。また，肺胞気中酸素分圧が10mmHgという極端な低下では，ヘモグロビンは10％しか飽和できないのに対し，ミオグロビンは80％も飽和できる。重筋労働のときに酸素欠乏に陥った場合，その症状は重症化しやすいこと，また，脳は活動停止しても，心臓はなおも動き続けていられることも，ミオグロビンの存在によるものである。

（5）窒　息

　呼吸が阻害される状態や，そのために引き起こされる状態を窒息という。人間は空気環境の中で生活し，肺から酸素を吸収して血液の循環によって細胞に酸素を送っている。その過程に異常があれば窒息が起こり，死に直結する。

　地下など閉鎖的な環境で，鉄分の多い地層を掘削すると鉄によって酸素が消費される。また，大量の二酸化炭素やメタンが発生するとそれだけ酸素の量が減少し，窒息が起こる。これらが一般的な酸素欠乏症を起こす原因となるが，それ以外でも窒息の原因となることがある。

　塩素，アンモニア，フッ化水素などの刺激性の強いガスを吸入すると気管の粘膜を刺激し，分泌液が出て，それが肺の内部に貯留する。この状態を肺水腫といい，窒息が起こる。

　不完全燃焼で生じる「一酸化炭素」は無色無臭のガスであるが，赤血球の主成分であるヘモグロビンと結合する。この結合能は酸素の約250倍も強いため，一酸化炭素が存在すると，ヘモグロビンは酸素と結合できなくなり，窒息を起こす。一酸化炭素中毒防止のためにも換気が必要となる。

　また，呼吸には肺で行う外呼吸と呼吸酵素（細胞内で酸化還元反応を促進する酵素）で行う組織細胞レベルの内呼吸とがある。後述する硫化水素やシアン化水素は

呼吸酵素に作用して，組織細胞レベルでの窒息を起こす（化学性窒息）。

3　酸素欠乏症

（1）酸素不足に対する生体の対応

　生体は酸素を必要とするが，さまざまな原因で，生体機能の維持に必要な酸素を得られない場合がある。この状態を低酸素症という。低酸素症のうち，吸入気中の酸素濃度の低下による低酸素症を，特に「酸素欠乏症」と呼んでいる。なお，酸素欠乏症等防止規則では，第2条において，酸素欠乏を「酸素欠乏の空気を吸入することにより生ずる症状が認められる状態」と定義している。

　酸素が不足すると，体内で乳酸の産生量が増加して血液が酸性に傾く。これによって延髄にある呼吸中枢などが刺激されて，呼吸数や心拍数が増加する。こうした酸素不足を補うような代償作用によって正常な状態を保てるのも，気中の酸素濃度が16％くらいまでである。16％より下がると**表2-4**に示すような様々な影響が出現する。

表2-4　酸素濃度と酸素欠乏症の症状等との関係

段階（ヘンダーソンらの分類による）	空気中酸素		動脈血中酸素		酸素欠乏症の症状等
	濃度	分圧	飽和度	分圧	
	(%) 18	(mmHg) 137	(%) 96	(mmHg) 78	安全下限界だが，作業環境内の連続換気，酸素濃度測定，墜落制止用器具等，呼吸用保護具の用意が必要
1	16～12	122～91	93～77	67～42	脈拍・呼吸数増加，精神集中力低下，単純計算まちがい，精密筋作業拙劣化，筋力低下，頭痛，耳鳴，悪心，吐気，動脈血中酸素飽和度85～80％（酸素分圧50～45mmHg）でチアノーゼが現れる
2	14～9	106～68	87～57	54～30	判断力低下，発揚状態，不安定な精神状態（怒りっぽくなる），ため息頻発，異常な疲労感，酩酊状態，頭痛，耳鳴，吐気，嘔吐，当時の記憶なし，傷の痛みを感じない，全身脱力，体温上昇，チアノーゼ，意識もうろう，階段・梯子から墜落死・溺死の危険性
3	10～6	76～46	65～30	34～18	吐気，嘔吐，行動の自由を失う，危険を感じても動けず叫べず，虚脱，チアノーゼ，幻覚，意識喪失，昏倒，中枢神経障害，チェーンストークス型の呼吸出現，全身けいれん，死の危険
4	6以下	46以下	30以下	18以下	数回のあえぎ呼吸で失神・昏倒，呼吸緩徐・停止，けいれん，心臓停止，死

（Y. Henderson, H. W. Haggard の分類）

　登山のように徐々に高度を上げていく場合や高山に長期滞在しているときには，徐々に赤血球数やヘモグロビン量が増加し，細胞の酸素利用効率を高める酵素の働きが活発になり，肺活量が増大するなどの高度順化という現象が現れ，低酸素に耐えられるようになる。例えば，海抜8,848mのエベレストの頂上では酸素分圧から換算して，海面高度における7％程度の酸素濃度に相当し，酸素吸入なしでは10分ぐらいで死亡するが，ときに登山隊員が酸素マスクなしで登頂しているのは，山麓から登頂までかなり長期間かけて徐々に高度をあげ，高所に長期滞在しているうちに，この高度順化を獲得しているからである。高度順化を得るには通常3週間以上の高所滞在を必要とする。しかしながら，ヘリコプターや登山電車で高山に登るときは，この高度順化が得られず，急性の酸素欠乏症すなわち高山病にもつながる。高山病の重症例では，頭痛，めまい，息苦しさといった症状に引き続き，肺水腫や脳浮腫など致命的な症状を起こすこともあり，注意を要する。

　酸素不足に対して最も敏感に反応するのは，大脳皮質である。大脳皮質は人類において最も発達しているが，その反面，酸素欠乏に対しては最ももろい器官である。酸素欠乏症の症状は，まず大脳皮質の機能低下からはじまる。

　酸素欠乏症の症状が現れる酸素濃度は個人差が大きく，また個人の健康状態によっても異なる。通常一般的には16％くらいから自覚症状が現れ，低濃度になるほど症状は重く，10％以下では死の危険が生じてくる。

　これらの症状は，重筋労働中や疲労しているとき，あるいは二日酔いなどの場合は重症化する。また，貧血や循環器障害を持っている人では，第２段階程度でも致命的となる場合もある。とくに心筋梗塞など心疾患を有する場合には，第１段階でも危険な場合がある。

　作業環境によっては，致命的な低酸素濃度でなくても，筋力低下あるいはめまい等による墜落，転落などにより死に至る例もある。また，大脳機能の低下による錯覚，誤操作などが大事故を誘発する可能性のあることも十分考慮しなければならない。酸素欠乏症の症状の一つに吐き気や嘔吐があるが，嘔吐した場合，あおむけ状態では吐物を気管内に吸引して窒息死する例がある。また，うつぶせの状態となった場合，水溜りの水を肺内に吸引して溺死同様の結果になる例がある。

　第４段階の6％以下の極限的な低濃度では，その1回の呼吸でも，瞬時に昏倒，呼吸停止，けいれんを起こし，6分以内で死に至る。

（2）　無酸素空気の1回呼吸の危険性

　酸素欠乏災害の中には，換気不良な閉鎖的空間でなくても，無酸素空気の1回呼

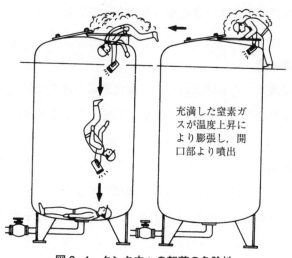

図2-4　タンク内への転落の危険性

充満した窒素ガスが温度上昇により膨張し，開口部より噴出

吸が死をまねく例が少なくない。例えば**図2-4**のような可燃性ガスを追い出した後のタンク内点検で，吹き出した窒素ガス（無酸素空気）を吸入し，内部へ転落し，死亡する例がみられる。

　無酸素空気を吸入した場合，初回の吸入による肺胞気中酸素分圧の急激な低下が起こり，血液中への酸素の取込み量が瞬時に減少する。この酸素分圧の低下は，呼吸中枢を刺激し，吸気の促進を呼び起こし，より大量の無酸素空気を吸入してしまい，肺胞内の酸素は極度に薄められる。その結果，肺血流には酸素はほとんど取り込まれず，動脈血の酸素分圧は40mmHg台にしかならないこととなる。この酸素分圧の低下した血液は直ちに脳に送られる。酸素を常に大量消費している脳では，その活動を支えるためには60mmHg以上の酸素分圧が必要であるが，送られてくる血液はこれをはるかに下回っているため，直ちに活動低下ないし停止が起こる。この反応は無酸素空気を吸入してから短時間で起こるとみられる。

（3）　蘇生の限界と後遺症

　無呼吸の状態から人工呼吸等で呼吸が再開した場合，その再開までの時間経過が長いほど，蘇生率は急速に低下する。したがって，酸欠災害等が発生した場合には，直ちに救命処置を行うことが重要である。

　ぎりぎりで蘇生した場合にも後遺症として，言語障害，運動障害，四肢の麻痺，幻覚，健忘症などの障害が残るおそれがあるため，予後の管理が必要である。これらの後遺症は，10〜12%程度の低酸素に長時間ばく露された場合にも残る可能性がある。酸素欠乏症では脳浮腫が起こり，意識回復後も持続することがある。この

場合，脳血流の循環障害による後遺症のさらなる増悪もあるので，医師による処置が必要である。

（4）　二酸化炭素中毒

　二酸化炭素は炭酸ガスとも呼ばれる。二酸化炭素の毒性は弱く，特異的な症状はみられない。しかしながら，有機物の燃焼，発酵，ドライアイスの使用などで高濃度になった場合には，中毒症状が現れる。空気中には $0.03 \sim 0.04\%$ の二酸化炭素が含まれるが，3% に達すると呼吸中枢が刺激されて，呼吸数の増加，脈拍や血圧の上昇が起こる。さらに高濃度になると，頭痛，めまい，ボーっとした感じ，耳鳴りなどの症状がみられ，$7 \sim 10\%$ に達すると，数分間で意識不明となり致命的になる。

　一般に，二酸化炭素が発生する場所での作業や体内に二酸化炭素が蓄積しやすい場合には，同時に酸素欠乏の状態になりやすく，その両面から窒息による災害をまねく。したがって，鉱山，建設，清掃などの地下での作業，化学工業や食品製造業などのタンク内での作業，潜水作業など，いわゆる閉鎖環境での作業では送気・換気に十分な注意が必要である。

[第2章] 硫化水素中毒の病理と症状

　硫化水素は水分に溶けやすいので，その中毒作用は比較的低濃度でまず外気に露出している眼や呼吸器の粘膜に溶け込むことからはじまる。硫化水素の濃度が50〜600ppm の範囲では肺から肺毛細血管の血流に吸収されるや否や，直ちに酸化されてチオ硫酸塩や硫酸塩等の無害で排泄されやすい形に変化するので，硫化水素そのものとして体内深く侵入して脳神経細胞に毒性を発揮するまでに至らない。

　この眼，呼吸器に対する作用は，ばく露濃度・時間によって異なり，濃度を増すにしたがって眼の粘膜刺激と腐食作用，呼吸器粘膜刺激へと重い障害に進展する。肺水腫は往々にして窒息死という致命的な結果をもたらす。

　しかし，700ppm 程度を超える高濃度になると，肺から吸収されて血流によって運ばれる間の酸化による無毒化が間に合わず，硫化水素そのものが脳神経細胞に直接作用し，意識消失と呼吸麻痺という生命にかかわる急性中毒作用を起こすことになる。

　この場合，はじめに深吸気が誘発されて大量の硫化水素を吸入し，血中の硫化水素は一挙に増大して脳細胞への侵入を許してしまう。

　大脳皮質細胞では硫化水素により呼吸酵素（細胞内で酸化還元反応を促進する酵素）の働きが抑制され，細胞の酸素利用が不可能となり，酸素欠乏の場合と同じ状態に陥る。その結果，意識消失が瞬時に起こる。延髄にある呼吸中枢の細胞も同様の状態となり，呼吸麻痺を引き起こす。

　呼吸停止が長びけば酸素欠乏症と同様，延髄の細胞までも破壊が進み，脳死に至る。

　中毒作用の概略を**図2-5**に示す。また，硫化水素の気中濃度と部位別作用・反応との関係は概ね**表2-5**のようになる。これらをもとに各部位別の作用について説明する。

1　嗅覚の麻痺

　硫化水素は1〜5ppm では不快臭が強く，20〜30ppm の濃度になると，鼻腔にある嗅覚神経の末端（嗅細胞）の疲労をきたし，それ以上の濃度になるともはや嗅覚では濃度増大を感じなくなる。100〜300ppm の濃度になると，嗅覚神経の麻痺で，かえって硫化水素の不快臭が緩和され，より高濃度の硫化水素に対する警戒が

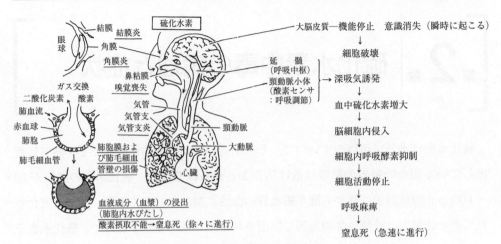

図2-5　硫化水素の中毒作用

表2-5　硫化水素の気中濃度と部位別作用・反応

濃度 ppm	部 位 別 作 用 ・ 反 応		
	嗅覚		
0.0081	鋭敏な人は特有の臭気を感知できる（嗅覚の限界）		
0.3	誰でも臭気を感知できる		
3～5	不快に感じる中程度の強さの臭気		
10			**眼** 眼の粘膜の刺激下限界
20～30	耐えられるが臭気の慣れ（嗅覚疲労）で，それ以上の濃度に，その強さを感じなくなる	**呼吸器** 肺を刺激する最低限界	
50			結膜炎（ガス眼），眼のかゆみ，痛み，砂が眼に入った感じ，まぶしい，充血と腫脹，角膜の混濁，角膜破壊と剥離，視野のゆがみとかすみ，光による痛みの増強
100～300	2～15分で嗅覚神経麻痺で，かえって不快臭気は減少したと感じるようになる	8～48時間連続ばく露で気管支炎，肺炎，肺水腫による窒息死	
170～300		気道粘膜の灼熱的な痛み1時間以内のばく露ならば，重篤症状に至らない限界	
350～400		1時間のばく露で生命の危険	
600		30分のばく露で生命の危険	
700	**脳神経** 短時間過度の呼吸出現後直ちに呼吸麻痺		
800～900	意識喪失，呼吸停止，死亡		
1000	昏倒，呼吸停止，死亡		
5000	即死		

薄れ，危険から遠ざかるチャンスを失う。

2　眼の損傷

　硫化水素による眼の損傷は，眼の粘膜水分に溶けた硫化水素が硫化アルカリに変化して組織破壊を引き起こすことによる。眼球表面の角膜上皮細胞が破壊されると，まず視力障害や痛みが現れる。また，結膜に対しても著しい炎症と充血，腫脹を引き起こし，眼のかゆみや痛みが持続する。これらの痛みは紫外線による眼炎の場合のように眼に砂の入ったような痛みで，明るい光で増強し，まぶたのけいれんも誘発される。

　角膜の表面は50ppm 程度の低濃度の硫化水素でも侵され，視野が不明瞭になり，まぶしさが増し，光のまわりに色彩の輪が見えるようになる。また，角膜の混濁やときには表面に水疱を伴う。重症例では持続的な角膜混濁や眼底異常を残すこともある（**図2-6**参照）。

　これらの眼の損傷は，古くから「ガス眼」または「酸目」といわれ，低濃度硫化水素の長時間ばく露を示す特徴の一つとされている。

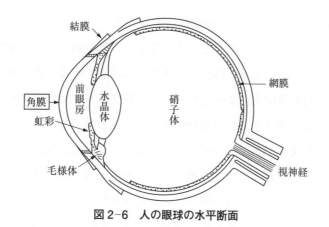

図2-6　人の眼球の水平断面

3　呼吸器の損傷

（1）　鼻咽喉，上部気道

　まず鼻粘膜の乾燥感や痛みを感じ，無嗅覚（鼻がきかなくなる）を伴う鼻炎が特徴である。約 250ppm 以上の濃度のばく露で，咽頭，喉頭の灼熱感や乾燥感，せ

き，たんの増加などの刺激性の症状が現れる。

（2）　気管支，肺胞に対する破壊作用

　20 〜 30ppm から肺の刺激症状が発現する。100ppm を超える連続ばく露では気管支炎，気管支肺炎，肺炎から肺水腫に発展し，呼吸困難，肺のガス交換阻害で窒息死の危険性が出てくる。

　肺のガス交換が行われる肺胞と肺毛細血管壁は，酸素分子が自由に通過しうるような，極めて薄い膜構造でできている。このような薄い膜構造は，硫化水素によって破壊されやすい。その破壊によって，肺胞内に毛細血管から血液の成分（血漿，時には血色素が混入）が浸出し，肺胞は水浸しの状態になる。これが肺水腫で，肺水腫が起こると，肺における酸素の取込みが困難となり，窒息死の原因となる。肺水腫は 100ppm で 48 時間，600ppm で 30 分の吸入で起こりうる。

4　神経毒性

　硫化水素は肺から血液に取り込まれても，酸化されて無毒化されるため，低濃度では脳に対する急性中毒は起こりにくい。しかしながら，700ppm 程度を超えると，酸化・無害化される量を超えるため，神経毒性が起こる。高濃度の場合には，1 〜 2 回の呼吸で呼吸麻痺という致命的な症状を起こす。

　呼吸は，息を吸ったり吐いたりという肺における外呼吸と，細胞や組織レベルでの内呼吸からなる。硫化水素の毒性は，内呼吸の障害である。内呼吸，すなわち細胞や組織の呼吸は呼吸酵素によって行われる。硫化水素は呼吸酵素を阻害する。

　いずれにしても，窒息すれば脳神経細胞の破壊が容易に起こるので，重症中毒で生存した場合，中毒後の後遺症が残ることになる。具体的には，認知症，多発性神経炎，てんかん様けいれん，言語・聴力・運動機能障害，記憶喪失，視力低下，中心性視野狭窄など大脳皮質機能の損傷による各種症状があげられる。

　そのほか，中毒後長期にわたって，頭痛，発熱，知能低下，肺炎，心臓循環障害などの合併症がみられた例もある。

5　その他の障害

　硫化水素に長時間ばく露されると，皮膚のかゆみ，疼痛，発赤や化膿疹が生じやすくなる。また，液化硫化水素に接触した場合には凍傷を起こす。

第 3 編

酸素欠乏および硫化水素
中毒の原因および防止対策

⇒この編で学ぶこと

□酸素欠乏が起こりやすい場合（酸化，呼吸作用，無酸素気体への置き
換え，酸素欠乏空気の噴出等）

□酸素欠乏状態の発生しやすい場所

□硫化水素中毒の発生しやすい場所

□酸素欠乏症，硫化水素中毒の防止措置（測定，換気，呼吸用保護具・
墜落制止用器具使用，関係者以外立入り禁止措置，監視人の配置，教
育の実施等）

□酸素濃度・硫化水素濃度の測定方法

第1章 酸素欠乏の原因

　一般に，空気には約 21% の酸素が含まれているが，作業環境のさまざまな要因により，酸素濃度が低下することがある。このような酸素欠乏状態の発生するおそれのある酸素欠乏危険場所は，労働安全衛生法施行令別表第 6 に定められており，それらの場所における作業を「酸素欠乏危険作業」として，災害防止措置が定められている。

　無色無臭の酸素欠乏空気の存在は，人間の感覚では判断できず，酸素欠乏症の状態や，ときには窒息をまねくことがある。また硫化水素は特有の臭気をもっており，水溶性があって眼や呼吸器に刺激があるため判別可能だが，それでも中毒の災害が生じている。このような酸素欠乏危険作業における窒息や硫化水素中毒による災害の発生を防ぐためには，作業環境管理，作業管理および安全衛生教育など多くの対策を確立するとともに，労働者にあっては酸素欠乏空気を含めた多くのガスの性質と，その発生原因をよく理解することが重要である。

　酸素欠乏は，一般的に換気不良な閉鎖的，半閉鎖的な空間で起こりやすいが，このような場所で酸素欠乏が発生するのは，大きく分けて，①空気中の酸素が消費されて発生する場合，②空気が無酸素空気等に置き換えられて発生する場合，③酸素欠乏空気等の噴出，流入等により発生する場合，がある。

　マンホール，発酵タンク，穀物サイロ，井戸，基礎坑，トンネルなど換気の悪い場所では，微生物の呼吸作用や土中の鉄の酸化などにより酸素濃度が低下しやすい。また船倉タンク，ボイラーなどの密閉された鉄の構造物も，鉄さびが発生すると内部の空気の酸素濃度は低下する。

　工業技術の発展に伴い，爆発・火災の危険性の高い物質や，空気と接触すると酸化，分解を起こしやすい不安定な物質を取り扱うことが増加している。これらによる危険や健康障害を防止するため，貯蔵タンクや製造設備内の空気が大量の不燃性の不活性ガスと置換されることがある。また，一般的な工業製品や農産物などでも，品質の維持，流通コストの削減，腐食防止などのため不燃性の不活性ガスの利用が広まっているが，取扱いや作業を誤りこれらのガスが漏れると無酸素雰囲気を形成することになるので，酸素欠乏症が発生するおそれがある。

　地下の土木工事では圧気工法が用いられると，土中に圧入された圧縮空気中の酸素が，土に含まれる酸化されやすい鉄やマンガンにより消費され，窒素を主成分とした酸素欠乏空気が作られる。そして，この酸素欠乏空気が条件により，災害を起こすことがある。

　以上のように，換気の悪い場所で酸素欠乏空気が形成される。しかし，まれではあるが，通風のよい屋外でも弁や配管から突然大量のガスが噴出したり，エアラインマスク装着者への誤接続による不活性ガスの送給などにより酸素欠乏災害が起こっている。

　酸素欠乏が起こりやすい場合について，その詳細を以下に述べる。

1　酸素が消費される場合

　空気中の酸素が消費される場合としては，化学的な酸素消費および，生物学的な酸素消費に分類される。

（1）　化学的な酸素消費

　硫化鉱，鉄鉱石，石炭，鋼材，乾性油等は，常温においても，酸化反応により空気中の酸素を消費する。この反応は通常きわめて緩慢であるが，一度反応が始まり温度が上昇すると，その反応速度は速くなる。

①　タンクその他の素材の酸化

　鉄製タンク内に水分があるまま長期間密閉しておくと，内壁が酸化され（さびること）タンク内の酸素量が減少してゆく。海水等電解質を含んだ水の場合は酸化の進行が速い。

　内部を水洗後，水を十分抜かないで密閉したまま屋外に放置されていたタンク内に労働者が入って窒息した例や，製塩工場で食塩濃縮タンク（鉄製）内に清掃に入った労働者が死亡した例がある。

　タンカーの内部清掃作業においては，海水が使われるので，油槽内壁の酸化が早く，空気中の酸素量が急速に減少するため，タンカー内部の清掃作業を行った造船所の労働者が酸素欠乏症を起こした例がある。

　貨物船の船の不均衡を修正するバラストタンクは，海水が出入りしているため，その内壁は酸化され，空間はほとんど酸素がない状態と考えなければならない。

　また，航海中に固く閉じられた船倉の上ぶたのわずかなすき間から侵入する海

水の塩分のため，積み荷の鋼材やスクラップの表面がひどくさびて，船倉内の空気中の酸素を消費する場合もある。

　鉄鋼が全くさびるおそれがないようになっているときや，ステンレス鋼製であって酸化のおそれがほとんどないときには，タンク内の空気中の酸素が酸化で消費されることはない。さび止めのための塗装は，永久的に効力があるものではないので注意が必要である。

②　貯蔵または運搬中の物質による酸素の消費

　石炭，亜炭，硫化鉱等は空気中の酸素を吸収し，酸化発熱する。放熱が悪いと石炭，亜炭等は自然発火することもある。

　石炭船では，この自然発火を防止するため船倉を密閉して空気を遮断するので，船倉の空気は酸素欠乏の状態になる。さらに，石炭は，条件によってはメタンやエチレンを発生することもある。

　鋼材，くず鉄等も湿潤状態で空気中の酸素によりさびを発生する。

　鉄以外では銅，亜鉛，鉛，または鉄などの硫化鉱石を粉砕選鉱した微粉硫化精鉱のような輸入鉱石運搬船の船倉や金属鉱山の坑内も，それら金属の酸化により酸素濃度が低下することがある。

③　乾性油，魚油による酸素の消費

　乾性油は，薄層にして空気中にさらしておくと，酸素と化合して樹脂状の透明な固体に変化する性質をもっている。乾性油にはアマニ油，エノ油，ボイル油等がある。

　通風，換気の悪い地下室，船倉等でその内部を塗装するとき，塗料の乾性油は，前述のように固結乾燥の際，それらの密閉室内の酸素を消費する。

（2）　生物学的な酸素消費

　豆，小麦，とうもろこし，かぶ，バナナ等といった，穀物，野菜，果物等は，生物作用としての呼吸を行い，このとき酸素を消費し，同時に二酸化炭素を発生する。

　この作用も環境温度が上昇した場合は特に活発になり，発芽，成長が伴えばさらに急速に進行する。

　また，穀物や植物，木材などの表面に発生する微生物（カビ）も同じように酸素を消費して危険である。

①　食料品等の呼吸作用

　穀物，野菜，果物等は，貯蔵中にも呼吸作用を営み，酸素を消費して，二酸化炭素を発生する。貯蔵庫等の換気が悪い場合は，比較的早くその場所の空気は酸

素欠乏の状態となる。

米にカビが発生した場合は，酸素の消費はさらに多くなるので少しくらいの換気では十分でない。輸入した米の倉庫で黄変した米を搬出する労働者が酸素欠乏症になった例がある。

バナナの熟成むろでの酸素欠乏症は多い。輸入した直後のバナナは，青くかたくて渋い。これをバナナむろに入れて，温度を上げて熟成（皮は黄色となる）させる。むろにエチレンガスを封入することもある。このときやはり酸素が消費され，二酸化炭素が発生する。熟成の程度の検査に入った労働者が酸素欠乏症で死亡した例がある。

牛馬の冬の飼料としての野菜や牧草を貯蔵するサイロの中も低濃度酸素，高濃度二酸化炭素の状態となる。

② 木材の呼吸作用

原木，チップ（パルプの原料となる木材の削りくず）は，船舶で輸送中，木材の呼吸作用，発酵作用または樹脂の酸化作用等により，船倉内で酸素を消費し，二酸化炭素を発生する。

酸素と二酸化炭素の濃度の関係は図3-1のようにほぼ直線になる。

同じ材種でも，伐採後比較的新しい生木のもの，樹皮が多くついているもの，枝または葉が残っているものの方が酸素欠乏になる率が高く，チップが最も酸素を消費して危険である。

チップにあっては，チップ上の通常人間が立って呼吸する高さにおいては酸素の濃度が21％であっても，チップの表面から20〜30cmの位置では12〜15％，チップ表面では4％と極端に低い濃度が測定された例があるので注意を要する。

③ 有機物の腐敗，微生物の酸素消費等

し尿，厨芥等の有機物が腐敗する場合には，酸素が消費され，同時に二酸化炭素，硫化水素，アンモニア等の有害ガスが発生する。この作用は，温度が上昇した場合に活発になる。

ア し尿，汚水等のタンク

下水や汚物槽のマンホールは，ガス中毒や窒息事故が後を絶たず，多くの犠牲者が出ている。

下水，汚物は，細菌の増殖に伴って，はじめに酸素を消費し，二酸化炭素を発生し，無酸素状態になるとメタン，硫化水素などを発生する。

食料品工場，と畜場，魚市場，大きなホテルの厨房などの下水槽，水洗便所

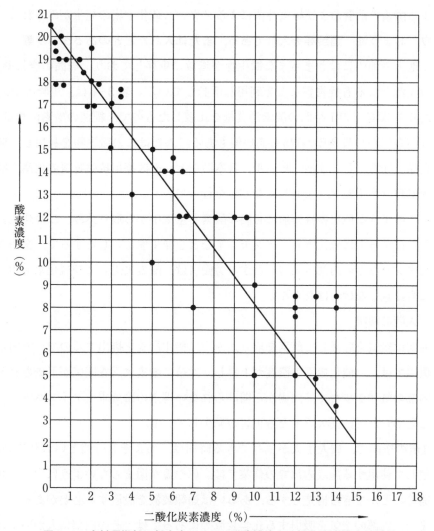

図3-1　木材運搬船の船倉内における酸素濃度と二酸化炭素濃度の関係
（山川「船倉内労働における酸素欠乏障害の研究（第2報）」港湾貨物運送事業労働災害防止協会発行より）

　の処理槽などの汚水は，微生物の栄養となる成分が多く含まれ好気性菌（酸素
の存在下で増殖する細菌）による酸素消費，二酸化炭素発生や嫌気性菌（無酸
素状態で増殖する細菌）によるメタン，硫化水素等の発生が著しい。

イ　ケーブル，ガス管等を収容するための暗きょ，マンホール

　暗きょ，マンホール内には長い年月の間に地表から汚水が流入して溜まって
おり，その中で増殖した微生物が酸素を消費する。

　建設中のマンホール，ピット等の内部でも，コンクリート打設時に，コンク
リートの強アルカリ成分によって溶け出した木材成分と，地表から流入した汚
水，さらにコンクリートの水和反応による水和熱などが作用して，好気性菌に

よる酸素の消費および嫌気性菌によるメタン，硫化水素の発生がみられる。

ウ　しょう油，酒類等を入れてある，または入れたことのあるタンク等

　地上や地中にはさまざまな微生物が無数に生存しており，周囲の空気や水，栄養源となる有機物質などを利用し活動している。**表3-1**は，生物の1kg当たりの30℃での1時間の酸素消費量を比較したもので，細菌の酸素消費量は，人の数倍から最高6,000倍も高い例もある。人類はこの微生物を利用し，発酵食品（味噌，しょう油，ビール，日本酒など）や医療用抗生物質の生産，廃棄物処理（産業廃水，家庭し尿など）を行っている。

　このような微生物は繁殖に必要な酸素を空気中から取り込み，二酸化炭素や条件によっては硫化水素，アンモニアなどを発生する。したがって，密閉されたタンクなどの内部へ入ろうとする労働者は，酸素欠乏および硫化水素中毒等にも注意しなければならない。

④　人間の呼吸

　人間は空気を呼吸して酸素を取り込み，二酸化炭素を排出するので，密閉された環境では，二酸化炭素の濃度が上昇し，次第に酸素欠乏雰囲気が形成される。

　内部の気積が少なく，内側から開けられない構造の冷蔵庫やアイスボックスに閉じ込められて酸素欠乏となる災害が発生している。

　1㎥の空間で，成人1人が生存できる時間は，およそ3時間といわれている。密閉して使用する施設内部での作業では，扉や蓋が閉まらないようにする，容易に開くことができる構造とする，あるいは通報装置を設置する必要がある。

　また，内部の空気を吸引する化学装置等にあっては，その内部に人がいるときに空気が吸引されて希薄化されると酸素欠乏症になるので，容易に開くことができる構造とする等の措置が必要である。

表3-1　生物の酸素消費量

項目	酸素量
ヒ　　ト	200
原生動物のパラメシウム	500
藻類　クロレラ	40,000
糸状菌　フザリウム	10,000
細菌　アゾトバクター	1,200,000

酸素量（kg当たり，30℃，mL/hr）

2 無酸素気体等に置き換えられる場合

　生産技術の発達に伴い，可燃性ガスや不燃性ガスが各種産業で利用され，それに伴って，同時に可燃性ガスによる爆発や不燃性ガスによる酸素欠乏などの災害が発生するようになった。酸素欠乏災害は，窒素，二酸化炭素，アルゴン，フロンによるものが多く，主としてガス取扱いの際，酸素濃度の検知，換気，弁の閉そくなどの安全衛生対策が不完全であったこと，ガスの危険性に対する理解が不十分なこと，呼吸用保護具を着用せずに救出作業を行ったことなどが主な原因となっている。以下に，全般的なガス取扱い上の注意点と各ガスの性質や用途について述べる。

（1）　ガス取扱い上の注意点

①　ガスの比重

　ガスは液体や固体と比較すると密度が大変小さいため，室内に漏れたり，タンクなどに停滞したときには，窓やふたなどを開放すれば外部の新鮮な空気が入ってくると思いがちである。しかしガスの比重は各種ばらつきがあり，大気へ自然拡散しにくい比重の大きなガスも少なくない。

　図3-2は空気を1としたときの各種ガスの比重であるが，図3-3のように，二酸化炭素等の比重の大きなガスは多少の気流があってもトンネル，ピットといった低所に長い時間停滞するので，換気や酸素濃度測定の際には，換気装置の設置位置やガスの採取の位置に注意しなければならない。反対に空気より比重の小さいガスは高所のくぼみに停滞するので，例えばメタンが発生しやすい炭鉱で

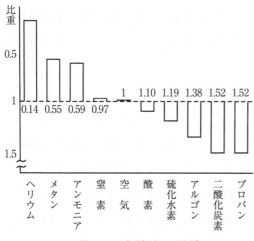

図3-2　各種ガスの比重

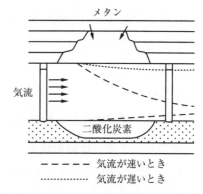

比重が重いガスは，気流が遅いときはほとんど低所に停滞し，気流が速いときでも多くは停滞する。

図3-3　ガスの比重と拡散状況

は，爆発防止のため高所を中心にしてメタン濃度を測定している。

　温度によるガスの膨張は固体や液体よりかなり大きく，膨張係数は1℃当たりで約273分の1である。したがって，同一ガスの比重も室温と比較し，冷却されているときは重く，加熱されたときは軽くなる。空気よりわずかに軽いガスであっても，まわりの空気よりも冷却されているとまわりの空気より重くなるので注意する。

②　色と臭い

　ガスの多くは無色無臭で目に見えないため，漏れていたり，タンクなどに停滞していても，人間の感覚でとらえることができない。このため，無臭の都市ガスや燃料用LPガスなどにはガス漏れの早期発見のため付臭剤が添加されている。しかし，毎年住宅などで都市ガスやLPガスの漏えいが生じている。また，見えないため，ガスの危険性に対する注意力がゆるみ，漏れなどに気付いていたのにタンク内に入ったことによる酸素欠乏災害が生じている。ガスによる酸素欠乏災害も含めたガス災害の防止対策としては付臭剤だけでなく，複数のガスの検知警報（ガスの比重により停滞する箇所が異なるため，設置箇所に注意が必要），安全衛生教育など多くの対策を組み合せることが必要である。

③　弁に関する注意事項

　ガスの使用圧力が低い家庭用の都市ガスやLPガスなどのコンロに用いられているコックは，閉止すればガスの供給は完全に止まる。しかし，工場などのガスの使用圧力はかなり高く，新品を除けば弁を完全に閉めてもガス漏れを生ずることがある。これは配管やホースに混入した異物や管内に生じたさびなどにより，弁の当たり部分が傷つくためである。窒素やアルゴンなどの高圧配管弁を閉めて作業をする場合，このような原因でわずかなガス漏れにより酸素欠乏空気が形成されることがあるので，完全なガスの遮断には図3-4のように配管の途中に閉止板を入れる。

④　接続

　ガスを使用する際，配管のジョイントからゴムホースで取り出すことが多い。使用するガスの種類が複数で，取出ジョイントの大きさが同じであると誤接続し，思いがけない災害を生ずることがある。エアラインマスクのホースを，誤って窒素配管ジョイントに取り付けたことによる酸素欠乏災害も発生している。配管ジョイントやホースの色の変更，内容物の表示，専用接続ジョイントの使用など，誤接続を予防する対策が大切である。

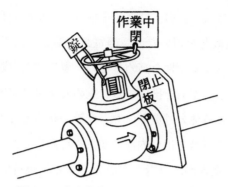

図3-4　弁を完全に閉めるための閉止板

（2）　ガスの性質と分類，用途

　高圧ガス容器に充てんされた市販のガスは，混合ガスを含めると100種以上もある。また不活性ガス，窒素，酸素などのガス発生装置も各種市販されている。ガスの分類，性質および留意事項を表3-2に示した。窒素等について，労働現場において使用される場面や性質について詳述する。

①　窒　素

ア　爆発火災防止としての作用

　　　可燃性ガスや引火性液体による爆発火災を防ぐには，着火源か空気（酸素）

表3-2.1　燃焼の観点からの各ガスの分類と性質および留意事項

分類	性質	代表的なガス	留意事項
不燃性ガス	燃えたり，爆発することはない	窒素，アルゴン，二酸化炭素，ヘリウム，六フッ化硫黄，フロン等	大量発生の場合には，酸素欠乏症の原因となる
支燃性ガス	燃えたり，爆発することはないが，燃焼を助長する性質を有する	酸素，塩素，空気	高濃度では火災の原因となる
可燃性ガス	燃えやすく，爆発の危険がある	水素，メタン，プロパン，アセチレン	火災，爆発の原因となる

表3-2.2　毒性の観点からの各ガスの分類と性質および留意事項

分類	性質	代表的なガス	留意事項
単純窒息性ガス	それ自体に毒性はない	（可燃性ガス）水素，メタン，エタン，プロパン，エチレン，プロピレン，アセチレン，（不活性ガス）窒素，ヘリウム，ネオン，アルゴン	空気中の酸素と置き換わることによって酸素欠乏となる
有毒ガス	低濃度で強い毒性を有する	一酸化炭素，硫化水素，シアン化水素など	それぞれの物質固有の毒性がある

のどちらかを除けばよい。引火性液体を扱う工場や原油を精製する石油工場では，防爆型の電気機器を用いたり，静電気の蓄積を防ぐなど着火源の除去を行っているが，さらに安全性を高めるため，製造装置や貯蔵タンクの空間部を不活性ガスで満たし，空気を排除する二重の安全対策が実施されている。また可燃性ガスや引火性液体の貯蔵タンク，配管の新設や修理点検の際にも爆発火災防止のため不燃性ガスを用い内部の空気や可燃性ガスを除去している。この不活性ガスには，窒素か，窒素を主成分とする燃焼排気ガスが用いられている。これらの作業場では，不燃性ガスの排除をせずに作業するなどにより過去に多くの酸素欠乏災害が生じている。

　このほか，高圧用の容器やプラントの圧力テスト，漏れ試験の際，断熱圧縮熱による残存油の発火や，航空機の離着陸時の摩擦熱によるタイヤの火災の予防に，圧縮空気ではなく窒素が用いられている。自動車用のタイヤにも一部窒素が用いられている。ステンレスなどの粉末切断用鉄粉にも，粉じん爆発や酸化防止のため窒素を加圧源としたガスが用いられている。また，原子力発電所の事故の際に，水素爆発の防止に窒素ガスが用いられている。

イ　酸化の防止

　空気による酸化や劣化を防ぐために，次のような製造工程または貯蔵場所などでは窒素が利用される。

　食用油，食品粉砕，触媒，医薬品，重合物の溶融紡糸，鉱油を用いる油圧装置の蓄圧器や大型変圧器など。また，金属材料のさびの防止のため，製鋼における造塊作業，休止中の大型火力発電用タービン，ボイラーへの封入，フロート式ガラス製造用溶融鍋の表面保護，フェライトなど各種金属粉末製造装置，ろう付け，焼入れ，焼もどし作業など。

ウ　その他

　溶融金属のガス撹拌，冷しばめ，超高真空ポンプ，炭鉱火災の消火，冷凍，化学工業原料，土壌凍結，プラスチック類の冷凍破砕，半導体製造や加工，電話ケーブルへの封入などに窒素ガスや液体窒素が使用される。

②　二酸化炭素

二酸化炭素は，炭酸ガスやドライアイスとしても知られており，液化ガスや固体のドライアイスとして取り扱われている。

　二酸化炭素の消費は二酸化炭素ガスアーク溶接，鋳型造型，食品飲料用が大きな割合を占めている。災害が発生しやすいのは，駐車場，船舶，倉庫などで固定

配管による二酸化炭素ガス消火設備を有する所である。そして災害は，火災発生時の作動によるものではなく，誤った弁操作のための突然の噴出により生じている。

　このほか，農業用の施肥，柿の渋抜きや，二酸化炭素を利用したアルカリ性廃水の中和，舶用水槽内のセメントのあく抜きの用途があり，これらの作業の際に，酸素欠乏災害が発生している。

　また，リンゴなど果菜類の貯蔵には二酸化炭素を充てんして冷蔵することにより，長期間貯蔵できる方法が用いられているが，この場合はもちろん冷蔵庫内の酸素濃度は非常に低い。

　なお，二酸化炭素は，高濃度では，それ自体に毒性がある。

③　アルゴン

　アルゴンの比重は 1.38 で空気より重く，ピットやタンクの底に滞留しやすい。

　液化アルゴンは高圧ガス容器入りで供給され，その用途は金属の溶接，各種金属の精製，製造などである。

　例えばアルミニウムやステンレスのアーク溶接の際，溶接部の酸化防止のシールガスとしてヘリウム混合で大量に消費されている。また，溶鋼の脱水素，ガスの噴出による攪拌，真空脱ガス，造塊など，製鋼用として用いられている。

　このほか発火防止のため，チタン，ジルコニウム，ウラン，金属ナトリウムの製造，貯蔵，輸送時のシールガスや浮遊帯溶融法によるシリコンの精製と単結晶の製造，各種照明灯，各種放電管等への封入など多岐にわたっている。

④　フロン

　モントリオール議定書（1987 年採択。受諾最終改正 2018 年 12 月）の「特定フロン」として生産が廃止されたものも少なくないが，フッ素を含む炭化水素化合物の総称で，初めて米国で工業化されたときの商品名「フレオン」としてもよく知られており，またハロンと呼ばれている消火剤も臭素を含むフロンの一種である。常温では一部の溶剤を除きガス状であり，低濃度ではほとんど無臭，低毒性であるが，空気より重く，地下室やピットやタンクの底に滞留しやすい。

　臭素を含むフロン（ハロン）は二酸化炭素より消火性能が高く，電気機器火災にも危険がなく，耐熱性もよいことから，コンピューター室，地下駐車場，有機溶剤使用の塗装ブースなどの固定消火設備に用いられている。

　また，プラスチックフォームの発泡剤，各種のエアゾール製品の不燃性噴射剤，低温廃熱を動力化するためのタービンの作動流体，シリコンのエッチングガス，不燃性麻酔剤（フロセン，ハロタンとも呼ばれている），フッ素樹脂製造原

料などに使用されている。

　フロン類のなかには高濃度で不整脈を誘発する等の毒性を有するものがあることにも注意を要する。

⑤　その他

　メタンやLPガスは可燃性ガスで，爆発下限濃度も数パーセントと低く，漏れたりすると，爆発火災を生じやすい。また，まれではあるが，条件によっては高濃度の噴出ガスによる酸素欠乏災害が生ずることがある。

　例えば炭鉱でのメタンの大量突出や，換気の悪い地下ガス管工事中のガス噴出時に，酸素欠乏雰囲気が坑内や顔面の近くで形成される。

3　酸素欠乏空気等の噴出，流入等

　不活性ガスの使用のほか，種々の要因により発生した酸素欠乏空気等が，作業内容，工法，気象条件等により，作業場所に噴出または流入してくることがある。

　酸素欠乏空気等の噴出，流入等の場合は，作業者の呼吸する部分だけが酸素欠乏空気等で満たされることがあり，このときは作業場所が広く，または閉鎖された場所でない場合であっても酸素欠乏等が発生している。

　具体的な例を以下に示す。

（1）　酸素欠乏空気等の噴出

　橋脚や湧き水の多い地盤でのビルの基礎工事，地下鉄工事等には潜函工法（**図3-5**）や圧気シールド工法が用いられる。これらの工法は湧き水を防ぐために作業室内に圧縮空気を圧入して掘削を行うものである。

　この圧気工法により掘削している地層が砂れき層であると，潜函またはシールドの作業室内に圧入した空気は，砂れき層の砂れき間隙に侵入し，その地層中に大量に含まれる第1鉄化合物などの還元性物質により，酸素が消費され，酸素欠乏の空気となって潜函，基礎坑，地下室等に侵入してその内部を酸素欠乏の状態にする。

　これらは逆流・貫流・地層内埋没空気の湧出・低気圧時の湧出の4つの型に分類される。

①　逆流（図3-6(A)）

　加圧時に，砂れき層内の砂れきのすき間に押し込められた潜函，シールド等の空気が減圧時にその潜函，シールド等の内部に逆流してくる。

　圧気工法による掘削をしているとき，上層に不透水層（水を通さない層，例え

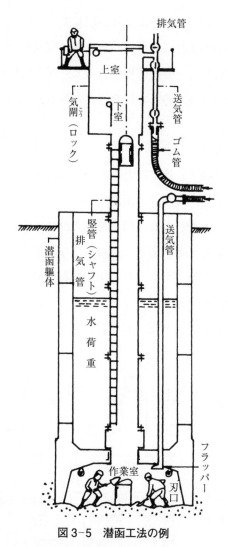

排気管

上室

下室

気閘（こう）（ロック）

送気管

ゴム管

潜函躯体

竪管（シャフト）排気管

送気管

水荷重

フラッパー

作業室

刃口

図3-5　潜函工法の例

ば粘土層など）があり，含水，湧水がないか，または少ない砂れき層に到達すると，湧水，出水がなくなり，一見送気を必要としない掘削が可能な状態になってくる。

　このような場所では潜函内の圧力は急に低下し，通常送気量を増しても所要空気圧に達しない。この場合，停電やコンプレッサーの故障などで送気が停止されると，砂れき層内に圧入された空気が潜函の作業室内等に逆流してくる。逆流空気は，砂れき層中の鉄分により酸素を消費している場合が多く，酸素の濃度は極めて低い。

② **貫流**（**図3-6**(B)）

　砂れき層内の砂れきのすき間に侵入した潜函，シールド等の空気が地層を貫流し，近隣の基礎坑，地下室，井戸等に噴出する。

　潜函工法，圧気シールド工法等により掘削している場合，上層に不透水層があり，含水，湧水がないかまたは少ない砂れき層に到達したとき，付近で同地層に達して圧気工法を実施している作業場があると，両方の作業場所が砂れき層を通じて連結される結果となり，砂れき層を通った酸素欠乏の空気が圧力の低い方の坑内に噴出してくる。

③　地層内埋没空気の湧出　（図3−6(C)）

　砂れき層内の砂れきのすき間で圧力をかけられたままの空気が後になって，その付近の基礎坑，地下室，井戸等に湧出する。

　以前に何回も圧気工法が行われ，現在埋められている場所の砂れき層は，多量の空気が圧入されていることがある（このような状態をガス田化という）。

　この場所で深礎坑を掘削したり，井筒工法で掘削したりすると，砂れき層に到達するや否やその中から酸素欠乏空気が噴出してくる。

　地下水の汲み上げの激しい地域では，渇水期と豊水期では，地下水位の差は2

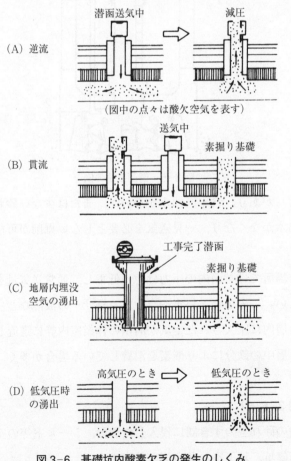

図3−6　基礎坑内酸素欠乏の発生のしくみ

～3m にも及び，豊水期は地中の酸素欠乏空気が噴出する機会が多くなる。

また，休日においては，地下水の汲み上げが少なくなるので，休日の翌日も同様地下水位が上がり，危険が高まる。

④　低気圧時の湧出（図3-6(D)）

砂れき層内に圧気工法により圧入された空気が，砂れき層内の地下水と置き換えられ，これが低気圧のとき膨張して湧出する。

地下水の汲み上げの激しい地域で圧気工法が盛んに行われると，砂れき層の含水率が低下し，水分のかわりに圧気工法で送った空気が砂れきのすき間を埋めてしまう。いわゆる間隙水は間隙ガスとなっている。

このガスは，大部分が窒素でメタン，二酸化炭素が混在し，酸素はほとんど含まれていない。

この間隙ガスは，地表の圧つまり大気圧とつり合った状態であれば，砂れき層から湧き出すこともなく静止しているが，低気圧になると間隙ガスと大気圧との圧力のバランスが崩れ，間隙ガスは膨張し基礎坑の内部や深井戸のシャフト等に通じる地下室内に湧き出してくる。

図3-7 は，実際のビルの基礎坑内における酸素濃度の変化と大気圧変動との関係を示したもので，気圧の低下に伴って酸素濃度も低下していることを示している。

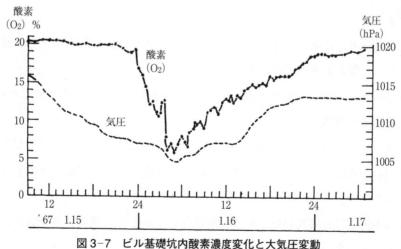

図3-7　ビル基礎坑内酸素濃度変化と大気圧変動

（山口裕 "安全工学 Vol.6 No.1 (1967)" より，編注：mb を hPa に変更）

（2）　メタンガス，二酸化炭素の湧出

沼や沢，汚濁港湾の埋立地などの腐泥層あるいはメタンガス田地帯の掘削におい

ては，湧出したメタンガスによって酸素欠乏状態となる。

　メタンガスが大量に湧出することによって基礎坑等の内部の酸素濃度を低下させ，あるいは充満したメタンガスで坑内空気が排除される。メタンガスは空気より軽いので，坑内天井や斜坑上部に滞留しやすい（図3-3参照）。

　メタンガスの湧出しやすい地域としては，いわゆる南関東ガス田と称せられる千葉県船橋付近，茂原地区などがあり，泥炭地帯でも一般にメタンガスの湧出が盛んである。ごみ処分埋立地の基礎坑掘削も危険性が高い。

　頁岩はメタンガスを含有することが多い。炭田に近い頁岩層は特にメタンの放出が著しく，ずい道工事等では酸素欠乏のほかにメタンガス爆発の危険性もあるので，特に注意を要する。

　また，頁岩層に石灰岩が混在する地域では，頁岩中の硫化鉄の空気酸化によって酸素欠乏状態となり，そのとき生じた硫酸が，さらに石灰岩に作用して高濃度の二酸化炭素が発生する。これらの地層では二酸化炭素突出の危険性がある。

4　その他

　以上のほか酸素欠乏の原因として，次のようなものがある。

（1）　長期間使用されていない井戸等

　長期間使用していない井戸等にあっては，井戸等の内部の有機物が腐敗して酸素を消費する。

　鉄分の多い水には第1鉄化合物が含まれ，この第1鉄化合物が酸化され酸素を消費するので，酸素欠乏の状態になる。

　深井戸のポンプ室等ではケーシングのストレーナーを通じて渇水砂れき層から，酸素欠乏空気が湧出する。

　コンクリート構造のまま空洞にして埋設された施設等においても，空洞内の酸素が長期間のうちに，侵入してきた地表水によって消費され，空洞内は酸素欠乏の状態になっている。

　これらの例では長期間換気されずに放置されている間に酸素欠乏空気が蓄積滞溜していることが多い。

（2）　地下水や土の酸素吸収

　排水暗きょ，マンホール内に第1鉄化合物の含有量が多い水が流入してくる場合には，酸素はその水に吸収されて，排水暗きょ，マンホール内の空気は酸素欠乏の

状態になる。

　このような暗きょ内に，土砂除去作業に入った労働者が酸素欠乏で死亡した事例がある。

　空気のほとんどない地下水面以下の土中の鉄は，酸素と反応しやすい状態にあり，通常土中に0.1％も含まれている。地下水面下に穴を掘って中の水を排除すると，その水と置き換えに滞水砂れき層に侵入した空気は含まれる鉄の酸化で，酸素欠乏状態となる。水の汲み上げを中止すると，水位の回復に伴って，この無酸素空気が坑内に湧出する。前述の圧気工法に伴う酸素含有量の少ない空気の噴出もほぼ同じような現象である。

　丘陵地帯の急斜面の宅地やゴルフ場造成地の排水管等の内部は酸素欠乏の状態になるおそれが大きいので注意を要する（**図3-8**）。

　このほか，酸素と反応しやすい第1鉄塩類を含む鉱山の湧水や地下工事の地下水も，第1鉄塩類の酸化によって空気中の酸素を吸収し，坑内やマンホール内に流れこむ水が地上に汲み出されることで，狭い坑内の空気は酸素欠乏雰囲気となる。

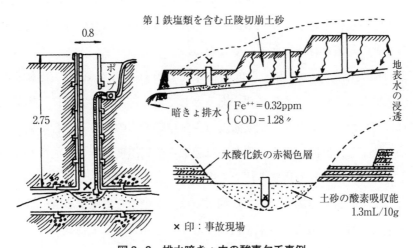

図3-8　排水暗きょ内の酸素欠乏事例
（"酸素欠乏症の予防"建設業労働災害防止協会発行より）

リスクマネジメント

　労働安全衛生法第28条の2では，「建設物，設備，原材料，ガス，蒸気，粉じん等による，又は作業行動その他業務に起因する危険性又は有害性等（第57条第1項の政令で定める物及び第57条の2第1項に規定する通知対象物による危険性又は有害性等を除く）を調査し，その結果に基づいて，この法律又はこれに基づく命令の規定による措置を講ずるほか，労働者の危険又は健康障害を防止するため必要な措置を講ずるように努めなければならない」としており，酸素欠乏症等防止規則（以下「酸欠則」）などの法令に定められたことを守るだけでなく，それぞれの事業場で危険有害性等を調査（リスクアセスメント）し，その結果に基づいて労働者の危険または健康障害を防止することが求められている。

　例えば，酸欠則では，酸素欠乏危険場所以外での場所の作業は酸欠則の対象外となる。しかし，居室に窒素ガスなどの不活性ガスのボンベを置いて利用している場合など，酸素欠乏危険場所以外の場所であっても，酸素欠乏症が発生する可能性のある場所もないわけではない。こういった場合は，機器の異常などで酸素欠乏症が発生する可能性がないか調査し，必要があれば酸素濃度計を設置して常時監視を行ったり，事故の際の救助用に室外に空気呼吸器を備えたりするなどの対策を行うことも必要となる。

　なお，酸欠則では，酸素欠乏危険作業を行う場所の空気中の酸素濃度を18％以上になるよう換気する必要があるとしている。ただ，実際には換気だけをすれば済むわけではなく，酸素濃度（大気中の酸素の占める割合である）が21％から低下した原因を探り，作業中に急激な酸素濃度低下の可能性がないかなどを評価し，換気量や換気方法を考慮することも必要である。

　また，米国の国立労働安全衛生研究所では，安全率を考慮すると，ほとんどの作業強度に対して適切な酸素を確保できる最低条件として海抜0mにおける酸素濃度を19.5％としている。酸素欠乏の危険・有害性を検討する際に，作業場の酸素濃度の管理水準を，酸欠則で求めている18％とするのか，あるいは法令を上回るもっと高い濃度とするかについて，事業場として考えることも必要である。

第**2**章 | 酸素欠乏状態の発生しやすい場所

　酸素欠乏状態の発生するおそれのある場所は，労働安全衛生法施行令別表第6に以下のとおり定められている。

安衛令別表第6

1　次の地層に接し，又は通ずる井戸等（井戸，井筒，たて坑，ずい道，潜函，ピットその他これらに類するものをいう。次号において同じ。）の内部（次号に掲げる場所を除く。）

　　イ　上層に不透水層がある砂れき層のうち含水若しくは湧水がなく，又は少ない部分

　　ロ　第1鉄塩類又は第1マンガン塩類を含有している地層

　　ハ　メタン，エタン又はブタンを含有する地層

　　ニ　炭酸水を湧出しており，又は湧出するおそれのある地層

　　ホ　腐泥層

【解　説】

(1)　（　）内の「その他これらに類するもの」には，マンホール，横坑，斜坑，深礎工法等の深い穴およびシールド工法による作業室がある。

(2)　イの「不透水層」には，粘土質固結層がある。

(3)　ロの「第1鉄塩類」には，酸化第1鉄および水酸化第1鉄があり，「第1マンガン塩類」には，酸化第1マンガンがある。

(4)　ロの「含有している地層」とは，第1鉄塩類または第1マンガン塩類を含み還元状態にある地層をいう。

　　なお，還元状態にあることを確認する方法としては，次の方法がある。

　(イ)　酸化還元電位差計を用い，測定してマイナスの値を示す。

　(ロ)　2,2′-ビピリジル試薬により安定した赤色の物質ができる。

(5)　ハに該当する地層には，次のものがある。

　(イ)　メタンガス田地帯の地層

　(ロ)　緑色凝灰岩からなる地層であって断層または節理のあるもの，頁岩からなる地層であって断層または節理のあるもの，および黒色変岩と緑色変岩との境界

にあって，粘土化しているじゃ紋岩からなる地層（これらからは，特にガスの突出のおそれが多い）

(6)　ニに該当する地層には，炭酸カルシウムを含む鉱泉のある地層がある。

(7)　ホに該当するものには，次のものがある。

　㋑　沼沢の埋立地の地層

　㋺　汚濁港湾等の干たく地の地層

安衛令別表第6

2　長期間使用されていない井戸等の内部

【解　説】

「長期間」とは，おおむね3カ月以上の期間をいうものである。

安衛令別表第6

3　ケーブル，ガス管その他地下に敷設される物を収容するための暗きよ，マンホール又はピットの内部

【解　説】

(1)　「その他地下に敷設される物」には，給水管，温水管，蒸気管および油送管があり，「暗きよ」には，電線または電話線を敷設する洞道が含まれる。

(2)　「暗きよ，マンホール又はピット」には，完成していないものも含まれる。

安衛令別表第6

3の2　雨水，河川の流水又は湧水が滞留しており，又は滞留したことのある槽，暗きよ，マンホール又はピットの内部

【解　説】

(1)　本号は，雨水，河川の流水または湧水が滞留した場合には，これに含まれる有機物が腐敗すること等により酸素欠乏空気が生じるおそれがあることにかんがみ規定したものである。

(2)　「槽，暗きよ，マンホール又はピット」には，完成していないものも含まれる。

安衛令別表第6

3の3　海水が滞留しており，若しくは滞留したことのある熱交換器，管，暗きよ，マンホール，溝若しくはピット（以下この号において「熱交換器等」という。）又は海水を相当期間入れてあり，若しくは入れたことのある熱交換器等の内部

【解　説】

(1)　本号は，海水が滞留しており，もしくは滞留したことがあり，または海水を相

当期間入れてあり，もしくは入れたことのある場合には，海水中で繁殖していた貝等の生物が死んで腐敗することなどにより酸素欠乏空気等が生ずるおそれがあることにかんがみ規定したものである。

(2) 「相当期間」とは，海水中で繁殖する貝等の生物が熱交換器等の内部の表面に付着し，累積することとなる期間をいうものである。

なお，貝等の生物が熱交換器等の内部の表面に付着し，累積していれば，当該生物の腐敗の有無，硫化水素の発生の有無の如何にかかわらず，「相当期間」に該当するものである。

(3) 「熱交換器等」には，火力発電所，原子力発電所等の復水器が含まれる。

安衛令別表第6

4 相当期間密閉されていた鋼製のボイラー，タンク，反応塔，船倉その他その内壁が酸化されやすい施設（その内壁がステンレス鋼製のもの又はその内壁の酸化を防止するために必要な措置が講ぜられているものを除く。）の内部

【解 説】

(1) 「相当期間」とは，密閉されていたボイラー等の内部の空気中の酸素によりその内壁が酸化され，その結果として内部の空気が酸素欠乏の状態になるおそれが生ずる状態になる期間をいうものである。

なお，密閉されている空気中の酸素によって内壁が酸化される速度は，内部における温度，湿度，水の有無，空気の量等の環境条件によって，著しく異なり一律には定められないものであるが，個々のケースについての「相当期間」の判断に際しては，次の事項に留意すること。

(イ) 内部に水が存在している場合には，短期間（数日程度）で内壁の酸化が進む可能性があること。

(ロ) 内部に水が存在せず，かつ，内部の空気中の相対湿度がおおむね50%以下である場合には，数カ月以上経過しても内壁の酸化が進まないことがあること。

(2) 「その他その内壁が酸化されやすい施設」には，圧力容器，ガスホルダ，反応器，抽出器，分離器，熱交換器および船の二重底があり，完成していないものも含まれる。

(3) 「内壁の酸化を防止するために必要な措置」とは，次の(イ)から(ホ)までの措置をいうものである。

(イ) 内壁に日本産業規格，JIS G 4901（耐食耐熱超合金棒），JIS G 4902（耐食耐熱超合金，ニッケル及びニッケル合金-板及び帯），JIS G 4903（配管用継目

無ニッケルクロム鉄合金管）もしくは JIS G 4904（熱交換器用継目無ニッケ
ルクロム鉄合金管）に定める規格に適合する材料，またはこれらと同等以上の
耐食性を有する材料が用いられている。

(ロ)　内壁に防錆塗装またはガラス，合成樹脂等の酸化しない物による被覆（ライ
ニング）が行われている。

(ハ)　シリカゲル，活性アルミナ等の乾燥剤（JIS K 1464（工業用乾燥剤）に定め
る規格に適合するもの，またはこれと同等以上の乾燥能力を有するものに限
る）により内部が乾燥状態（内部に水がなく，かつ，内部の空気中の相対湿度
がおおむね50％以下である状態をいう）に保たれている。

　　なお，おおむね1カ月以内ごとに1回，内部の乾燥状態または乾燥剤の有効
性等について点検を行うことが望ましい。

(ニ)　電気防食が施されていること。この場合において，当該電気防食は，次のa
またはbのいずれかの要件を満足するものでなければならない。

　　a　内壁のすべての表面にその効果が及ぶものであること。

　　b　内壁の表面の一部にその効果が及ばない場合には，その効果が及ばない部
分に上記(イ)または(ロ)の措置が講じられているものであること。

(ホ)　内部が常に満水状態に維持されている（満水保管）。

　　なお，上記(ロ)から(ホ)までのいずれかの措置が講じられていた場合において，
その保守管理の不備等により内壁の酸化を防止する効果がなくなったときは，
「内壁の酸化を防止するために必要な措置が講ぜられている」ことには該当し
ないものである。

安衛令別表第6

5　石炭，亜炭，硫化鉱，鋼材，くず鉄，原木，チップ，乾性油，魚油その他
空気中の酸素を吸収する物質を入れてあるタンク，船倉，ホッパーその他の
貯蔵施設の内部

【解　説】

(1)　「空気中の酸素を吸収する物質」には，泥炭，果菜および鯨油があり，「その他
の貯蔵施設」には，サイロおよび有蓋貨車がある。

　　なお，「船倉」のうちには，はしけ等の船倉であって通風が良好なものは含ま
れない。

(2)　「乾性油」には，アマニ油，エノ油およびボイル油がある。

> ── 安衛令別表第6 ──
>
> 6　天井，床若しくは周壁又は格納物が乾性油を含むペイントで塗装され，そのペイントが乾燥する前に密閉された地下室，倉庫，タンク，船倉その他通風が不十分な施設の内部

【解　説】

(1)　「乾性油」の意義は，上記解説の(2)の意義と同様である。

(2)　「その他通風が不十分な施設」には，坑およびピットがある。

> ── 安衛令別表第6 ──
>
> 7　穀物若しくは飼料の貯蔵，果菜の熟成，種子の発芽又はきのこ類の栽培のために使用しているサイロ，むろ，倉庫，船倉又はピットの内部

【解　説】

「穀物若しくは飼料」には，もみ，豆，とうもろこしおよび魚かすが，「果菜の熟成」には，バナナの熟成が，「種子の発芽」には，もやしの栽培および麦芽の製造が，それぞれ含まれる。

> ── 安衛令別表第6 ──
>
> 8　しようゆ，酒類，もろみ，酵母その他発酵する物を入れてあり，又は入れたことのあるタンク，むろ又は醸造槽の内部

【解　説】

「その他発酵する物」には，麹，ぶどう酒原料のぶどうおよび麦芽がある。

> ── 安衛令別表第6 ──
>
> 9　し尿，腐泥，汚水，パルプ液その他腐敗し，又は分解しやすい物質を入れてあり，又は入れたことのあるタンク，船倉，槽，管，暗きよ，マンホール，溝又はピットの内部

【解　説】

(1)　「汚水」には，パルプ廃液，でんぷん廃液，皮なめし工程からの廃液，ごみ処理場における生ごみから出る排水，ごみ焼却灰を冷却処理した排水および下水がある。

(2)　「その他腐敗し，又は分解しやすい物質」には，魚かす，生ごみおよびごみ焼却場における焼却灰がある。

(3)　「槽」には，浄化槽，汚泥槽，ろ過槽および汚水桝のほか製紙またはパルプ製造工程に用いられるチェスト（貯留槽）がある。

(4)　「パルプ液」とは，パルプ製造工程におけるいわゆるパルプスラリー（古紙の

再生工程におけるパルプ懸濁液を含む）をいう。

安衛令別表第6

10 ドライアイスを使用して冷蔵, 冷凍又は水セメントのあく抜きを行つている冷蔵庫, 冷凍庫, 保冷貨車, 保冷貨物自動車, 船倉又は冷凍コンテナーの内部

【解 説】

「水セメントのあく抜き」とは, 船倉（水タンク）等のさび止めのために塗布した水セメント（セメントペースト）をドライアイスを用いて処理することをいう。

安衛令別表第6

11 ヘリウム, アルゴン, 窒素, フロン, 炭酸ガスその他不活性の気体を入れてあり, 又は入れたことのあるボイラー, タンク, 反応塔, 船倉その他の施設の内部

【解 説】

(1) 本号に掲げる気体がボンベに入って格納されている施設の内部は, 本号に含まれない。

(2) 「その他の施設」には, 圧力容器, ガスホルダ, 反応器, 抽出器, 分離器, 熱交換器, 船の二重底, 液化窒素を用いて冷凍を行う冷凍車の冷凍室の内部, りんごのCA（環境気温調節）貯蔵施設の内部およびフロン洗浄装置の洗浄槽の内部があり, 完成していないものも含まれる。

安衛令別表第6

12 前各号に掲げる場所のほか, 厚生労働大臣が定める場所

【解 説】

現在, 特に定められたものはない。

第3章　硫化水素発生の原因

　酸素欠乏症防止対策の対象としていた清掃業等の作業現場において，有機物が微生物によって分解されて生ずる硫化水素による中毒の災害が多発していることにかんがみ，昭和57年，このような場所について当時の酸素欠乏症の防止措置のほか，新たに硫化水素中毒の防止措置を講ずべきこととなった（昭和57年政令第124号および昭和57年労働省令第18号）。

1　硫化水素の存在と生成

　自然界における硫黄の循環と硫化水素の発生は，**図3-9**のように要約される。
　硫化水素は自然界では火山ガスや温泉などから空気中に放出されているが，その一方で自然界の硫酸や硫酸塩を分解，還元して，その酸素を利用している硫酸還元菌の活動で常に生成されている。この菌は，酸素欠乏状態の地中，河川，湖沼，港湾等の汚泥中，下水沈殿物中，また，ときには工場の製造工程（パルプ工場等）において硫酸や硫酸塩を唯一の酸素の供給源として繁殖しており，この菌の活動で硫化水素が発生する。
　すなわち次の反応で，硫酸から酸素を奪い，硫化水素を発生させる。

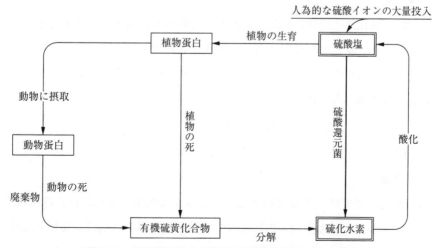

図3-9　自然界における硫黄の循環と硫化水素の発生

$$H_2SO_4 \rightarrow 2O_2 + H_2S$$
（硫酸）　　（酸素）（硫化水素）

　自然界では硫黄は酸化還元を繰り返し，植物と動物の間を循環し，安定化しているが，そこに人為的な硫酸イオンの大量投入が行われた場合等に，これらを処理する硫酸還元菌の生育条件が良好であれば，危険な高濃度に達して人間に中毒作用を及ぼすことになる。

　硫化水素の気中濃度が高くなる場合は，次のように大別される。

① 　硫酸還元菌の生成した硫化水素が，長時間にわたって蓄積したり，限られた人工的な空間に短時間のうちに大量生成され，換気の悪い閉鎖的空間に湧出してくる。

② 　動物や植物の体の構成成分としての硫黄を含んだ蛋白質やアミノ酸その他の成分が腐敗菌により分解したとき，あるいは動物の排泄物が分解したときの最終段階で発生し，換気の悪い空間に蓄積する。

③ 　各種化学製品の製造工程などで用いられる化学反応の結果，大量の硫化水素が生成され，それが時折，製造工程から漏出してくる。

　具体的には次のようなものがある。

（1）　し尿処理施設

　施設中のし尿貯留槽内では，し尿中の硫黄も含んだ有機化合物（メルカプタンなど）の細菌による分解の最終産物として硫化水素が発生している。し尿中には人体内で生成した硫酸塩（体内解毒機構でつくられる）も存在し，槽内の酸素欠乏状態下で硫酸還元菌の活動が促進され，硫化水素が生成される。

（2）　腐　泥

　腐泥中には硫化鉄その他の硫化物が存在し，塩酸の作用等により硫化水素が遊離してくる。また，腐泥中に硫酸または硫酸塩が存在すれば，硫酸還元菌の活動を促進するため，工場排水などによる硫酸または硫酸塩汚染を受けた腐泥層の掘削環境では硫化水素中毒の危険性が高い。

$$FeS + 2HCl \rightarrow FeCl_2 + H_2S$$
（硫化鉄）　（塩酸）　　（塩化鉄）（硫化水素）

（3）　下水道

　下水道沈殿物中では，動植物の蛋白質の分解や硫酸塩（例えば蓄電池処理工場，化学実験室等からの硫酸塩投棄等）に対する硫酸還元菌の作用による硫化水素の生成が行われる。と畜場，食品工場からの排水には硫黄を含んだ蛋白質（含硫蛋白

質）や硫黄を含んだアミノ酸（含硫アミノ酸）などが多く含まれ，また，皮革工場の廃水には，なめし用の硫化ナトリウムや，なめし時の毛髪の分解産物の含硫アミノ酸などが大量に含まれ，下水の酸性化による硫化ナトリウムからの硫化水素の発生もみられる。硫化ナトリウムはこのほかにも空気中の酸素を吸収するばかりでなく，生成した硫酸塩は硫酸還元菌の活動を促す。

（4）　パルプ工場

パルプ工場では原料の木材細片を水酸化ナトリウムと硫化ナトリウムの混液で加圧蒸煮し，セルロースだけを取り出す。粗製のセルロースのパルプ液には硫化ナトリウムやその空気酸化で生成した硫酸塩が残っているので，パルプ液の貯蔵槽内は酸素欠乏状態と，混入した硫酸還元菌による硫酸塩からの硫化水素の生成がみられる。硫化水素中毒は，連休などでパルプ液の流動が停止した後の，作業再開時の点検作業に際して起こりやすい。

（5）　清掃工場

硫化水素の発生しやすい場所として，ごみピットがあげられる。転落し肺水腫で死亡した作業者の事例では，その起因物質として硫化水素が推定されている。

清掃工場の残灰ピット中の灰には，ごみに含まれている各種の硫黄分（ゴム類，蛋白質，石膏など）が燃焼する際に生じた硫化物，硫酸塩，亜硫酸塩が存在する。残灰ピット中の灰が汚泥状で沈殿貯留されると，硫酸塩は混入した硫酸還元菌によって硫化水素あるいは硫化アルカリに変化している。この汚水を酸で中和する際に硫化水素が遊離してくる。

（6）　火力発電所等の海水利用施設

蒸気タービン復水器等の冷却に海水を利用している施設では，海水を取り入れる暗きょその他の海水の流動する箇所（特に温排水回路）には，「ムラサキイガイ」などの貝類が大繁殖して，次第に流れを悪くするので，ときどきそのかき落とし作業を行う。暗きょ等を干上げると，貝類は死滅し，腐敗する。その際酸素欠乏状態（嫌気的状態）になり，このような状態の中で貝の分解がはじまり，含硫蛋白質の分解からの硫化水素の発生がみられる。一方，蛋白質の分解産物は海水性の硫酸還元菌（海水底質に常在）の活動を促進し海水中の硫酸塩の硫化水素への変換が起こる。

（7）　石油精製工場

原油に含まれる硫黄を含んだ有機物は，燃焼して二酸化硫黄（亜硫酸ガス）となり公害の原因になるので，水素添加反応で硫黄分を硫化水素に変えて取り除く。こ

の硫化水素の貯蔵，輸送パイプ系からの漏れや，タンク，パイプのオーバーホールの際に中毒災害が起きている。

（8）　その他

　温泉のメンテナンス作業，換気不良な温泉への入浴中や水産加工会社での魚類の処理作業においても，硫化水素中毒事故が発生しており，これらの作業や場所でも，十分な注意が必要である。

2　硫化水素の特性

　硫化水素は特有の腐卵臭があるが，無色で，可燃性，比重 1.19（空気 = 1），空気と混合しやすく水に溶けやすい気体である。

　空気よりやや重いので，底部等に溜まりやすく，空気とよく混合して拡散する。

　水 100mL 中に溶けうる量は，0℃で 437mL，20℃で 291mL，40℃で 186mL となっている。この性質は，空気中の硫化水素が眼や呼吸器粘膜の水分に溶け込み，吸収されやすいことを示している。また，過去の災害事例の中には，汚水や汚泥中に閉じ込められていた硫化水素が作業により作業環境中に放出されたと考えられるものが散見される。作業開始後の硫化水素の濃度の変化にも注意が必要である。

　空気中で徐々に酸化されて，次式のように水と硫黄に変化するが，空気中に高濃度に存在するときは，硫黄の微細粒子を生じ，煙霧が認められる。

$$2H_2S \; + \; O_2 \; \rightarrow \; 2H_2O \; + \; 2S$$
（硫化水素）（酸素）　（水）　　（硫黄）

　272℃で発火し，青色の炎をあげ，眼や呼吸器粘膜に強い刺激性をもつ二酸化硫黄（亜硫酸ガス）を生じ，また，気中濃度 4.3 ～ 45.5％の範囲で着火されれば，激しく爆発する。金属と硫化物を生成して腐食性を発揮し，銀や銅などは黒変する。ステンレス鋼といえども腐食される。コンクリート構造物の中性化を促してもろくするなどの物的被害も生じる。

第4章　硫化水素中毒の発生しやすい場所

　酸素欠乏症または硫化水素中毒にかかるおそれのある場所としては，労働安全衛生法施行令別表第6に以下のとおり定められている。

　なお，第12号にかかわる場所については，現在，特に定められていない。

> **安衛令別表第6**
>
> 3の3　海水が滞留しており，若しくは滞留したことのある熱交換器，管，暗きよ，マンホール，溝若しくはピット（以下この号において「熱交換器等」という。）又は海水を相当期間入れてあり，若しくは入れたことのある熱交換器等の内部

【解　説】

(1)　本号は，海水が滞留しており，もしくは滞留したことがあり，または海水を相当期間入れてあり，もしくは入れたことのある場合には，海水中で繁殖していた貝等の生物が死んで腐敗すること等により酸素欠乏空気等が生ずるおそれがあることにかんがみ規定したものである。

(2)　「相当期間」とは，海水中で繁殖する貝等の生物が熱交換器等の内部の表面に付着し，累積することとなる期間をいうものである。

　　なお，貝等の生物が熱交換器等の内部の表面に付着し，累積していれば，当該生物の腐敗の有無，硫化水素の発生の有無の如何にかかわらず，「相当期間」に該当するものである。

(3)　「熱交換器等」には，火力発電所，原子力発電所等の復水器が含まれる。

> **安衛令別表第6**
>
> 9　し尿，腐泥，汚水，パルプ液その他腐敗し，又は分解しやすい物質を入れてあり，又は入れたことのあるタンク，船倉，槽，管，暗きよ，マンホール，溝又はピットの内部

【解　説】

(1)　「汚水」には，パルプ廃液，でんぷん廃液，皮なめし工程からの廃液，ごみ処理場における生ごみから出る排水，ごみ焼却灰を冷却処理した排水および下水がある。

⑵　「その他腐敗し，又は分解しやすい物質」には，魚かす，生ごみおよびごみ焼却場における焼却灰がある。

⑶　「槽」には，浄化槽，汚泥槽，ろ過槽および汚水桝のほか製紙またはパルプ製造工程に用いられるチェスト（貯留槽）がある。

⑷　「パルプ液」とは，パルプ製造工程におけるいわゆるパルプスラリー（古紙の再生工程におけるパルプ懸濁液を含む）をいう。

第5章 酸素欠乏症および硫化水素中毒の防止措置

　酸素欠乏症は，症状の進行が極めて早く，死亡災害の発生率が高い。さらに，酸素欠乏空気は人間の五感で捉えることができないため，気がついたときには被災している，あるいは被災したことを自覚する前に意識を消失している事例もある。また，高濃度の硫化水素でも，急激な意識消失をきたす。そこで，酸素欠乏症や硫化水素中毒による労働災害の防止には，一連の防止措置の確実な実施が求められる。

　酸素欠乏症および硫化水素中毒による労働災害の原因については，災害の発生事例からみると一見複雑多岐にわたっているようにみえるが，その内容を検討すると共通した原因をあげることができる。事例にほぼ共通する原因には，次のもの等がある。

① 　作業前（立ち入る前）に酸素または硫化水素の濃度の測定をしていなかったこと

② 　換気をせずまたは換気が不十分なまま酸素欠乏等（空気中の酸素濃度が18％未満である状態または空気中の硫化水素の濃度が10ppm を超える状態をいう。）の場所に立ち入ったこと

③ 　酸素欠乏危険作業主任者を選任していなかったこと

④ 　空気呼吸器などの呼吸用保護具を使用せずに作業や救出作業をしようとしたこと

⑤ 　転落のおそれのある場所で，墜落制止用器具等を使用していなかったこと

⑥ 　作業者への酸素欠乏危険作業，酸素欠乏症あるいは硫化水素中毒の防止についての教育が不足していたこと

⑦ 　「関係者以外立入禁止」の表示がなかったこと

1　測定の実施

　酸素欠乏危険場所における作業を開始する前に，酸素濃度および硫化水素濃度（硫化水素中毒のおそれのない場所にあっては酸素濃度）を測定し，作業場所の状況を的確に把握しなければならない。

　この測定は，酸素欠乏・硫化水素危険作業主任者技能講習を修了した者のうちから選任した酸素欠乏危険作業主任者（硫化水素中毒のおそれのない場所にあって

は，酸素欠乏・硫化水素危険作業主任者技能講習または酸素欠乏危険作業主任者技能講習を修了した者のうちから選出）が行わなければならない。

　測定の方法については第6章および第7章において述べる。

2　換気の実施

　酸素欠乏症および硫化水素中毒を防止するためには，爆発，酸化等の防止のため換気することができない場合，または，バナナの熟成状況の点検等作業の性質上，換気することが著しく困難な場合を除き，その作業を行う場所の換気を行い，空気中の酸素濃度を18％以上，かつ，硫化水素濃度を10ppm以下に保つようにしなければならない（硫化水素中毒のおそれのない場所にあっては酸素濃度のみの測定で可）。

　これらを確認の後，作業者を立ち入らせることとなるが，継続換気を必要とする場合は，内部に作業者が1名でもいる限り，換気を中断してはならない。もし，停電などで換気が中断された場合は，直ちに作業者を安全な場所に退避させなければならない。

　また，作業前に換気装置の点検を実施し，正常な状態であることを確認する。

（1）　換気についての一般的注意事項

　換気は，作業場所に応じた方法により有効に実施しなければならない。

　酸素欠乏空気やメタンガスの湧出，または硫化水素の継続的な発生がある場所等では，1回だけの換気では安全な状態に保つことができないため，継続して換気する。

　硫化水素は，気中濃度4.3～45.5％の範囲で着火源があれば爆発するので，換気装置などは防爆構造のものにする。

（2）　換気方法

　① 　自然換気は，建物の窓や出入口，マンホール等の開口部によって，その内外の温度差や自然風力による圧力差を利用して換気を行う方法である。

　　 しかし，次のような欠点があり，換気としては効率的ではない。

　　 ・必要とする換気量の確保が困難

　　 ・酸素欠乏等の発生源を効果的に換気することが困難

　　 ・排気口の位置が一定している

　② 　機械換気法は，送風機と風管を用いて行う換気方法である（図3-10）。

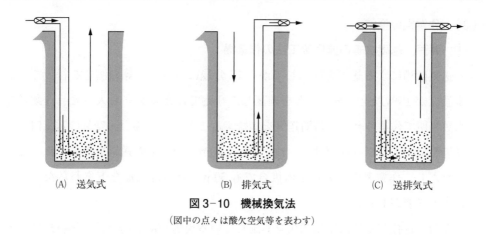

(A)　送気式　　　　　　　　　(B)　排気式　　　　　　　　(C)　送排気式

図3−10　機械換気法

（図中の点々は酸欠空気等を表わす）

・送気式

　風管を利用して最深部へ空気を送気する方法で，送気による最深部の圧力上昇により，排気は自然に外部へ排出される。

・排気式

　風管を利用して最深部の空気を吸引して外部へ排気する方法で，排気による最深部の圧力低下により新鮮な外気が入口から内部に進入し，最深部に達する。

・送排気式

　送気，排気を別の風管を使用して行う方法であり，最深部の換気のみを考えた場合には，最も換気効率のよい方法である。この方法の欠点として，送排気量のバランスを考慮しないと最深部以外の場所で気流の停滞が起こるので，注意が必要である。

　これらの機械換気法は，計画どおりに換気ができることや予定される位置に排気口を設けることができるといった特徴があるが，次のような注意が必要である。

・送風機の能力に応じて，十分に時間をかけて換気する。

・コーナー部や凹部等にも換気が及ぶようにする。

・新鮮な空気の吹出し口は，できるだけ作業位置に近づける。

・送排気式とする場合は，送排気が短絡せず，作業場内が均一に換気できるようにする。

・作業中は，換気設備の運転を中断しない。

・送気口付近にガソリンエンジン式の発電機等を設置しない。

（3）　作業別の換気

①　井戸，基礎坑等の非圧気工法の作業場

送気設備による送気を開始してから15分後に酸素濃度等の測定を行って，酸素濃度が18％以上であることを確認したうえで作業者を立ち入らせ，作業者を当該場所で作業させている間送気を継続すること。この場合，空気の送気口を作業場所にできるだけ近づけて，1人当たり $10m^3$／分以上の送気を継続すること。

ただし，作業者が4名以下の場合でも $50m^3$／分の送気量を下まわらないようにする必要がある。

なお，近接して他に圧気工法を実施している現場がある場合は，連絡調整をとり，酸素欠乏の空気の貫流，逆流を起こさないための送気圧の調整を行う必要がある。

②　潜函，圧気シールド等の圧気工法の作業室

あらかじめ，送気設備を使用して，気閘室（こう）および作業室を当該気積（室の容積）の5倍以上の有害でない空気により換気を行うとともに，作業者を当該場所で作業させている間送気を継続しなければならない。

なお，近接して他に圧気工法を実施している現場のある場合は，上記①のなお書きと同様な対策が必要である。

③　下水暗きょ，溝等

当該場所を次に示す方法により換気し，送気を開始してから15分後に測定を行って酸素濃度が18％以上，かつ，硫化水素濃度が10ppm以下であることを確認した上で作業者を立ち入らせ，作業者を当該場所で作業させている間送気を継続しなければならない。

　ア　暗きょにおける送気

暗きょの平均断面において0.8m／秒以上の風速で**図3-11**に示す方法で送気する。

　イ　ピットにおける送気

ピット内を均一に換気し，20回／時以上の回数の換気ができるように送気する。

　ウ　し尿処理場タンク等

作業開始前にタンク等の容積の3～5倍以上の量の空気を送（排）気し，作業中当該換気装置を稼働させておく。

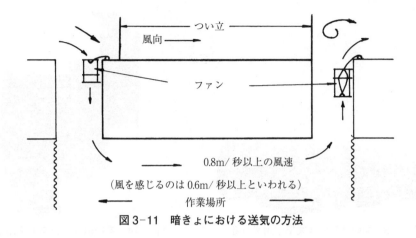

図3-11　暗きょにおける送気の方法

④　その他酸素欠乏のおそれのある場所

　あらかじめ当該場所を当該場所の気積の5倍以上の有害でない空気を送気した後，酸素濃度が18%以上であることを確認してから労働者を立ち入らせ，かつ労働者が当該場所で作業している間，均一に換気できるよう注意し，換気回数として20回/時以上の換気ができるように送気を継続しなければならない（昭和42年11月18日付け安発第61号）。

（4）　換気装置

　可搬型換気装置には風管（折りたたみ式ダクト）を取り付けて使用することが多い（**図3-12**）。ずい道等の換気には**図3-13**，**図3-14**のような換気装置が便利であるが，この場合気流が短絡したり，換気不十分な場所を残さないようにすることが必要である。また，風管は，できる限り建物や坑等の奥に入れるようにすること。

（5）　送気量の測定

　送気管末端の風量は，送風機の定格どおりには得られない。

　送気管が長くなればなるほど，通気抵抗の増大により，風量は減少する。それゆえ，実際の末端の風量を測定しなければ正しい換気量は求めにくい。

　風量の測定は次の方法による。すなわち，

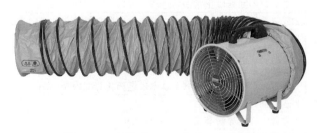

図3-12　軸流式ファンとビニール風管

図3-13　ずい道等の作業で使用される
軸流式ファンの例

図3-14　ずい道等の作業で使用される
ターボブロワ（遠心式）の例

$$F = a \times 60\, \upsilon$$

F：風量（m³/分）

a：末端の断面積（m²）

υ：末端における平均風速（m/秒）

末端における平均風速は，吹出口の断面中心風速の 0.84 倍で概略が求められる。

風速計には次のような種類がある。

① 熱線風速計（風速による熱線の冷却による測定方法。指向性のものがよい。）

測定範囲 0.05m/秒〜40m/秒

② 風車風速計（羽根車の回転による測定方法）

測定範囲 1m/秒以上

③ ピトー管（風圧力による測定方法）

測定範囲 3m/秒以上

（6）　換気設備の点検

作業主任者の職務として，換気設備を点検することが義務付けられている。**表3-3**

表3-3　換気設備の点検内容

	換気設備の点検内容
ファン	(1)ファンの回転は正常か。
	(2)電気系統の絶縁はよいか，アースが取り付けられているか。
	(3)電動機，ファンに異常な音がないか。
	(4)電動機の温度が正常か。
風管	(1)接続部から漏風はないか。 　ゆるみがないか，ガスケットは老朽化していないか。
	(2)破損部分はないか。
	(3)風管内に水等が溜まっていないか。
	(4)風量は十分か。

に主な点検内容を示した。

（7）　純酸素の使用禁止

　ボンベ（高圧酸素容器）などからの圧縮酸素の放出は，その結果として空気中の酸素濃度を上昇させ，着火源があれば爆発をまねく。そのため，換気のために純酸素を使用してはならない。

3　空気呼吸器等の使用

　酸素欠乏または硫化水素発生のおそれのある場所に立ち入って作業を行う場合には，「濃度の測定」と「換気」によって作業環境の酸素濃度を 18％以上，硫化水素濃度を 10ppm 以下に保つのが原則である。しかし，次のような理由で換気ができなかったり，換気ができても十分でない場合がある。

①　**換気が行えない場合**
　　ア　引火性液体，LPG のタンク，化学反応装置の内部等で引火，爆発の防止
　　　　のために不活性ガスを充てんしてある場合
　　イ　野菜，果実等の生鮮食料品を入れた冷蔵庫等で，鮮度保持のために不活性
　　　　ガスを封入してある場合
　　ウ　ドライアイスを使用して，水セメントのあく抜きを行っている場合
　　エ　浄化槽，汚物タンク等で，換気すると周囲に悪臭を拡散するおそれのある
　　　　場合

②　**換気が不十分な場合**
　　ア　井戸，井筒，たて坑，ずい道等で，地層の関係上酸素欠乏空気の湧出量が
　　　　極端に多い場合
　　イ　距離の長いずい道，導水管，洞道等で奥まで送風が届かない場合
　　ウ　タンク，化学設備，船倉の内部等で構造上十分な換気が行えない場合
　　エ　事故の被災者を救助する場合等で，十分な換気を行う時間的余裕がない場
　　　　合
　　オ　作業開始前に酸素濃度または硫化水素濃度の測定のために酸素欠乏危険場
　　　　所に立ち入る場合

　このような場合には，空気呼吸器，酸素呼吸器または送気マスクといった呼吸用保護具を装着して立ち入らなければならない。そのため，空気呼吸器等については，同時に立ち入る労働者の人数と同数以上を備え，常時有効かつ清潔に保持しな

ければならない。

　また，酸素欠乏症または硫化水素中毒事故が発生したときには，救助者は必ず空気呼吸器等を装着して活動しなければならない。あわてて空気呼吸器等を装着しないで救助に入ったために二次災害が起きる例が多いので，特に注意すること。

　保護具については第4編において述べる。

4　避難用具等の備付け

　万一の事故発生に備えて，空気呼吸器等，はしご，繊維ロープ，墜落制止用器具等，つり足場，滑車など労働者を退避させ，または救出するための必要な用具（以下「避難用具等」）を備えておかなければならない。

　特に，空気呼吸器等の数が不足していたため，無防備のまま，タンク内に救出に入り二次災害を発生させることがないよう，空気呼吸器等は救出作業に従事する労働者の人数も考慮して備えることが必要である。

　なお，防毒マスクおよび防じんマスクは，酸素濃度18%以上の場所で使用するものであって，酸素欠乏症の防止には全く効力がないので絶対に用いてはならない。

　マンホールの直径が小さすぎて空気呼吸器等が引っかかって救助が遅れ，死亡に至った例もあるので，マンホールや開口部の大きさなどについて事前に調査しておく必要がある。

　保護具，避難用具等は，その日の作業を開始する前に点検し，常に正常かつ有効な状態で使用できるようにしておかなければならない。

5　人員の点検と立入禁止

　酸素欠乏危険作業に従事する個々の作業者については，作業場への出入りを確認しなければならない。

　また，酸素欠乏危険作業を行う場所には，関係者以外の立入りを禁止し，見やすい場所に次の事項を表示しなければならない。

①　関係者以外の立入禁止
②　酸素欠乏危険作業主任者の氏名
③　酸素欠乏症または硫化水素中毒（硫化水素中毒のおそれのない場所にあっては酸素欠乏症）になる危険があること

④　立ち入る場合にとるべき措置

⑤　事故発生時の措置

⑥　空気呼吸器等，墜落制止用器具等，酸素濃度測定器，硫化水素濃度測定器
（硫化水素中毒のおそれのある場所に限る），送気設備の保管場所

6　連　絡

近接する場所の作業により作業場が酸素欠乏，硫化水素の発生，滞留のおそれが
あるときは，近接した場所で行われる作業場と作業時期，作業時間（圧気工法の場
合は送気の時期，送気圧等）等について連絡をしておく必要がある。

7　監視人の配置

異常を早期に発見して適切な処置を迅速に行うため監視人を配置する。

監視人は，ボイラー，タンク，反応塔，船倉等の内部における酸素欠乏危険作業
の場合のように，外部から内部の監視が可能な場合は開口部の外側に配置する。

作業場所が複雑である場合等その外部から作業を監視することが著しく困難なと
きは，酸素欠乏危険作業に従事する労働者の中から通報する者を定め，かつ，通報
者が外部の監視人に連絡できるよう，電話等の通報設備を設置することが望ましい。

なお，監視人は，救出作業にかかわらないか，救出作業を行うときは代わりの監
視人を置くべきである。また，1名に限定することなく，複数人配置することも，
作業状況に応じ検討する。

監視人については，酸素欠乏危険作業主任者の技能講習修了者など酸素欠乏危険
作業の教育を受けた者や作業内容を十分熟知している者の中から配置することが望
ましい。

労働者が身体の異常を訴えたときは，酸素欠乏症の可能性がある。酸素欠乏症の
初期においては，顔面蒼白または紅潮，脈拍および呼吸数の増加，発汗，よろめ
き，めまい，頭痛等の徴候が認められる。

監視人はこのような症状の労働者を発見した場合，直ちにその労働者はもちろん
他の労働者も退避させるとともに酸素欠乏危険作業主任者に伝えなければならな
い。

8　教育の実施

　酸素欠乏危険場所における作業に係る業務につかせる作業者の酸素欠乏症，硫化水素中毒に関する知識の不足による労働災害を防止するため，酸素欠乏症等防止規則に従い，特別教育を行うこととされている。酸素欠乏症または硫化水素中毒の事故に際し，救助作業に従事した者もともに被災する事例が後を絶たないことから，特に空気呼吸器等の保護具の使用法，救命手当の方法や手順について，十分に教育しておくこと。

第6章　酸素濃度の測定方法

　空気中の酸素濃度の正しい測定は，酸素欠乏症防止のための基本である。酸素欠乏状態は人間の感覚では感知できず，酸素濃度測定器による測定が唯一の方法である。

　酸素欠乏による災害を防止するためには，まず作業場所の酸素濃度を正確に知り，必要に応じて換気を行い，または空気呼吸器等の保護具を使用する。もし，測定結果が正確でなかったならば，その後の対策が不適切なものになり，最悪の事態を引き起こすことにもなりかねない。

　酸素濃度を正しく測定するためには，

①　適切な測定器を選んで備え付けておく。

②　常に正しい保守管理を行って正確さを保つ。

③　測定箇所と測定時期を正しく定める。

④　正しい測定操作を行う。

⑤　測定者は自分の使用する測定器の保守，取扱法に十分習熟しておく。

⑥　測定結果を正しく評価する。

ことが必要である。

　また，法的に定められた酸素欠乏危険作業主任者による作業開始前の測定だけではなく，作業中に酸素濃度や硫化水素濃度をリアルタイム監視することが有効である。

　装着形測定器は，法的な定めはないが，作業者自身が測定器を装着することで作業中の酸素濃度や硫化水素濃度をリアルタイム監視できるものである。警報を発した場合には直ちに退避等の行動をとることができるため，労働災害防止に有効である。実際に作業者が呼吸する空気の酸素濃度や硫化水素濃度を作業者自身で監視することができるので，作業中は装着形測定器を使用することが望ましい。

1 作業環境測定について

測定に際しては，適切な測定器を選択し，正しい操作を行い，適切な測定箇所を，適切な方法で測定することが重要であり，測定結果に応じた評価を実施し，評価に応じた措置を講じるとともに，記録しなければならない。また，同時に測定者自身の安全を確保することも重要である。

（1） 測定の時期

酸素欠乏危険作業に作業者を従事させる場合は，その日の作業を開始する前に酸素濃度（および硫化水素濃度）を測定しなければならない。

また，作業に従事する全ての作業者が作業を行う場所を離れた後，再び作業を開始する前，および作業者の身体，換気装置等に異常があったときにも測定しなければならない。

このほか，作業中においても断続的に測定し，酸素欠乏等の状態の有無，換気装置の性能の確認を実施することが望ましい。

（2） 測定実施者

測定は，第1種酸素欠乏危険作業では，酸素欠乏危険作業主任者技能講習または酸素欠乏・硫化水素危険作業主任者技能講習を修了した者のうちから選任された酸素欠乏危険作業主任者が行うこととなっている。第2種酸素欠乏危険作業では，酸

作業環境測定基準（抄）

（酸素及び硫化水素の濃度の測定）

第12条 令第21条第9号の作業場における空気中の酸素及び硫化水素の濃度の測定は，次に定めるところによらなければならない。

1 測定点は，当該作業場における空気中の酸素及び硫化水素の濃度の分布の状況を知るために適当な位置に，5以上とすること。

2 測定は，次の表の上欄〈編注：左欄〉に掲げる区分に応じて，それぞれ同表の下欄〈編注：右欄〉に掲げる測定機器又はこれと同等以上の性能を有する測定機器を用いて行うこと。

区　分	測　定　機　器
酸素の濃度	酸素計又は検知管方式による酸素検定器
硫化水素の濃度	検知管方式による硫化水素検定器

素欠乏・硫化水素危険作業主任者技能講習を修了した者のうちから選任された酸素
欠乏危険作業主任者が行うこととなっている。

（3）　測定時の注意事項

　測定は，酸素の場合は％（100分の1），硫化水素の場合はppm（100万分の1）
というオーダーの数値が安全性の判定を左右する。そのため測定の精度を確保する
には後述の「3　酸素濃度の測定要領」や硫化水素の測定の場合は第7章に従って
行うことが重要である。なお，次の測定方法は危険かつ不正確なので絶対に行って
はならない。

・ろうそく，その他裸火による方法（加圧中の潜函内ではもちろん危険であるが，
　開放掘削の深礎，井筒においても，メタンガスの爆発の危険性が極めて高いの
　で，着火源となるこれらのものを用いてはならない）。

・「ジュウシマツ」などの小鳥等小動物による方法（酸素欠乏に対して人間よりは
　るかに強く，人間の致死濃度でも墜落しないので小鳥等小動物を酸素欠乏の検知
　に用いることは極めて危険である）。

2　酸素濃度測定器の種類と取扱い方法

　酸素濃度の測定には，各種の検知方式，構造，性能の測定機器があり，それぞれ
特徴を持っているので，用途に適した機器を選定し，使用する必要がある。

　実用機器には，酸素計，検知管方式の酸素検定器（検知管ガス測定器（測長法）），
その他の機器がある。

　酸素計についてはJIS T 8201（酸素欠乏測定用酸素計）によって構造，性能等
が規定されている（酸素計とは日本産業規格（JIS）に定める規格に適合する酸素
濃度計および酸素濃度警報計をいう）。また，検知管についてはJIS K 0804（検知
管式ガス測定器（測長形））により定められている。

　酸素濃度の測定には，現状ほぼ，ガルバニ電池式酸素センサーを利用した，定置
形，携帯形および可搬形の測定器が使用されている。

　その多くは，電源に乾電池あるいは充電ユニットを使用するもので，電池の充電
状態にもよるが，10時間以上使用できる型式もあり，本質安全防爆構造を有して
いる。

　表示方式はアナログからデジタルに移行し，現在ではデジタルによる表示が一般
的である。

　また，対象ガスが酸素のみならず，硫化水素，一酸化炭素および可燃性ガスを計測できる型式もあり，土木，建設工事等の現場で広く使用されている。

　なお，次の使用は避けなければならない。

・使用温度範囲を超えた，高温，高湿および低温環境下での使用

・直射日光が当たる場所での長時間の使用

・強い電磁波の発生する機器（高周波，高電圧）の近くでの使用

　また，測定に際しては，できる限り測定箇所の外部から採気管の先端または検知部を設置する。これができない場合は，測定者が空気呼吸器等の保護具を着用して内部へ入り測定するが，酸素呼吸器を使用している場合は，その呼気中には高濃度の酸素が含まれている可能性があるので，呼気が測定空気と混合しないように注意する。

　酸素濃度測定器の代表的なものについて，その原理，特徴を**表3-4**に示す。

表3-4　酸素濃度測定器の比較

測定装置名	測定原理	特徴	測定範囲
ガルバニ電池式酸素計	酸素の減極作用による電極電流を測定（電気化学変化）	・連続測定が可能で，警報器が設置されている ・操作が簡単 ・センサーの定期点検と交換が必要	0〜50%
検知管方式酸素検定器	化学反応による検知剤の変色長を測定	・取扱いが簡便 ・二酸化炭素，温度による補正が必要	2〜24%

（1）　酸素濃度計

①　形式

　酸素欠乏測定用酸素計には，定置形，可搬形および携帯形，装着形の形式がある（JIS T 8201）。

　ガルバニ電池式は，電気化学的酸素測定法による濃度計であり，一般に酸化・還元を応用したもので，安定性，操作性，保守性および堅ろう性などの点で優れているため，ガルバニ電池式酸素濃度計が広く使用されている（酸素濃度計は**図3-15**，**図3-16**を，その構造は**図3-17**を参照）。

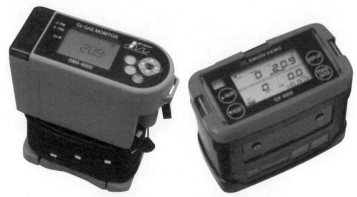

図 3-15　酸素濃度計の例

図 3-16　装着形酸素濃度計の例

② **種類**

ア　定置形

定置形は，一定箇所に設置または固定して使用する形式である。検知の方法には，拡散式と吸引式がある。

(ア)　拡散式は，機器外部に設置された検知部と機器をケーブルで結び，測定箇所に検知部を吊るす（投げ込む）。酸素欠乏空気が拡散により検知部に触れ，検知されると，濃度が数値化され，遠隔の計器室等に指示，警報される。

(イ)　吸引式は，測定器内に吸引ポンプが設けられ，酸素欠乏空気がポンプにより吸引され，検知部にて検知されると，濃度が数値化され，計器室等に指示，警報される。

イ　可搬形

可搬形は，台車，移動車によって移動する形式である。

作業場所（化学プラントの補修工事，トンネル工事，マンホール内作業など）で作業に伴い移動する場合にガス漏えいモニターとして使用されることが多い。

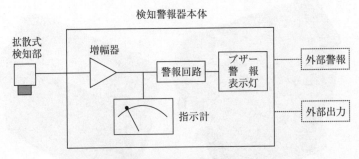

（A）拡散式検知警報器の構成例

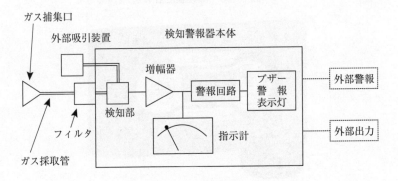

（a）吸引ポンプ外付け形

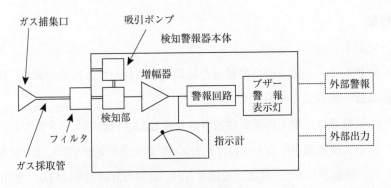

（b）吸引ポンプ内蔵形

（B）吸引式検知警報器の構成例

図3-17 ガルバニ電池式酸素センサーの構造

　設置場所を簡単に移すことのできる構造および持ち運び時の振動等に耐えられる構造である。

　連続使用時間が長く，警報表示が大きいことも特徴である。

　　ウ　携帯形

　　　携帯形は，手に持つ，肩に掛けるなどして使用する形式である。

　　　検知部は測定場所の空気と直接接触して，酸素濃度を検知する。

　　　拡散式，吸引式ともに，防爆構造は，本質安全防爆構造または本質安全防爆構造と耐圧防爆構造の組合せ構造を採用したものが多い。

　　エ　装着形

　　　装着形は，胸部，腰部等あるいはヘルメット部等の身体に着けて使用する形式である。

　　　酸素欠乏危険場所で作業者個人が身体に装着し，作業者付近の酸素濃度をリアルタイムで監視できる検知警報器であり，警報が発せられた場合は，直ちに避難の行動に移れる。小型軽量化されている。

　　　検知部は，拡散式，吸引式の種類がある。

　これらには，本質安全防爆構造（電気機器を構成する電気回路，部品，構造において，可燃性ガスに対する着火エネルギーが発生しないように設計・製造された構造）のものと，耐圧防爆構造（電気機器を構成する電気回路や構成部品を耐圧構造に封じ込めた構造）のものがある。

　各装置とも，具体的な構造は，次のとおりである。

　一般構造は，検知部，指示部および警報部から構成され，酸素濃度の変化を電気信号に換え，指示部または警報部を作動させる構造となっている。酸素計には次の要件が求められる。

　㋐　酸素計は，保守管理が容易なものであること。

　㋑　各部の構造は，十分強度および耐久性をもたなければならない。

　㋒　金属材料は，耐食性材料または完全な表面防食処理を行い，塗装は仕上げが良好で，容易に色あせ，はく離してはならない。

　㋓　各部は，その目的に応じて円滑，かつ，正確に作動し，容易に狂いを生じてはならない。

　㋔　作動状態にあるときは，それが容易に識別できる機能をもたなければならない。

　㋕　防爆性が必要な場合は，防爆構造とする。

　指示部は，少なくとも，15％～21％の酸素を明確に指示するもので，デジタル方式の場合は，0.1％酸素単位を指示するものであること。警報部は，少なくとも，18％～21％の酸素の範囲の任意の濃度に警報設定でき，警報設定値以下で警報を発し続けるものでなければならない。

③　**機器本体**（JIS T 8201 適合品を用いること）**の点検**

　ア　吸引式

　　㋐　電源を入れ，全点灯動作で LCD（液晶ディスプレイ）表示・警報機能が動作することを確認する。

　　㋑　内蔵されているポンプが正常に稼働することを確認する。

　　㋒　正常空気で，酸素センサー出力を確認する。酸素濃度が 20.9％を表示することを確認する。

　　㋓　電池残量表示を確認し，必要に応じ電池交換をする。

　　㋔　警報器排気口の詰まりおよびサンプリングホースの接合部からの漏えいがないことを確認する。

　イ　拡散式

　　㋐　電源を入れ，全点灯動作で LCD 表示・警報機能が動作することを確認する。

　　㋑　LCD 表示を見ながら，ケーブルの断線，接合部の接触不良がないことを確認する。

表3-5　酸素濃度測定器仕業点検表

点　検　項　目	吸引式	拡散式
電源関係		
電源スイッチ ON	○	○
電源電圧チェック	○	○
ケーブル関係		
ケーブルコネクタ締付け・接触	—	○
ケーブル端末断線	—	○
ケーブル中間断線	—	○
ケーブルシールド（誘導障害）	—	○
センサー関係		
酸素計センサー出力確認	○	○
スパン調整（清浄空気で 21％に調整）	○	○
警報関係（警報器付きの場合）		
警報動作	（○）	（○）
警報解除	（○）	（○）
吸引管関係		
ホースコネクタ締付け	○	—
フィルタ付け	○	—
測定器通気回路漏れチェック	○	—
ホースき裂，漏れ，ふさがりチェック	○	—
21％戻り確認	○	○
その他測定器の取扱説明書にある点検事項	（○）	（○）

（注：（○）は機種により点検項目の有無があるもの）

㈹　正常空気で，酸素センサー出力を確認する。酸素濃度が20.9％を表示することを確認する。

㈪　電池残量表示を確認し，必要に応じ電池交換する。

㈫　ケーブルの汚れ等を確認する。

仕業点検表を**表3-5**に示す。

④　**日常の注意事項**

吸引式，拡散式とも，

㈰　センサーは，測定器を使用しなくても，徐々に劣化するので，メーカーや酸素計の点検業者に定期的に点検・整備を依頼するのが望ましいこと。

㈪　計器に衝撃を与えることや，計器を落下させないこと。

㈹　長時間使用しない場合は，本器から電池を取り出して保管すること。

㈫　高熱のものに近づけないこと。

㈯　常温，常湿，直射日光が当たらない場所で保管すること。

㈮　測定実施時に，本体の排気口をふさがないこと。

㈤　急激な温度変化（10℃以上）がある場合は，測定値に誤差を生じることがあることに留意すること。

㈿　作業主任者は，1カ月に1回程度，外部点検，動作点検を行うこと。点検内容は，計器本体，ケーブル，ホースおよびコネクタなどの外観点検，電気回路，コードの断線および採取管の漏れなどの動作点検などである。

⑤　**測定時の注意事項**

㈰　センサーの校正年月日を確認すること。

㈪　測定実施前の測定機器の酸素濃度が，20.9％であることを確認すること。

㈹　日常の測定では，必ず仕業点検を行い，異常を認めた場合には，直ちに補修し，正常な状態を確認すること。

㈫　測定器および拡散式の検出部には，衝撃を与えないこと。

㈯　拡散式の検出部は，ケーブルを持ってゆっくり吊り降ろし，所定の深さに達したら，ゆっくり4～5回，約20cm程度上下に動かし，空気の拡散を促すこと。

㈮　検出部や採取管の先端が底部のスラッジ，溜水に接触しないようにすること。

㈤　センサーの検知部をゆっくり測定場所に入れ，指示値が安定したところで，酸素濃度を読み取ること。測定開始後十分な時間が経過しても，指示が変動する場合は最低の指示値を読み取ること。

㈿　測定終了後は，正常空気で機器の指示値が21％近くに戻ることを確認すること。

（2）　検知管方式による酸素検定器

　細い内径の均一なガラス管に酸素によって変色する薬剤（検知剤）を充てんした検知管を，延長採取管を介してガス採取器（ポンプ）に接続して採取空気を定速度で通過させると，検知管の入口より酸素濃度に応じた長さの変色層が現れるので，その長さを測定して酸素濃度を求める方法である。電源等を必要とせず，極めて手軽に使用できる。

①　検知管

　検知管内に検知剤として活性アルミナ粒子にピロガロールと水酸化カリウムを吸着させて乾燥したものを充てんしてあり，酸素と接触すると白色から褐色に変色し，変色層の長さを読み取ることによって酸素濃度を知ることができる。三塩化チタンを使用したものは黒色から白色に変色する。

　検知管には有効期限が箱に表示されている。有効期限の切れた検知管では正しい測定結果が得られないので，測定の際に必ず有効期限内であることを確認して使用すること。

②　ガス採取器（ポンプ）

　一般に作業環境測定で用いられているガス採取器の多くは真空式で，シリンダ形である。

　シリンダ形の構造は**図3-18**に示した。シリンダ形ガス採取器は検知管を接続してピストンを一気に引いて固定することによって，ガス採取器のシリンダ内部

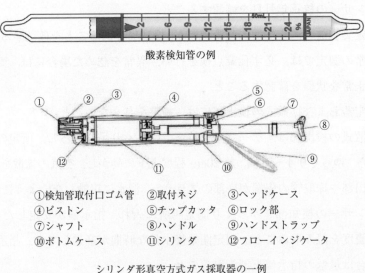

酸素検知管の例

①検知管取付口ゴム管　　②取付ネジ　　　　③ヘッドケース
④ピストン　　　　　　　⑤チップカッタ　　⑥ロック部
⑦シャフト　　　　　　　⑧ハンドル　　　　⑨ハンドストラップ
⑩ボトムケース　　　　　⑪シリンダ　　　　⑫フローインジケータ

シリンダ形真空方式ガス採取器の一例

図3-18　酸素検知管（例）

を減圧状態にし，検知管を通して試料空気を所定の流量で吸引するようになっている。通常内容積100mLを基準としている。なお，ポンプ全容量の2分の1あるいは4分の1などの容量の試料空気の吸引ができるようになっているガス採取器もある。

　測定の準備とガス採取器の仕業点検，延長採取管の使用方法，測定操作については，第7章1の（1）の③，④に準ずる（**図3-19**，**図3-20**参照）。

延長採取管（遠隔採取管）

キャップ　保護管

延長採取管（遠隔採取管）接続図

図3-19　延長採取管とその使用方法

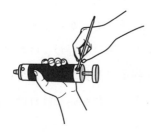
(a)検知管の両端をカットする。

(b)検知管を矢印に従って
　　ガス採取器に取り付ける。

(c)ガス採取器のハンドルを完全に押し込み，
　　ガイドマークを合わせる。

(d)一気にハンドルを引き，固定する。

図3-20　検知管による測定操作手順

3　酸素濃度の測定要領

　酸素濃度の測定を行うに当たっては，測定者の安全を確保することおよび測定箇所の酸素濃度を正確に把握することの2点が重要である。

　作業環境の酸素濃度測定は，次の要領で行う。

（1）　測定者の注意事項（安全確保）

①　測定者は，測定方法に十分習熟していなければならない。不正確な測定は危険な濃度にもかかわらず安全と誤認し，事故を誘発するので，測定者の責任は重大である。酸素濃度の測定は技術的に熟練が必要である。

②　測定者は保護具の装着なしに，測定箇所へ「体の乗り入れ」や「立入り」などをしてはならない。

　保護具には，空気呼吸器，酸素呼吸器および送気マスクならびに墜落のおそれのある場合の墜落制止用器具等がある。防毒マスクや防じんマスクは絶対に使用してはならない。

　減圧した潜函の上ぶたを開いたとき，中をのぞき込むために体を乗り入れるようなことは絶対にしてはいけない。無酸素空気を呼吸した場合，体を支える腕の力が抜け，頭を下にして吸い込まれるように墜落するからである。

③　測定者は，必ず1人以上の補助者の監視のもとに測定を行わなければならない。事故を起こした場合，たとえ測定者が墜落制止用器具等をつけていて，墜落をまぬがれたとしても，測定者を直ちに引き上げる者がいなければ，蘇生のチャンスを失うからである。

④　墜落のおそれがあるところでは，測定者も補助者も墜落制止用器具等を装着すること。

⑤　奥深い箇所や複雑な空間の測定に当たっては，空気呼吸器，酸素呼吸器または送気マスクを装備して内部に立ち入ることとなるが，その際，測定値が空気呼吸器および送気マスクの呼気弁からの呼気の影響を受けないよう注意して測定すること。

　空気呼吸器および送気マスクでは，その呼気弁から排出される呼気には，16～18％の酸素が含まれている。酸素呼吸器の呼気弁の場合はもっと高濃度である。狭い空間で長い時間これらの呼吸器を使用していると，排出される呼気中の酸素によって，周辺の空気の酸素濃度が増加してしまう。この空気を測定

すると，実際は危険な低濃度であるにもかかわらず，安全な濃度と誤認してしまうおそれがあるので注意しなければならない。

⑥　メタンガスなど可燃性ガスの存在するおそれのある場所では呼気中の酸素により可燃性ガスのガス爆発などのおそれがあること，および呼気中の酸素により測定値に影響が出るおそれがあることから測定者は，開放式酸素呼吸器を使用してはならない。また，このような場所では，酸素濃度測定の際の内部照明，電動工具はもちろん，酸素濃度測定器を含むすべての電気機械器具は，防爆構造のものを使用しなければならない。

（2）　測定箇所

　酸素欠乏は比較的空気の流通の悪い場所で生じることが多いが，そのような場所でも位置によって酸素濃度に著しい差がある。部分的な酸素欠乏空気の存在を発見するには，できるだけ多くの測定点を測定することが必要である。

　測定点は適当な位置の5点以上とし，その際以下の点に注意する。測定点選び方の例を図3-21に示した。

①　必ず酸素欠乏の空気が発生し，侵入し，または停滞するおそれがある箇所を含めて測定する。

②　少なくとも，垂直方向および水平方向にそれぞれ原則として3点以上を測定点とする。

③　作業に伴って作業者が立ち入る箇所を含めて測定する。

　しかし，これらはあくまで原則であって，現場の形態に応じて測定点を選定する。

　上部が開放された建築基礎坑や発酵槽などの場合には，内部に立ち入らずに上から酸素計のコードやホースを吊り下げて原則どおりの位置での測定が可能である。しかし，球型ガスタンク，マンホールが2カ所以下しかないコーンルーフ型タンク，枕型タンク，化学反応容器，船倉，汚水処理槽などでは，まず外部からマンホールの直下を垂直方向に3点以上測定し，次に必要があれば給気式呼吸器を装着してマンホール内部に入り合計5点以上の測定点で測定を行う。

　また比較的広い場所では垂直，水平方向とも，測定点の間隔が6m以下となるように測定点の数を増やすことが必要である。

（3）　測定方法

　作業環境測定基準に基づき，適切な測定器で，適切な測定箇所を，適切な測定方法で正確な濃度を測定する。

　測定者は，できる限り外部から測定箇所へ吸引式の採気管の先端または拡散式の

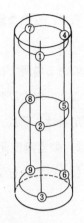

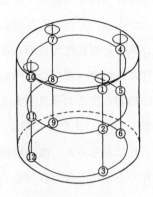

（A）基礎坑，井筒，マンホール
　　原則として3つの深さで各
　　3カ所測定

（B）コーンルーフ型タンク
　　全マンホールの下を各3つ
　　の深さで測定

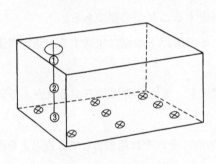

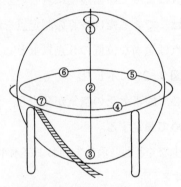

（C）浄化槽，貯水槽，船倉，熟成室
　　まずマンホールの直下①〜③を
　　測定し⊗は空気呼吸器等を装着し
　　て測定

（D）球型ガスタンク
　　頂上のマンホール直下3点
　　と赤道上のサンプリング孔を
　　測定

図3-21　測定点の選び方の例

検知部を設置して測定する。これができない場合は，測定者が空気呼吸器等の保護
具を装着して内部へ入り測定することになるが，酸素呼吸器の呼気中には高濃度の
酸素が含まれているので，呼気が測定空気と混合しないように注意する。

　縦に長い基礎坑内の測定方法の例について以下に述べる。

①　測定器は底に達するゴムもしくは樹脂製の採気管またはセンサーの取り付け
　　られたものを用いる。

　　吸引式酸素計の採気管や検知管の延長採取管およびケーブルには，1mごと
　　の小目盛，5mごとの大目盛を施し，深度別および底部まで確実に測定できる
　　ようにすること。

　　酸素計のケーブル（コード）はセンサー，中間コネクタなどの重量に十分耐

えられる強度を有するもの，ホース（採気管）はつぶれないような肉厚のものを選び，使用中や保管中によじれないように注意して取り扱う。

　目盛は油性インクで横線をつけるか，ビニルテープ等で帯をまき，そこに先端からの長さを記しておくと測定の際に便利である。この帯や数字は黄色のほうが暗所でも見やすい。

　ケーブルは使用中繰り返し折り曲げることによって内部の導体が断線したり，シールドが破れて指示値不安定の原因となる。またホースは長く使用するとひび割れやき裂を生じて吸引不良の原因となるので，日常点検を励行して常に正常な状態を保持しておく。

　ホースの先端近くには，約 5cm の間隔で側面に孔を数個あけておき，先端が土砂水滴などでふさがっても採気できるようにしておく。ホースの先端のおもりやケーブル先端のセンサーに金属を使用する場合には，衝撃火花による爆発事故を防ぐためにゴムなどで十分カバーしておく。

② 　吸引式酸素計に内蔵する吸引ポンプの能力に関する注意としては，採気管の内容積はあらかじめ算出しておき，測定時の採気に当たり，その容積以上の被検空気を吸引排出し，管内空気と完全に置換した後に測定すること。

　採気管の内容積の簡易算出法は次に示す。

$$採気管容積 = \frac{d^2}{4} \times 3.14 \times L \ （mL）$$

　　d：採気管の内径（mm）
　　L：採気管の長さ（m）

　ホースは内径が大きすぎると管内空気の置換に時間がかかり，内径が小さすぎると通気抵抗が大きくなって内蔵吸引ポンプに負担がかかる。通常は内径 3 ～ 5mm の場合が多い。

③ 　高圧潜函の場合，測定者が内部に出入りしなくても採気できるよう，底部作業室から外部に通ずる採気管をあらかじめ設備する必要がある。潜函内部の採気管は，潜函の深度に応じて延長可能な肉厚の樹脂でも差し支えない。潜函の鋼壁には溶接鋼管を用い，採気操作に容易なバルブをつけること（**図 3−22**）。

ほとんどの酸素計は原理的に酸素分圧に比例した指示をするので，圧気中の酸素濃度を直接正確に指示させることは困難であるから，高圧潜函などの内部の測定は試料空気を配管して外部に取り出し，1 気圧に戻して行う方が正確である。「ガス捕集袋」に試料空気を直接捕集して持ち帰って測定する場合には，あらかじめ空気

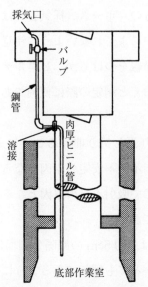

採気口

バルブ

鋼管

溶接

肉厚ビニル管

底部作業室

図3-22　潜函作業室内酸素濃度測定用採気管

をつめた捕集袋を水に浸してピンホールのないことを確認しておき，現場で袋の中を2，3回試料空気で洗い出した後捕集する。高圧の空気は常圧に戻すと膨張するので，高圧潜函等の内部の空気を袋に捕集する場合には，ゲージ圧 nMPa であれば袋の内容積の 0.1/（n + 0.1）の量を捕集する。

　捕集袋の材質はポリ塩化ビニル，ポリ塩化ビニリデン（サラン），ポリフッ化ビニル（テドラー），合成ゴムなどがよい。ポリエチレン袋は透気性が大きく捕集した空気の濃度が短時間で変化してしまうので好ましくない。袋に捕集した試料はできるだけ早く測定すべきであるが，採気後1時間以内であれば通常著しい誤差はみられない。

（4）　測定器の保守管理等

　測定器を正しく操作し正確な測定結果を得るためには，次のことに留意する。

① 　各種測定器はそれぞれに測定操作法が定められているので，それらに従って十分熟練すること。

② 　測定器の原理，構造などについても熟知し，簡単な補修などにも習熟しておくこと。

③ 　測定器はいつでも使用できるよう保守を完全にしておくこと。

④ 　測定器に必要な消耗器材は，予備を十分に確保しておくこと。

⑤ 　ガルバニ電池式酸素計は精度を保持するため，工期の合間など測定に用いないときに，定期点検をメーカーなどに依頼して実施すること。

表3-6　酸素および硫化水素濃度測定結果記録の様式例

測定実施日	年　月　日（　）天候：			外気流の影響		有　・　無		
測　定　者				修了証No.		年　月　日取得		
測　定　者				修了証No.		年　月　日取得		
監　視　人				監　視　人				
工　事　名				測定機器○○○○計器社㈱製　△△-○型				
測　定　場　所				校正年月日		年　月　日校正		

地層の種類	立面図	測定箇所・深度				測定条件・測定時刻		

測定条件・測定時刻

区分	1	2	3
作業開始前 時：分	:	:	:
温度	℃	℃	℃
気圧	hPa	hPa	hPa
作業継続中 時：分	:	:	:
温度	℃	℃	℃
気圧	hPa	hPa	hPa
作業終了後 時：分	:	:	:
温度	℃	℃	℃
気圧	hPa	hPa	hPa
換気前 時：分	:	:	:
温度	℃	℃	℃
気圧	hPa	hPa	hPa
換気中 時：分	:	:	:
温度	℃	℃	℃
気圧	hPa	hPa	hPa
換気後 時：分	:	:	:
温度	℃	℃	℃
気圧	hPa	hPa	hPa

測定箇所・深度（層ごと）

区分	1	2	3
深度m			
酸素%			
メタン%			
二酸化炭素%			
硫化水素ppm			

（上記区分の測定を各層ごとに記録）

「措置」

「特記事項」

作業場所の平面図

区分	1	2	3
酸素%			
メタン%			
二酸化炭素%			
硫化水素ppm			

10m

区分	1	2	3
酸素%			
メタン%			
二酸化炭素%			
硫化水素ppm			

区分	1	2	3
酸素%			
メタン%			
二酸化炭素%			
硫化水素ppm			

測定箇所について

1. 作業場所に酸素欠乏の空気が発生し，侵入し，または停滞するおそれがある場所のあるときは，当該場所
2. 作業場所については，測定点は5以上とし，垂直方向および水平方向を次によって，それぞれ3カ所以上
   (1) 垂直方向は，坑の入口から約1mの点，中間の点，最下部の作業箇所の点
   (2) 水平方向は，掘削側面に接した正三角形の頂点にあたる点
   (3) 作業者が立ち入る箇所を含める。
3. 測定値の平均濃度で危険の判定を行ってはならない。

（5）　測定結果の記録

　測定を行った場合は，そのつど記録し，安全衛生管理上の資料として3年間保存する。

　表3-6は酸素および硫化水素濃度測定結果記録の様式例である。

4　測定結果の判定の際の注意事項

　ほとんどの酸素計は原理上酸素濃度や分圧に比例した指示をするので，作業環境の気圧の大きさに関係なく，表示は1気圧のときの酸素の濃度（％）に換算して，または分圧（hPa）で示されている。

　したがって，山岳地帯や圧気工法の作業場など海抜0m付近の大気圧と異なる気圧下で酸素濃度の測定を行った場合には，気圧補正をしなければいけない。

　海抜0m付近の大気圧は1気圧1,013hPaで，酸素分圧は，

$$1{,}013 \times \frac{20.95}{100} \doteqdot 212.2\text{hPa}$$

となる。そこで例えば，高度1,000mの山中のトンネル工事に当たって，坑外の新鮮空気で酸素計が20.95％を示している場合は，高度1,000mの気圧899hPaから，酸素分圧は，

$$899 \times \frac{20.95}{100} \doteqdot 188.3\text{hPa}$$

となり，正常空気による指示値は20.95 × 188.3 ÷ 212.2 ≒ 18.6（％），あるいは気圧計指示値から20.95 × 899 ÷ 1,013 ≒ 18.6（％）となる。

　すなわち，海抜1,000mの高地の酸素相対濃度は20.95％であっても，海抜0mの空気に換算すれば，実質的には約19％に相当する酸素を呼吸していることになる。このように酸素計が18％以上を指示していても直ちに安全であるとは限らない（**表3-7**参照）。

　その場所が酸素欠乏症等防止規則に規定する酸素欠乏（空気中の酸素の濃度が18％未満である状態）の危険状態であるかどうかの判定は，必要に応じ以上のような気圧補正をしたうえで，原則として次のようにする。

　(1)　各測定点で測定開始後十分な時間が経過し，指示が安定した後変動せず，すべての点で得られた指示が18％以上であれば，その作業場所は酸素欠乏状態ではない。

表3-7　高度と気圧および酸素分圧の変化（表2-2の再掲）

高　　　度	気　　　　　圧		酸　素　分　圧		海面高度換算相当濃度
(m)	(hPa)	(mmHg)	(hPa)	(mmHg)	(%)
0	1,013	760	212	159.2	21
1,000	899	674	188	141.2	19
2,000	795	596	167	124.9	16
3,000	701	525	147	110.0	14
4,000	617	462	129	96.8	13
5,000	540	405	113	84.8	11
6,000	472	352	99	73.7	10
7,000	411	307	86	64.3	8
8,000	357	267	75	55.9	7
9,000	308	230	65	48.2	6
10,000	265	198	56	41.5	5

⑵　各測定点で測定開始後十分な時間が経過し，指示が安定した後，変動せず，ほとんどの点で得られた指示が18%未満であれば，その作業場所は全体的に酸素欠乏状態である。

　なお，この場合に測定点によって濃度の変動があり，いくつかの測定点で得られた指示が著しく低い場合には，その付近に酸素欠乏空気の発生源などがあると考えられる。

⑶　各測定点で測定開始後十分な時間が経過し，指示が安定した後変動しないが，いずれかの測定点で指示が18%未満であれば，その作業場所は局部的に酸素欠乏状態である。

　なお，測定点によって酸素濃度に差があり，1測定点でも18%未満の場合はその作業場所は酸素欠乏状態と考えるべきであり，全測定点の平均濃度で危険の判定を行ってはならない。

　測定開始後十分な時間が経過しても指示の安定しない測定点である場合には，最低の指示濃度で酸素欠乏状態の判定を行う。この場合の測定器の応答特性によって指示は実際の酸素濃度の変動より遅れて変化し，測定器の応答速度が遅い（JIS T 8201では90%応答を定置形は30秒以内，定置形以外のものは20秒以内と定めている）場合には，濃度が激しく変動しても測定器には平均化した指示しか現れない。そのために実際には酸素欠乏状態であっても図3-23の（B）のように酸素欠乏状態でないような指示をするので注意する。測定器の指示が数秒周期で上下に変動を繰り返しているような場合には，実際の濃度の変動はその数倍あるものと考えなければいけない。また検知管方式のようなスポットテストではこのような濃度の

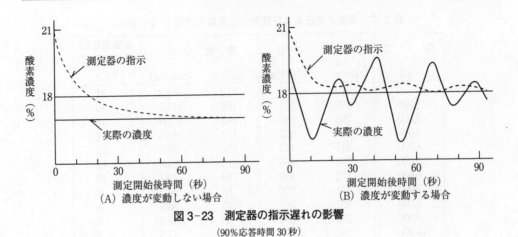

図3-23　測定器の指示遅れの影響

(90%応答時間30秒)

変動は指示に現れないので注意が必要である。

（参考）管理濃度，許容濃度等について

管理濃度

　管理濃度は，作業環境管理を進める過程で，有害物質に関する作業環境の状態を評価するために，作業環境測定基準に従って単位作業場所について実施した測定結果から，単位作業場所の作業環境管理の良否を判断する際の管理区分を決定するための指標であり，厚生労働省告示の「作業環境評価基準」（昭和63年労働省告示第79号，最終改正：令和2年厚生労働省告示第192号）で定められている。

　なお，酸素欠乏危険場所において作業を行う場合の当該作業場は「作業環境評価基準」の適用はない（作業環境評価基準第1条）。

許容濃度

　許容濃度とは，労働者が1日8時間，週間40時間程度，肉体的に激しくない労働強度で有害物質にばく露される場合に，当該有害物質の平均ばく露濃度がこの数値以下であれば，ほとんどすべての労働者に健康上の悪い影響がみられないと判断される濃度であり，法令ではなく日本産業衛生学会が勧告している（2020年5月現在，硫化水素5ppm）。

　ばく露時間が短い，あるいは労働強度が弱い場合でも，許容濃度を超えるばく露は避けるべきである。

　なお，ばく露濃度とは呼吸用保護具を装着していない状態で，労働者が作業中に吸入するであろう空気中の当該物質の濃度である。

酸素欠乏症等防止規則における「酸素欠乏」

　酸素欠乏症等防止規則第2条により，「酸素欠乏」とは「空気中の酸素の濃度が18パーセント未満である状態をいう」と定められている。

酸素欠乏症等防止規則における「硫化水素中毒」

　酸素欠乏症等防止規則第2条により，「硫化水素中毒」とは「硫化水素の濃度が100万分の10を超える空気を吸入することにより生ずる症状が認められる状態をいう」と定められている。

第7章 硫化水素濃度の測定方法

　硫化水素中毒事故の発生を防止するために最も大切なことの一つは、作業場所の空気中の硫化水素濃度の測定による安全性の確認である。

　硫化水素は0.3ppmという低い濃度でも（人によっては0.3ppmに満たない場合であっても）、誰もが卵の腐ったような臭いと形容される特有の臭気を感じるが、嗅覚疲労で次第に臭気を感じなくなり、高濃度では瞬間的に嗅覚が麻痺してしまい、臭気を感じることなく意識を失って死に至るといわれ、実際に1,000ppm以上の硫化水素を吸入して瞬間的に昏倒した3名の被災者が、蘇生後誰も臭気を感じなかったと証言した記録がある。マンホール等において、10ppm未満の硫化水素が検出される場合が想定されるが、特にマンホールは排水路等が複雑多岐にわたるため、高濃度な状態となるおそれが生じることがある。硫化水素濃度の測定を行う際に守るべき注意事項は、第6章に記した酸素濃度測定と同じである。

1　硫化水素濃度測定器の種類と取扱い方法

　測定器は検知管方式のもの、またはこれと同等以上の性能を有する測定器を使用して行う。

　検知管方式と同等以上の性能を有するものとしては、現在定電位電解式の原理を応用した硫化水素計がある。

　検知管方式による硫化水素検定器の規格にはJIS T 8204（検知管式硫化水素測定器（測長形））、また、同等以上の性能を有するものとしての硫化水素計の規格にはJIS T 8205（硫化水素計）がある。

　各種測定器具にはそれぞれの測定操作法、保守点検法があるので、説明書を熟読し原理、構造等を理解し、常に点検を行って正確な測定が行えるような状態に保持しておくことが必要である。

(1)　検知管方式による硫化水素測定器

　硫化水素検知管は、ガス採取器（ポンプ）で100〜1,000mLの試料空気を通す。試料空気中に硫化水素が含まれていると検知剤のシリカゲルに吸着され酢酸鉛と反

応して硫化鉛を生成し，この部分が白色から褐色（薄茶色）に変色する。

　変色層の長さは硫化水素の量にほぼ比例するので，試料空気の量が一定であれば変色層の長さを測って硫化水素の濃度を求めることができる。ただし，二酸化硫黄，メルカプタン，二酸化窒素が共存すると，測定値に妨害を与えることがあるので，これらのガスに注意する必要がある。

① **検知管**

　空気中の硫化水素濃度 10ppm 付近を正確に測定できる検知管の測定仕様の例を**表3-8**に示す。

　なお，ガス採取器は，検知管の特性に合うように設計されているので，検知管とガス採取器は必ず同一メーカーのものとすること。

　硫化水素検知管の有効期限はおおむね3年間で，有効期限が箱に表示されている。有効期限の切れた検知管では正しい測定結果が得られないので，測定の際に必ず有効期限内であることを確認して使うこと。

　硫化水素検知管には表3-8の型番のほかにもいろいろあり，種類によって測定範囲，試料採取方法などが異なるので，検知管を使用する際には型番を確認し，それぞれの説明書に記載されている指示事項に従って使うこと。

② **ガス採取器（ポンプ）**

　一般に作業環境測定で用いられているガス採取器の多くは真空式で，シリンダ形である。

　シリンダ形ガス採取器はピストンを一気に引いて固定することによって，検知管を接続したガス採取器のシリンダ内部を減圧状態にし，検知管を通して試料空気を所定の流量で吸引するようになっている。通常内容積 100mL を基準としている。なお，ポンプ全容量の2分の1あるいは4分の1などの容量の試料空気の

表3-8　硫化水素検知管の測定仕様の例

型　番	北川式 120SB	北川式 120SD	ガステック No.4LL
濃度目盛（ppm）	3～150	1～30	2.5～60
測定範囲（ppm）	1～150	1～60	0.25～120
定量下限（ppm）	1（3ストローク）	0.2（1ストローク）	0.1（10ストローク）
試料量（ml）	100～300	50～100	100～1000
ストローク数（回）	1～3	1～2	1～10
試料採取時間（分）	1ストローク～3ストローク	1ストローク～2ストローク	1ストローク～10ストローク
検知剤の着色	白色→黒褐色	白色→薄茶色	白色→茶色
有効期限	3年	3年	3年

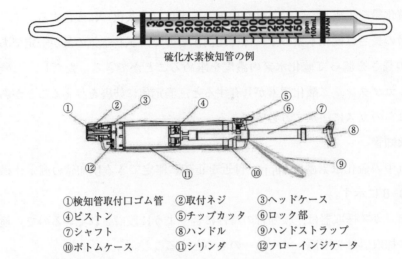

硫化水素検知管の例

①検知管取付口ゴム管　②取付ネジ　③ヘッドケース
④ピストン　⑤チップカッタ　⑥ロック部
⑦シャフト　⑧ハンドル　⑨ハンドストラップ
⑩ボトムケース　⑪シリンダ　⑫フローインジケータ

シリンダ形真空方式ガス採取器の一例

図3-24　硫化水素検知管（例）

吸引ができるようになっているガス採取器もある。主なガス採取器の例を図3-24に示した。

③　測定の準備とガス採取器の仕業点検

ア　準備するもの

　真空方式ガス採取器，延長採取管，硫化水素検知管およびストップウオッチまたは秒針のついた時計を準備する。

イ　ガス採取器の空気漏れ試験

　測定開始前に必ずガス採取器の気密検査を行う。漏えいがある場合は，硫化水素濃度が正しい値を示さないので絶対に使用してはならない。

　(ア)　新しい検知管の両端をカットしないでガス採取器の検知管取付け口に確実に差し込んで，ハンドルを完全に押し込み，内部の空気を完全に押し出してから，ハンドルのガイドマーク（赤点）を合わせ，ハンドルを一気に引いて固定する。

　(イ)　説明書に記載されている時間（1〜3分間）が経過したら，ハンドルを90°まわし，ハンドルを引きぎみにしてゆっくり戻す。ハンドルが元の位置に戻れば空気漏れはない。

　(ウ)　ピストン柄が完全に戻らないときは，漏れがあるのでピストンを抜き取り，ピストンおよびシリンダ内部のグリースを拭き取って，新しいグリースを塗りなおす。また，検知管取付け口のゴムが老化したりして，その部

　分から空気が漏れることもあるので，そのときは新しいものと交換する
（それぞれの採取器に添付されている説明書に従って実施すること）。

㈎　延長採取管の点検は目視で行う。両端部とゴム管の接続に異常がない
　か，ゴム管に穴，き裂，ひび割れ等がないかを確認する。

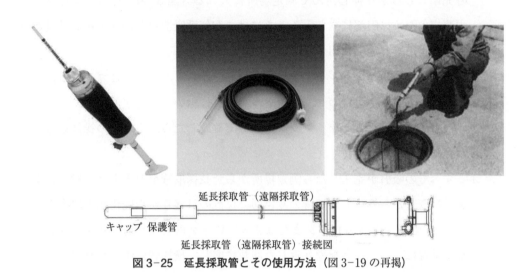

延長採取管（遠隔採取管）

キャップ 保護管

延長採取管（遠隔採取管）接続図

図 3-25　延長採取管とその使用方法（図 3-19 の再掲）

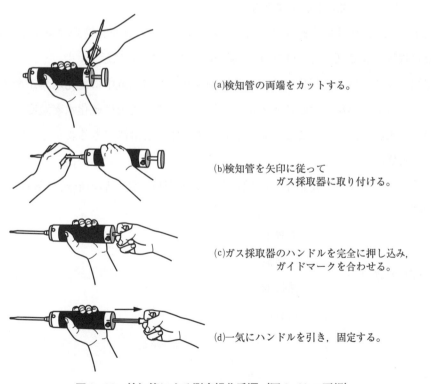

(a)検知管の両端をカットする。

(b)検知管を矢印に従って
　　　　ガス採取器に取り付ける。

(c)ガス採取器のハンドルを完全に押し込み，
　　　　ガイドマークを合わせる。

(d)一気にハンドルを引き，固定する。

図 3-26　検知管による測定操作手順（図 3-20 の再掲）

④　測定操作

ア　ガス採取器に延長採取管を取り付ける（**図3-25**参照）。

イ　検知管の両端をガス採取器に付いているカッター（ブレーカー）で切り取り，検知管に印刷してある矢印が延長採取管の方を向くように，延長採取管の先端にしっかり挿し込んで測定場所に入れる（**図3-26**参照）。やむを得ず測定のために内部に立ち入るときには，空気呼吸器などの呼吸用保護具と墜落制止用器具等を使用すること。

ウ　ガス採取器のハンドルを完全に押し込んでから，ハンドルとガス採取器本体のガイドマークを合わせ，ハンドルを一気に引いて固定する。

エ　吸引が完了したことをインジケータ等で確認したら，再びウの操作を必要回数繰り返す。

オ　すべての吸引が完了したら測定場所から延長採取管を引き上げ，検知管を延長採取管から外して検知管の変色層の位置の目盛りから硫化水素濃度を読み取る。2分の1ストロークまたは2ストローク以上繰り返しサンプリングした場合は，その数字を繰り返した回数に応じて検知管に添付されている説明書に従って濃度を求める。

（2）定電位電解式硫化水素濃度計

定電位電解式硫化水素濃度計により計測する。その系統図・構造図を**図3-27**に，仕業点検表を**表3-9**に，点検項目・保守内容を**表3-10**に示す。

定電位電解式は，電気化学的ガス濃度測定法で試料空気中に硫化水素が含まれていると，電気化学反応が起こって電流が流れる。この電流は硫化水素濃度に比例するので，電流を測定することにより硫化水素の濃度を計測できる。

① 形式

硫化水素計には，定置形，可搬形および携帯形，装着形の形式がある（JIS T 8205）（**図3-28**参照）。

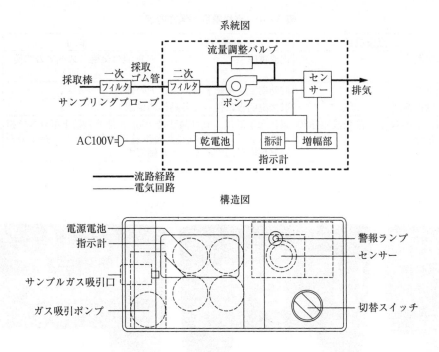

図3-27 定電位電解式硫化水素濃度計の系統図および構造図

表3-9 定電位電解式硫化水素濃度計仕業点検表

点 検 項 目	吸引式	拡散式
電源関係		
電源スイッチ ON	○	○
電源電圧チェック	○	○
ケーブル関係（拡散式の場合）		
ケーブルコネクタ締付け・接触	–	○
ケーブル端末断線	–	○
ケーブル中間断線	–	○
ケーブルシールド（誘導障害）	–	○
吸引管関係（吸引式の場合）		
ホースコネクタ締付け	○	–
フィルタ類の締付け	○	–
測定器通気回路漏れチェック	○	–
ホースき裂，漏れ，ふさがりチェック	○	–
センサー関係		
清浄空気でゼロ調整	○	○
酸素計の 21% 調整，可燃性ガス計等のゼロ調整 （複合形の場合）	(○)	(○)
警報関係（警報器付きの場合）		
警報動作	(○)	(○)
警報解除	(○)	(○)
ゼロ戻り確認	○	○
その他測定器の取扱説明書にある点検事項	(○)	(○)

（注）（○）は機種により点検項目の有無があるもの

表3-10　点検項目・保守内容

点検項目	点検内容	保守
電源	電池電圧	電池の交換，スペアの準備
センサー	有効期限を確認する，スペアの確認	
動作確認	取扱説明書に従って各動作の確認	
指示の校正，警報設定値の確認	硫化水素計は，ゼロ調整後10ppm付近の校正用ガスで指示を校正する。このとき警報設定値とメーター指示値が警報精度以内であることを確認する	

図3-28　硫化水素計

② 種類

ア 定置形

定置形は，一定箇所に設置，固定して使用する形式である。検知箇所が1カ所の1点式と複数箇所の多点式がある。検知の方法には，拡散式と吸引式がある。

(ア) 拡散式は，機器外部に設置された検知部と機器をケーブルで結び，測定箇所に吊るす（投げ込む）。検知された濃度を機器内へ信号で送信し，濃度を数値化する方法である。

(イ) 吸引式は，測定場所の空気をポンプなどで吸引して，空気を検知部に通気し，濃度を数値化する方法である。

イ 可搬形

台車，移動車によって移動する形である。

ウ 携帯形

携帯形は，手に持つ，肩に掛けるなどして使用する形式である。

エ 装着形

装着形は，ポケットに入れたり，胸部，腰部あるいはヘルメット部等の身

体に着けて使用する形式である。

　　作業者付近の硫化水素濃度をリアルタイムで監視できる検知警報器であり，警報が発せられた場合は，直ちに避難の行動に移れる。小型軽量化されている。検知の方法には，拡散式と吸引式がある。

③　**構造**

　ア　一般構造は，検知部，指示部，検知部と警報部または指示部と警報部から構成され，拡散または吸引により被検空気を検知部に送り，硫化水素濃度の変化を電気信号に換え，指示部または警報部を作動させる構造である。

　　　構造の要件は次のとおりである。

　　(ア)　定置形は，設置，取扱いおよび保守管理が容易でなければならない。

　　(イ)　定置形以外の形式のものは，できるだけ軽量かつ運搬および携帯に便利で，取扱い，保守管理が容易でなければならない。

　　(ウ)　金属材料は，耐食性材料または完全な表面防食処理を行い，塗装は仕上げが良好で容易に色あせ，はく離してはならない。

　　(エ)　各部は，その目的に応じて円滑かつ，正確に作動しなければならない。

　　(オ)　防爆性が必要な場合は，防爆構造とする。

　　(カ)　作動状態にあるときは，それが容易に識別できるものであること。

　　(キ)　校正が容易にできる構造のものであること。

　イ　指示部は，硫化水素濃度で 0 ～ 30ppm または 0 ～ 30ppm 以上の範囲とし，デジタル方式のものは，少なくとも 0.5ppm 以下の単位で指示できるものであること。また，警報部は，その指示範囲も任意の濃度（10ppm 以下）に設定でき，その設定濃度以上で警報を発するものであること。

④　**機器本体**（JIS T 8205 適合品を用いること）**の点検**

　ア　吸引式

　　(ア)　電源を入れ，全点灯動作で LCD 表示・警報機能が動作することを確認する。

　　(イ)　内蔵されているポンプが正常に稼働することを確認する。

　　(ウ)　正常空気で，硫化水素が 0.0ppm を表示することを確認する。

　　(エ)　電池残量表示を確認し，必要に応じ電池交換する。

　　(オ)　警報器排気口の詰まりおよびサンプリングホースの接合部からの漏えいがないことを確認する。

　イ　拡散式

　　(ア)　電源を入れ，全点灯動作で LCD 表示・警報機能が動作することを確認

する。

　　㈠　LCD 表示を見ながら，ケーブルの断線，接合部の接触不良がないこと

　　　を確認する。

　　㈡　電池残量表示を確認し，必要に応じ電池交換をする。

　　㈢　ケーブルの汚れ等を確認する。

点検項目，保守については，表 3-10 に示したとおりである。

⑤　**日常の注意事項**

　吸引式，拡散式とも，

　　㈠　センサーは，測定器を使用しなくても，徐々に劣化するので，メーカー

　　　や測定器の点検業者に定期的に依頼するのが望ましいこと。

　　㈠　計器に衝撃を与えたり，計器を落下させないこと。

　　㈡　長時間使用しない場合は，本器から電池を取り出して保管すること。

　　㈢　高熱のものに近づけないこと。

　　㈣　常温，常湿，直射日光が当たらない場所で保管すること。

　　㈤　測定実施時に，本体の排気口をふさがないこと。

　　㈥　急激な温度変化（10℃以上）がある場合は，測定値に誤差を生じること

　　　があることに留意すること。

　　㈦　測定雰囲気中にアンモニア，アミン等の塩基性ガスがあるとセンサーの

　　　劣化を早めるので，長時間の吸引は行わないこと。

⑥　**測定時の注意事項**

　　㈠　センサーの校正年月日を確認すること。

　　㈠　測定実施前の測定機器の硫化水素が，0.0ppm であることを確認すること。

　　㈡　日常の測定では，必ず仕業点検を行い，異常を認めた場合には，直ちに

　　　補修し，正常な状態を確認すること。

　　㈢　測定器および拡散式の検出部には，衝撃を与えないこと。

　　㈣　拡散式の検出部は，ケーブルを持ってゆっくり吊り降ろし，所定の深さ

　　　に達したら，ゆっくり 4〜5 回，約 20cm 程度上下に動かし，空気の拡散

　　　を促すこと。

　　㈤　検出部や採取管の先端が底部のスラッジ，溜水に接触しないようにする

　　　こと。

　　㈥　センサーの検知部をゆっくり測定場所に入れ，指示値が安定したところ

　　　で，硫化水素濃度を読み取ること。

(ｸ)　指示が十分に安定するのを待って濃度を読み取ること。

(ｹ)　指示が変動を続ける場合は，最大の指示値を読み取ること。

(ｺ)　測定終了後は，正常空気で機器の指示値が 0.0ppm 近くに戻ることを確認すること。

2　硫化水素濃度測定の際の注意事項

硫化水素は非常に低い濃度から独特の臭気が感じられるが，100 ～ 300ppm では臭気は感じられなくなり，また，これ以上の高濃度では，人間は瞬間的に呼吸停止を起こすなど酸素欠乏の場合と同じ危険性がある。

このため，酸素濃度測定の場合と同様，測定者の安全確保を図ったうえで測定を行わなければならない。

（１）　測定者の安全確保

測定者の安全確保についても酸素濃度測定時と同じ措置が必要である。

測定の際に保護具を装着しないで，測定しようとする箇所に立ち入ったり，体を乗り入れてはならない。マンホールのふたを開いて中をのぞき込むために身を乗り出すようなことは絶対にしてはならない。万一高濃度の硫化水素を吸入した場合，一瞬のうちに意識を失って頭から墜落する。また測定は，常に補助者の監視のもとに行うこと。これは緊急事態の発生に際して救助，通報などの必要を考慮しているからである。転落のおそれがあるところでは，測定者も補助者も墜落制止用器具等を装着すること。また，奥深い場所に測定のために立ち入る場合には，必ず空気呼吸器などを装着して入る。

（２）　測定方法

作業環境測定基準に基づき，適切な測定器で，適切な測定箇所を，適切な測定方法で正確な濃度を測定する。

①　測定箇所

測定点は適当な位置の５点以上とし，酸素濃度の測定と同様，次の箇所について実施すること。

ア　必ず硫化水素が発生し，侵入しまたは停滞するおそれがある箇所を含めて測定する。

イ　少なくとも，垂直方向および水平方向にそれぞれ３点以上を測定点とする。

ウ　作業に伴って作業者が立ち入る箇所を含めて測定する。

②　測定方法

　測定者は，できる限り外部から測定箇所へ採気式の採気管先端または拡散式の検知部を設置して測定する。これができない場合は，測定者が空気呼吸器等の保護具を装着して内部へ入り測定することになる。

　硫化水素の発生，滞留は，比較的空気の流通の悪い場所で起こることが多いが，そのような場所でも位置によって硫化水素濃度に著しい差がある。部分的な硫化水素の存在を発見するためには，できるだけ多くの測定点を測定することが必要である。なお，垂直，水平方向にそれぞれ3点以上というのは原則であって，現場の形態に応じて測定点を選定する。

　上部が開放されたマンホールやタンクなどの場合には，内部に立ち入らずに上から測定器のホースを吊り下げて原則どおりの位置での測定が可能である。しかし，マンホールが2カ所以下しかないコーンルーフ型タンク，枕型タンク，化学反応容器，船倉，汚水処理槽などでは，まず外部からマンホールの直下を垂直方向に3点以上測定し，次に必要があれば保護具を装着してマンホール内部に入り合計5点以上の測定点で測定を行う。

　また比較的広い場所では垂直，水平方向とも測定点の間隔が6 m以下となるように測定点の数を増やすことが必要である。

③　測定器の保守管理等

　測定器を正しく操作し，正確な測定結果を得るためには，次のことに留意する必要がある。

　ア　各種測定器具それぞれに独特の測定操作法が定められているので，それらに従って十分熟練すること。

　イ　測定器具の原理，構造等についても熟知し，簡単な補修なども習熟しておくこと。

　ウ　測定器具はいつでも使用できるように保守を完全にしておくこと。

　エ　測定器具に必要な消耗器材は，予備を十分に確保しておくこと。

　オ　定電位電解式センサーの測定器は精度を保持するため，工期の合間など測定に用いないときに，定期点検をメーカーなどに依頼して実施すること。

（3）　測定結果の記録

　測定結果の記録および保存については，酸素濃度測定を行った場合と同様に一定の様式を定めて記録し，3年間保存し，必要の際の検討資料とする。**表3-11**は酸素および硫化水素濃度測定記録の様式例である。

表3-11　酸素および硫化水素濃度測定記録の様式例

酸素および硫化水素濃度測定結果記録

測定実施日	年　月　日（　）天候：		外気流の影響		有　・　無	
測 定 者			修了証 No.		年　月　日取得	
測 定 者			修了証 No.		年　月　日取得	
監 視 人	氏名：		氏名：			
測 定 場 所	○○○○　汚水処理場第1号浄化槽内					
測定箇所	測定結果		測 定 条 件 等			
測定点	測定時刻	酸素（%）	硫化水素(ppm)	換気の有無	使用保護具	備　考
①	8:30	20.8	0.0	なし	なし（マンホール外より測定）	マンホール開放時に硫化水素臭あり
②	8:31	20.4	0.0			
③	8:32	20.1	1.0			
④	8:33	20.8	1.1			
⑤	8:34	19.8	2.3			
⑥	8:35	20.2	2.3			
⑦	8:36	20.8	2.5			
⑧	8:37	20.2	8.2			
⑨	8:38	16.7	12.1			
使用測定機器	○○○○計器社㈱製　△△－○型					
校正年月日	年　月　日校正　　○○社㈱					

測定箇所	
措置	ポータブルファンを使用して30分間換気を行い再度測定したが，第3槽内でなお硫化水素濃度が5ppm検出されたため，警報器を携帯して作業を開始した。 〈本様式例では2回目の測定結果は略〉
注意事項	次の場所を測定する。 1．作業場所に酸素欠乏の空気が発生し，侵入し，または停滞するおそれがある場所のあるときは当該場所 2．測定点は5点以上とし，作業場所については，垂直方向および水平方向を次によって，それぞれ3カ所以上 3．作業に伴って作業者が立ち入る箇所 4．測定値の平均濃度で危険を判定してはならない。

3　測定結果の判定の際の注意事項

　測定器を使用して硫化水素濃度を測定した場合に，その場所が酸素欠乏症等防止規則に規定する「硫化水素中毒」（硫化水素の濃度が10ppmを超える空気を吸入することにより生ずる症状が認められる状態）が発生する可能性のある危険状態であるかどうかの判定は原則として次のようにする。

　① 　各測定点で測定開始後十分な時間が経過し，指示が安定した後すべての点で得られた指示が10ppm以下であれば，その作業場所は危険状態でないという判定となる。

　② 　各測定点で測定開始後十分な時間が経過し，指示が安定した後，ほとんどの点で得られた指示が10ppmを超えていれば，その作業場所は全体的に危険状態である。なお，この場合に測定点によって濃度の変動があり，いくつかの測定点で得られた指示が著しく高い場合には，その付近に硫化水素の発生源があると考えられる。

　③ 　各測定点で測定開始後十分な時間が経過し，指示が安定した後，いずれかの測定点で指示が10ppmを超えていれば，その作業場所は局部的に危険な状態が存在すると考えられる。1測定点でも，10ppmを超えていると，その作業場所は硫化水素が滞溜していると考えられるので，全測定点の平均濃度で危険の判定をしてはならない。

4　その他の測定器

　装着して，作業中の硫化水素濃度や酸素濃度を測定する機器，複数のガスの測定を1台で行う機器がある。

（1）　個人装着形測定器

　酸素欠乏症や硫化水素中毒による災害を防止するためには，作業開始前の測定に加えて，作業中の酸素濃度や硫化水素濃度をリアルタイム監視することが有効であることから，大規模な作業現場では，定置形の酸素計や硫化水素計による酸素濃度や硫化水素濃度のリアルタイム監視が行われている。

　個人装着形測定器は，作業者自身が作業中の酸素濃度や硫化水素濃度をリアルタイム監視でき，それが警報を発した場合には直ちに避難等の行動をとることができ

る。また，定置形酸素計や硫化水素計の運用では設置工事を必要とし，広大な作業現場では各センサーが監視する守備範囲も広くなることに対して，個人装着形酸素計や硫化水素計といった個人装着形測定器の場合は，実際に作業者が呼吸する空気の酸素濃度や硫化水素濃度を自身で監視することができることになるわけである（図3-29参照）。

ア　測定器の構造

（ア）　センサーを納めた検出器と測定器をケーブルで結び，検出器を測定点に投入して拡散によってセンサーに入った酸素の濃度を検出するのが拡散式である。小型・軽量で，作業者の胸，ヘルメット，ベルト等に容易に装着できる。

（イ）　ホースで被検空気を測定器まで吸引し，測定器内のセンサーで酸素濃度を検出するのが吸引式である。

イ　個人装着形酸素計，硫化水素計の機能

（ア）　警報機能（音，ランプ，振動等）を持ち，酸素濃度18％，硫化水素濃度10ppmに警報設定されている。

（イ）　酸素21（20.9）％の調整，硫化水素0ppmの調整はボタン操作のみで行える。

（ウ）　電池は長寿命（可燃性ガスを含む複合型の場合，電池の使用時間は比較的短い）である。

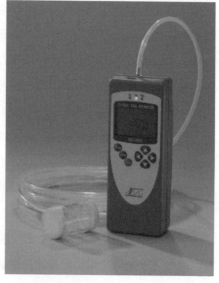

（A）個人装着形酸素計　　　　　　　（B）吸引式酸素・硫化水素2成分測定器

図3-29　個人装着形測定器

　㊁　電源 ON 時，センサーの自動チェック機能を持つ。

　㊅　1台で酸素，硫化水素など複数のガスを監視できる個人装着形複合ガス検知
　　警報器がある。

　　　酸素，硫化水素，可燃性ガス，一酸化炭素の4成分ガスの監視を1台で行え
　　るものもある。

ウ　使用上の注意

　㋐　個人装着形酸素計による酸素濃度のリアルタイム監視は，酸素欠乏症等防止
　　規則で定められている作業開始前の測定に代わるものではない。

　㋑　可燃性ガスが発生するおそれのある危険場所では，防爆検定品の酸素計を使
　　用する。

　㋒　酸素濃度が急激に変動するような場合は，個人装着形酸素計がその酸素濃度
　　を指示し警報を発する前に装着者が酸欠空気を呼吸してしまうおそれがある。

　㋓　酸素欠乏作業場所では校正作業は絶対に行わないこと。また電源の ON/
　　OFF の操作も行わないこと。

　㋔　原則として，圧気下の作業現場では使用できない。圧気下の作業現場で酸素
　　濃度をリアルタイム監視する場合は，吸引式の定置形または可搬形の酸素濃度
　　計を使用する。

　㋕　使用するヘルメット等に個人装着形酸素計を設置していることを確認する。

個人装着形酸素計，硫化水素計の仕業点検表を**表3-12**に示した。

エ　個人装着形酸素計，硫化水素計の活用による災害の防止

　時間の経過や場所の移動に伴って酸素濃度が徐々に低下したり，硫化水素濃度が
増加するような以下の場合には特に個人装着形酸素計，硫化水素計の活用が有効で
ある。酸素欠乏症や硫化水素中毒の災害の防止や二次災害の防止に極めて有効であ
る。

　㋐　作業開始前の測定以降に，例えば低気圧の通過等により地中の酸素欠乏空気
　　や硫化水素が作業場所に侵入してくるような場合。

　㋑　潜函工事等において，作業開始前の測定以降に，他の潜函との圧力差等によ
　　り地中の酸素欠乏空気や硫化水素が侵入してくるような場合。

　㋒　長い水平洞道を進行するなど，酸素濃度が徐々に低下していくような場合。

　㋓　ドライアイスを用いた冷凍・冷蔵設備において，作業開始前の測定以降に設
　　備内部で作業を行うような場合。

　㋔　被災者を救助しようとする場合，被災者の個人装着形酸素計，硫化水素計が

表 3-12　個人装着形酸素計，硫化水素計の仕業点検表

点　検　項　目	酸素	硫化水素
電源関係		
電源スイッチ ON	○	○
電源電圧チェック	○	○
酸素センサー関係		
酸素計センサー 23% 以上出力確認	○	
清浄空気で 21% 調整	○	
硫化水素センサー関係		
清浄空気でゼロ調整		○
可燃性ガスも監視できる複合形の場合		
可燃性ガス計ゼロ調整	(○)	(○)
警報関係		
警報動作	○	○
警報解除	○	○
酸素 21% 戻り確認	○	
硫化水素ゼロ戻り確認		○
可燃性ガスやその他ガスの監視もできる複合形の場合のゼロ戻り確認	(○)	(○)
その他測定器の取扱説明書にある点検事項	(○)	(○)

(注)（○）は機種により点検項目の有無があるもの

　警報を発していて，酸素欠乏状態または硫化水素が高濃度であることが分かれば，救助者は空気呼吸器を装着する等の適切な処置をとることができる。また，救助者自身が装着していることで危険状態であると認識することができる。

オ　定期点検と保守

　期間は使用場所の環境，使用頻度等を考慮し，おおむね 1 カ月に 1 回くらいの割合で定期点検を行うこと。異常を認めた場合は直ちに補修して常に正しい測定ができるように準備する（**表 3-13**）。

表 3-13　個人装着形酸素計・硫化水素計の定期点検の内容

点検項目	点検内容	保守
電源	電池電圧	電池の交換，スペアの準備
サンプリング系の点検	配管の点検 流量の確認	フィルタの交換 ドレンの除去
メーター点検	メーターの機械的なゼロの確認	調整可能ならば調整
センサー	有効期限を確認する，スペアの確認	
指示の校正，警報設定値の確認	ゼロ調整後，検知範囲の中心付近の校正用ガスで指示を校正する。このとき警報設定値とメーター指示値が警報精度以内であることを確認する	

また，1年に1回はメーカー等に点検・校正を依頼することが望ましい。

（2）　複合形ガス濃度測定器

　トンネル工事，マンホール内作業および汚水処理槽内作業等，酸素欠乏危険作業場所では，数種類のガス（酸欠空気，硫化水素，可燃性ガス，一酸化炭素等）が発生することが考えられる。これらのガスを個別の測定機器で測定するためには，数台の異なる機器を持ち込み，操作しなければならない。これらの問題を解決するものとして，1台で2～4種類のガスを同時に検知警報する複合形ガス検知警報器が実用化され，多種類の機器が市販されている。

　現在では，この種の機器が主流で，広く使用されている。**図3-30**に，複合形ガス検知警報器の構成例を示した。使用上の留意事項等は，酸素濃度計，硫化水素濃度計と同様である。

　測定手順の例を次に示す。使用に当たっては，必ず取扱説明書を熟読し，操作，保守管理を行うこと。

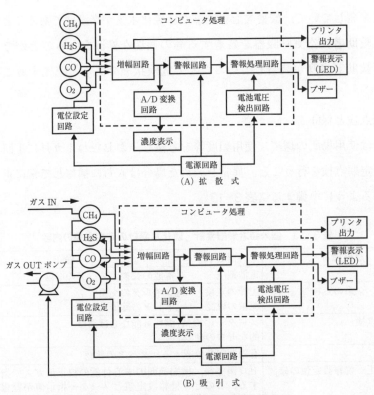

図3-30　複合形ガス検知警報器の構成例

◎測定手順の例

① 測定準備

・電池残量が十分であることを確認する。

・ガス採集チューブに折れ，穴，き裂等がないことを確認する。

・ガス採集棒内のフィルタに汚れや目詰まりがないことを確認する。

・本体とガス採集棒およびガス採集チューブの接続が正しく行われていることを確認する。

② 測定

・POWER スイッチを3秒以上押す。

・ブザー音が2回（ピーピー）鳴って検知モードになったことを確認する。

・必要に応じて，取扱説明書に従ってエア校正を実施する。

・ガス採集棒を検知場所に近づけ，表示部の数値を読みとる（図3-31）。

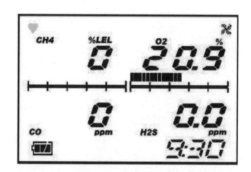

図3-31　表示部の例

第 4 編

保護具（酸素欠乏危険作業で使用する呼吸用保護具等）

⇒この編で学ぶこと

□呼吸用保護具の種類と選択

□空気呼吸器の構造，装着，使用方法，点検，整備，保管

□酸素呼吸器の構造，装着，使用方法，点検，整備，保管

□送気マスクの構造，取扱上の注意事項，点検

□墜落制止用器具の使用方法・注意点

　酸素欠乏症等による労働災害を防止するために使用する安全衛生保護具には，呼吸用保護具と墜落制止用器具がある。

　呼吸用保護具には，空気呼吸器，酸素呼吸器および送気マスクがあり，墜落制止用器具（本編第5章）には，フルハーネス型および胴ベルト型がある。

　これらは，作業者の生命を守る大切なものであるため，日本産業規格（JIS）等で構造および性能が定められている。

　これらの保護具については，次の点に配慮して使用する必要がある。

① 構造規格，JIS等に適合するものの中から，作業の状況に応じたものを選ぶこと。

② 保守点検を行って，その性能が十分に発揮される状態を保つこと。

③ 正しく使用できるように，平素から訓練しておくこと。

　これらを怠ると，どんなに優れた保護具であっても災害をまねくおそれがある。

　そのため，作業者に対しては，就業に先立って行われる特別教育において知識を付与するだけではなく，日常の訓練等が必要である。

第1章　呼吸用保護具の種類

1　呼吸用保護具の系統

　呼吸用保護具の系統図を**図4-1**に示す。呼吸用保護具は，給気式とろ過式に大別される。

　給気式は，高圧空気容器（ボンベ）等から送気される空気等を使って作業者が呼吸をする。このため，作業者は，酸素欠乏危険場所であっても酸素欠乏空気等を吸引することがなく安全である。

　一方，ろ過式は，ろ過材または吸収缶により作業場所の有害な粉じんまたはガスをろ過することはできるが，作業者が呼吸に使う空気は作業場所の空気である。したがって，作業場所の空気が酸素欠乏空気である場合は酸素欠乏空気を吸引することになるので，ろ過式は，酸素欠乏危険場所において絶対に使用してはならない。

　ろ過式には硫化水素に対応できるものがあるが，酸素欠乏危険場所では硫化水素と酸素欠乏空気が共存するおそれがあるので，これを使用してはならない。

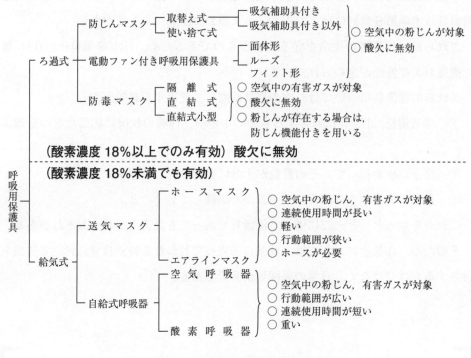

図4-1　呼吸用保護具の系統図

2　空気中の酸素濃度による呼吸用保護具の選択

　JIS T 8150（「呼吸用保護具の選択，使用及び保守管理方法」）では，以下のとおり，空気中の酸素濃度による呼吸用保護具の選択が示されている。

---

　a)　酸素濃度が14％未満又は不明の場合

　　1)　ろ過式呼吸用保護具は使用してはならない。

　　2)　全面形面体で防護係数[※]（**表4-1参照**）が30以上の給気式呼吸用保護具で，かつ，面体の脱落のおそれのないものを選択する。

　　　なお，送気マスクを使用する場合は，次のいずれかを選択する。

　　・　全面形面体をもつ複合式エアラインマスク

　　・　全面形面体をもつ緊急時給気切替警報装置付きエアラインマスク

b)　酸素濃度が 14% 以上，かつ，18% 未満の場合

　1)　ろ過式呼吸用保護具は使用してはならない。

　2)　防護係数 10 以上の給気式呼吸用保護具を選択する。

c)　酸素濃度が 18% 以上の場合　有害物質が存在する場合は，ろ過式又は給気式呼吸用保護具を使用する。ただし，ろ過式の場合は，対象とする有害物質を除去することができるものでなければならない。

表 4-1　給気式呼吸用保護具の面体等の種類ごとの指定防護係数

呼吸用保護具の種類				面体等の種類	指定防護係数※
送気マスク	ホースマスク	肺力吸引形		半面形	10
				全面形	50
		送風機形		半面形	50
				全面形	100
				フード形	25
				フェイスシールド形	25
	エアラインマスク	一定流量形		半面形	50
				全面形	100
				フード形	25
				フェイスシールド形	25
		デマンド形（含む，複合式）		半面形	10
				全面形	50
		プレッシャデマンド形（含む，複合式）		半面形	50
				全面形	1 000
自給式呼吸器	開放式	圧縮空気形	デマンド形	半面形	10
				全面形	50
			プレッシャデマンド形	半面形	50
				全面形	5 000
	循環式	圧縮酸素形	陰圧形	半面形	10
				全面形	50
			陽圧形	半面形	50
				全面形	5 000
		酸素発生形		半面形	10
				全面形	50

(JIS T 8150 より。一部改変)

※「防護係数」とは呼吸用保護具の防護性能を表す数値であり，給気式呼吸用保護具の場合，次式によって表すことができる。

$$PF = \frac{C_o}{C_i}$$

PF ＝防護係数
C_o ＝面体等の外側の試験用コンタミナンツ濃度
C_i ＝面体等の内側の試験用コンタミナンツ濃度

「指定防護係数」は，呼吸用保護具が正常に機能している場合に，期待される最低の防護係数。

第2章 空気呼吸器

1 構 造

　空気呼吸器は，ボンベを着用者が携行し，その空気を使って呼吸をする呼吸用保護具であり，その構造および性能については，JIS T 8155 で定められている。

　空気呼吸器には，デマンド形とプレッシャデマンド形の2種類がある。デマンド形は，着用者の吸気に合わせて空気が供給され，吸気を停止したときおよび呼気のときには空気の供給が停止する機能を備えている。このため，自然な呼吸ができる。プレッシャデマンド形は，デマンド形の機能に加えて，面体内の圧力を外気（環境圧力）より陽圧に維持する機能を備えている。両者の面体内圧力変化と環境圧力の関係を図4-2に示す。プレッシャデマンド形は吸気時も面体内を陽圧に保持するため，面体と顔の間に多少すき間ができた場合にも，面体内部から外部へ空気が噴き出し，有害な外気の侵入を防ぐことができる。このように，安全性が高いため，現在使用されているもののほとんどがプレッシャデマンド形となっている。

　プレッシャデマンド形空気呼吸器の構造の概要の例は図4-3に示すように，ボンベからの高圧空気を減圧弁で中圧（約 0.5 ～ 0.7MPa）に減圧し，さらにプレッ

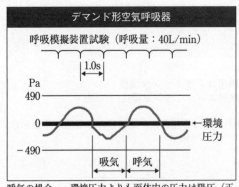

呼気の場合……環境圧力よりも面体内の圧力は陽圧（正圧）になる。
吸気の場合……環境圧力よりも面体内の圧力は陰圧（負圧）になる。

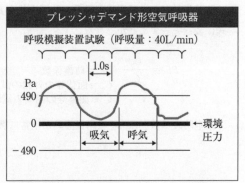

呼気・吸気いずれの場合も，面体内の圧力を環境圧力より陽圧（正圧）に保持する。

図4-2　デマンド形とプレッシャデマンド形の面体内の圧力変化

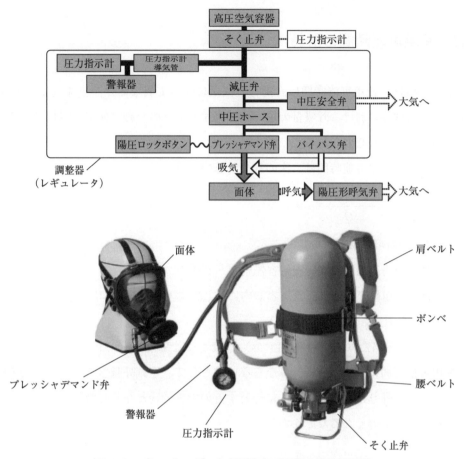

図4-3　プレッシャデマンド形空気呼吸器の構造概要例

シャデマンド形供給弁で呼吸できる圧力に減圧する。

　使用するボンベの最高充てん圧力は29.4MPaと14.7MPaの2種類がある。29.4MPa対応の空気呼吸器には14.7MPaのボンベを接続して使用できるが，14.7MPa対応の空気呼吸器には29.4MPaのボンベは接続して使用できない。ボンベの材質には従来からある鋼製容器と，アルミ合金製ライナーをカーボン繊維やガラス繊維で補強した複合容器がある。カーボン繊維の複合容器は鋼製容器の約2分の1の質量で，着用者の負担が軽減される（鋼製容器には使用期限の定めはないが，複合容器には製造後15年の使用期限が定められている）。

　空気呼吸器は，上記の主要部のほか，ハーネス（肩ベルト，腰ベルトなど）などより構成されている。その他，製品によっては，通話装置付マスク，拡声装置や被災者救出用の補助マスクを備えたものがある。

2　使用可能時間の計算

　空気呼吸器の使用可能時間は，携行空気量によって異なるが，**表4-2**に示す着用者の各労作時における呼吸量の違いも影響する。そのため，使用に際しては使用可能時間を見込む必要がある。

　おおよその使用可能時間は，次の式で計算できる。

$$T = \frac{10\ (P_1 - P_2)}{Q} \times V$$

T：使用可能時間（分）

P_1：使用開始時の高圧空気容器内ゲージ圧力（MPa）

P_2：使用終了時に高圧空気容器内に残しておくべきゲージ圧力（MPa）

V：高圧空気容器内容積（L）

Q：毎分当たりの呼吸量（L/分）（表4-2を参照）

使用可能時間に留意しなければならない例として，空気呼吸器を装着し被災者を救出する際，帰りは被災者とともに退避するので重労働となり呼吸量は増大し，また，移動速度も遅くなるなどがある。

表4-2　各種労作時における呼吸量と酸素消費量（体重68kg成人男子の例）

（消費エネルギーに対する酸素消費量：約0.21L/kcal）

条件	エネルギー消費量 （kcal/分）	呼吸量 （L/分）	酸素消費量 （L/分）
臥　　　　　位	1.15	6	0.24
座　　　　　位	1.44	7	0.30
立　　　　　位	1.72	8	0.36
歩　行(3km/h)	3.13	14	0.65
歩　行(6km/h)	5.76	26	1.20
走　　　　行	9.60	43	2.00
最　大　活　動	14〜20	85〜90	3〜4

3　装着前の点検

　空気呼吸器を使用する前に必ず酸素欠乏危険作業主任者（以下「作業主任者」）が取扱説明書に示された方法により点検を行い，正しく動作することを確認する。
　点検手順の例を次に示す。

(1)　外観の点検：使用上性能に影響を与えるような変形，きず，ひび割れ等の異常がないことを確認する。また，ボンベ等の接続部が確実に接続されていることを確認する。

(2)　ボンベ圧力の点検：そく止弁の圧力指示計の指針で，ボンベ内圧力を確認する。なお，そく止弁に圧力指示計がない場合は，ボンベのそく止弁を開き，呼吸器の圧力指示計により確認する。

　　圧力が低下している場合には有効使用時間がそれに比例して短くなるため，最高充てん圧力の 80 ％以上あることを確認する。また，圧力が低下している場合は再充てんする。

(3)　高圧，中圧部の点検：ボンベのそく止弁を開き，高圧・中圧部に空気を供給した後に，ボンベのそく止弁を閉じる。約 1 分間圧力指示計の指針の変化を観察し，指度が低下しないことを確認する。

　　1MPa 以上低下する場合には接続部の O リングの損傷，異物の噛み込みなどが考えられるので，各接続部を再点検する。それでも 1MPa 以上低下する場合はメーカーに修理を依頼する。

(4)　警報器の点検：バイパス弁を少し開き，徐々に圧力を下げ，設定された圧力（一般的には約 3 ～ 6MPa）で警報が作動することを確認する。作動停止後さらにバイパス弁を開き，残圧を抜いた後，バイパス弁を閉じる。

　　点検終了後，ボンベのそく止弁が閉じていることを確認する。

(5)　なお，プレッシャデマンド形については次の点検を行う。

　　そく止弁を開いた後，面体を顔に密着させ吸気する。このとき，自動的にプレッシャデマンド弁が作動し，空気が供給される。面体の頬の部分に指を入れ，空気が面体の外に向かって漏れることを確認する。

　　プレッシャデマンド弁の陽圧ロックボタンを押し，面体を顔から放す。

4　装着の手順

　空気呼吸器の装着の手順を**図4-4**に示す。

1　空気呼吸器を左手から（圧力指示計，警報器の付いている方から）背負う。

2　脇バンドを下へ引き，上下の位置を調整する。

3　胸バンド，腰バンドを接続し，バンドの長さを調整する。

4　プレッシャデマンド弁のインジケータが赤色になっていることを確認する。

5　インジケータが黒の場合は，陽圧ロックボタンを親指で押して，インジケータを赤色にする。

6　そく止弁のハンドルをゆっくり開き，全開にする。止まったら半回転戻す。

図4-4　空気呼吸器の装着の手順（㈱重松製作所提供）

7　面体のしめひもをすべてゆるめ，つりひもを
　首にかける。

8　面体のしめひもを左右に広げ，あごの方から
　かぶる。

9　左右のしめひもを下から順番に左右同時に後
　ろへ引いて締める。

10　深く呼吸をすると“パチッ”と音がして空気が
　供給され，面体内が自動的に陽圧になる。面体
　の頬（ほほ）の部分に指を入れ，空気がシューと
　漏れることで陽圧になっていることを確認する。

図4-4　（続き）空気呼吸器の装着の手順（㈱重松製作所提供）

5　使用方法

(1)　使用中は時々圧力指示計を見て，空気の残量を確認しながら作業する。

(2)　圧力指示計が警報設定圧力（一般的には約3〜6MPa）まで下がったとき，
　または警報器が鳴ったら直ちに作業を中止して安全な場所に戻る。作業場所か
　ら安全な場所までの距離が長い場合には，途中の空気消費量を考慮してあらか
　じめ作業中止の圧力を決定しておく。

(3)　プレッシャデマンド弁の故障等で吸気ができなくなっても，あわてて面体を
　外さない。バイパス弁を開くと面体内に空気が一定流量で供給されるので，安
　全な場所へ退避する。

　　なお，バイパス弁は，次の目的にも使用できる。

①　点検時における残圧の開放

②　面体内に有害空気が侵入した場合の排気（ブロー）

③　アイピースの曇りの除去（ブロー）

　ただし，②，③は，ボンベの空気を使用するため，使用時間が減少するので，注意する必要がある。

6　脱装方法

安全な場所に戻り，陽圧ロックボタンを押して陽圧を解除する。

(1)　呼吸を止めて面体のバックルを起こし，しめひもをゆるめ面体を外す。

(2)　そく止弁を閉じる。

(3)　腰バンドのバックルを起こし，ゆるめて外す。同様に，装着と逆の手順で，胸バンドを外し，脇バンドをゆるめ，空気呼吸器を下す。

(4)　バイパス弁をゆっくり開き，器械内部の残圧を開放する。圧力指示計がゼロになったら，バイパス弁を止まるまで軽く閉める。

7　使用後の整備

使用後はそのまま放置せず，次の使用に備えて整備をする。

(1)　呼吸器を使用した後は各部分を乾いた布で拭き取る。乾いた布で拭き取れない場合は，水で洗ってから陰干しする（電子装置等が付属している場合は，取扱説明書に従い手入れをする）。

(2)　面体は顔の汗や脂で汚れるので中性洗剤等を用いてよく水洗いし，消毒用アルコール等で消毒する。

(3)　ゴムの部分は特に油や有機溶剤に弱いので，シンナー等で拭かない。油汚れは中性洗剤を加えたぬるま湯で拭き取った後，水洗いして陰干しする。ゴムは紫外線により劣化するので，直射日光に当てて乾燥させない。

(4)　使用済ボンベを器械から外し，そく止弁接続口にねじ山保護および異物混入防止のためボンベキャップを取り付ける。

(5)　空気充てん済のボンベを器械に取り付け，組み立てておく。その際，そく止弁を少し開き，ねじ部のごみを吹き飛ばす。組み立て後，そく止弁を開いて内部の圧力を確認し，そく止弁を閉じる。

(6)　ボンベ交換の場合は，必ず空気ボンベと交換する。酸素ボンベなどを使用し

てはならない。

(7)　使用済のボンベは次の使用に備えて，空気を再充てんしておく。ボンベの充てんは必ず高圧ガス保安法による許可を受けたガス充てん所に依頼して行う。

(8)　ボンベ，調整器，圧力指示計などの高圧空気に接する部分には油をつけない。高圧空気は，油に触れると爆発する危険性がある。

8　保管と定期点検

空気呼吸器は，いつでも安全に使用できるように整備して保管する。

保管は直射日光の当たらない乾燥した場所で，夏季でも気温が40℃以下の場所とする。

なお，避難時および救出時に使用する空気呼吸器は緊急時に素早く取り出して使用できる場所に保管する。

(1)　空気呼吸器は日常の始業点検のほか，作業主任者が3カ月ごとに1回等（使用頻度の多い場合はそれ以上の頻度で）定期点検を行い，その結果を記録しておく。空気呼吸器は，金属，プラスチック，ゴム，布など種々の材質の部品でできているので，それぞれの特性に応じた点検整備を取扱説明書に従って行う。定期点検項目の一例を**表4-3**に示す。

(2)　ボンベは，高圧ガス保安法により，耐圧検査を受けることが義務付けられているので，耐圧検査有効期間内であることを確認のうえ使用すること（9参照）。

(3)　面体，吸気管，呼気弁などの重要な部品はゴムでできている。これらのゴム部品は時間経過とともに自然に劣化するので，取扱説明書に従って点検整備を行い，必要に応じて交換する必要がある。

表 4-3　空気呼吸器の定期点検項目例

各部外観

面　　体	前	ア イ ピ ー ス	くもり　きず　ひび割れ
		同 上 わ く	変形　ゆるみ
		ヘッドハーネス	取付部　弾力　のび　傷み　ひび割れ　よじれ　ゴミの付着（汚れ）
		同　　金　　具	変形　動き
		呼　　気　　弁	変形　ひび割れ　傷み　漏れ　べたつき
	後	内　　　　　面	汚れ　べたつき　ひび割れ
		つ　む　じ　板	変形　取付部　切れ
連　結　管	上	連 結 部 金 具	変形　ゆるみ　接続方向　さび
		ゴ　　ム　　部	変形　破れ　ひび割れ　べたつき
	下	連 結 部 金 具	変形　ゆるみ　接続方向　さび
レ ギ ュ レ ー タ		全　　　　　体	変形　ひび割れ　がた
		バ イ パ ス 弁	動き
		圧 力 指 示 計	変形　ガラスのくもり，きず　針の動き，変形
		高 圧 導 管 金 具	ゆるみ　キンク
高 圧 導 管		ホ　ー　ス	ひび割れ　きず
		連　結　金　具	変形　ゆるみ　さび　ねじ山の変形，摩耗
ボ　ン　ベ		そ　く　止　弁	変形　がた　動き
		ボ ン ベ 圧 力 計	変形　ガラスのくもり，きず　針の動き，容器再検査期限，耐用年数（FRP複合容器のみ）
		ボ ン ベ 本 体	取付け　位置　接続方向　がた
背　負　板		背　　負　　板	変形　さび　きず
		背 負 バ ン ド	きず　切れ　ねじれ
		バ ン ド 金 具	変形　さび　動き　脱落

機能，圧力，その他

ボ　ン　ベ		そ　く　止　弁	作動
		ボ ン ベ 圧 力 計	12 ～ 15MPa（120 ～ 150kgf/c㎡）
		高 圧 導 管	1分後の圧力低下　1MPa（10kgf/c㎡）以内
レ ギ ュ レ ー タ		圧 力 指 示 計	ボンベ圧力計との差，針の動き
		バ イ パ ス 弁	作動
		警　　報　　器	音響　作動圧 3 ± 0.5MPa（30 ± 5kgf/c㎡）（※）
装着	背　負　板	背　負　ひ　も	締め　ゆるめ　ねじれ
		胸　バ　ン　ド	締め　ゆるめ　ねじれ
		腰　バ　ン　ド	締め　ゆるめ　ねじれ
装面	レ ギ ュ レ ー タ	圧 力 指 示 計	呼吸時指針のふれ 0.5MPa（5kgf/c㎡）
		バ イ パ ス 弁	送気量
	面　　体	面　　　　　体	漏れ　毛髪・ひげが面体と顔面の間にはさまっていないかどうか
		呼　気　弁	漏れ
		ヘッドハーネス	締めの強さ　左右
		つ　む　じ　板	位置
		ア イ ピ ー ス	くもり　きず　視界

（※）メーカーの取扱説明書を確認

9　ボンベの取扱いに関する留意事項

空気呼吸器に使用されているボンベは高圧ガス保安法，一般高圧ガス保安規則および容器保安規則により規制されている。

(1)　ボンベの容器（シリンダー）および付属のそく止弁（バルブ）は高圧ガス保安法により製造後3年（FRP複合容器）あるいは5年（鋼製容器）ごとに再検査を受けなければならない。

(2)　図4-5のように容器検査合格表示，充てんすべき高圧ガスの種類，容器番号，容器の質量および内容積，容器検査合格年月等が表示されている。

(3)　充てんされているガスの種類を示すために表面積の2分の1以上が，空気用はねずみ色，酸素用は黒に塗装されている。また，ガス名を白色文字で表示してある。

(4)　直射日光の当たらない，乾燥した場所で，温度が40℃以下のところに保管する。

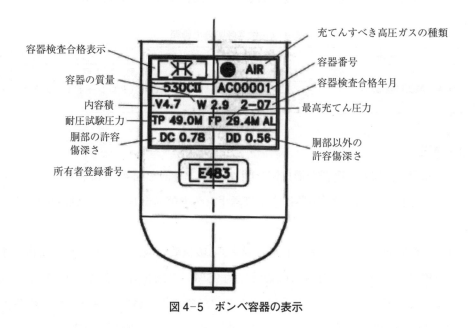

図4-5　ボンベ容器の表示

第3章 酸素呼吸器（圧縮酸素形循環式呼吸器）

　酸素呼吸器には**表4-4**に示す種類がある。ここでは，圧縮酸素形循環式呼吸器について述べる。

　循環式酸素呼吸器は，純酸素を使用し呼吸をする。着用者は，純酸素を吸気するが，吸収できるのは4%程度である。吸収した分の酸素が二酸化炭素となって呼気中に含まれ排出される。この二酸化炭素を清浄剤で吸収除去し，酸素のみを呼吸袋に戻しこれを再利用するので「循環式」といわれている。消費した分の酸素を携行している酸素ボンベから供給し補うため，携行する酸素ボンベが小さいわりに長時間使用できる。

　さらに，圧縮酸素形循環式呼吸器は，吸気の際の面体内の圧力の違いにより陽圧形と陰圧形に分けられる。清浄剤が二酸化炭素を吸収する際の反応熱により吸気温度が高くなるので呼吸量の多くなる緊急時の活動には注意が必要である。

表4-4　酸素呼吸器の種類

種類	酸素供給方式	形式
循環式酸素呼吸器	圧縮酸素形	陽圧形，陰圧形
	酸素発生形	C形（クロレートキャンドル） K形（KO_2形）

（1）構造

　圧縮酸素形循環式呼吸器の構成図を**図4-6**に，外観を**図4-7**に示す。定量・デマンド併用形循環式酸素呼吸器は高圧酸素ボンベの酸素を減圧し，定量補給ノズルより循環回路に供給するものである。

　減圧した酸素はデマンド弁（自動補給弁），吸気管，吸気弁を通過し，面体を通して着用者が吸気する。呼気（酸素濃度約96%，二酸化炭素濃度約4%）は呼気弁，呼気管を通過後，清浄缶に入る。ここで二酸化炭素は吸収され，残りの酸素（酸素濃度約100%だが体積は約96%に減少している）は呼吸袋に戻る。

　ここで消費された分の酸素が定量補給ノズルより呼吸袋に補給される。これを繰り返すことにより，長時間の使用を可能にしている。

　また，激しい活動で呼吸量が増えた場合にはデマンド弁が働き，自動的に酸素が

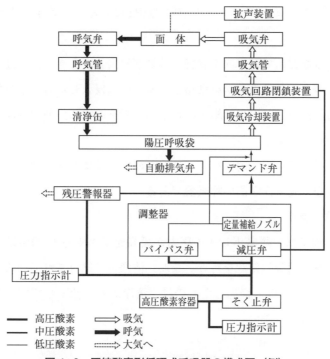

図4-6　圧縮酸素形循環式呼吸器の構成図（例）

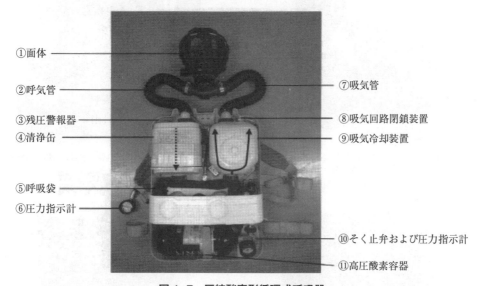

図4-7　圧縮酸素形循環式呼吸器

循環回路に追加補給され，着用者に必要な酸素が供給される。呼吸量が低下した場合には，循環回路内の圧力が高くなってしまうので，この圧力を呼吸器外に排出する安全弁を備えている。

　使用可能時間については，通常の使用で約150分である。使用中はボンベの残圧を圧力指示計で確認する。

警報装置は一般的に，ボンベ残圧が約3MPaになると作動するようになっている。

面体がずれるなどして面体内に有害な外気が侵入したときは，手動補給弁を押して，酸素ボンベから多量の酸素を供給し，面体内に侵入した有害な外気を排出することができる。ただし，手動補給弁の多用は酸素を浪費し，使用可能時間が短くなるので注意が必要である。

陽圧形は，吸気時も面体内圧を陽圧に保つので，面体と顔面のすき間からの外気のもれ込みがなく安全性が高い呼吸器である。

（2）　装着前の点検

装着前の点検では，酸素ボンベの圧力が最高充てん圧力の80％以上あることおよび清浄剤の有効期限の確認を行う。なお，清浄缶に貼付されている交換記録表の「交換日」から6カ月以上経過したものは，清浄能力が低下しているおそれがあるので，使用してはならない。

（3）　装着方法（図4-8）

1　面体のアイピースの内側にくもり止め液をスプレーし，柔らかい布等で軽くのばす。少し乾いてから（10〜20秒後），息を吹きかけてもくもらないことを確認する。

2　吸気冷却装置のゴム蓋を外し，氷を入れる。

3　器械を背負う。呼吸気管は体の前側にくるようにする。

4　脇バンドを下へ引き，背中に固定する。

図4-8　圧縮酸素形循環式呼吸器の装着の手順（㈱重松製作所提供）

5　胸バンド，腰バンドを接続し，長さを調整する。

6　二又缶キャップを取り外す。

7　二又缶と面体を接続する。面体のつりひもを首にかける。

8　7 の際に，二又缶のクリップ 2 カ所が面体のストッパーに掛かり，抜けないことを確認する。

9　酸素ボンベのそく止弁をゆっくり開き，全開にする。止まったら半回転戻す。

10　面体のしめひもを左右の手の親指で広げ，あごの方からかぶる。

11　面体のしめひもを下の方から順番に左右同時に後ろへ引く。

12　呼気管と吸気管を左右の手で強く握って閉塞し，軽く吸気し面体が顔に吸い付くことを確認する。そのまま首を上下左右に振った後も吸い付いたままであることを確認する。

図 4-8　（続き）圧縮酸素形循環式呼吸器の装着の手順（㈱重松製作所提供）

（4）使用方法

①　使用中はときどき圧力指示計をみて，酸素の残量を確認しながら作業する。

②　圧力指示計が警報設定圧力（一般的には約 3MPa）に下がったとき，または警報装置が作動したときは，直ちに作業を中止して安全な場所へ戻る。

（5）脱装方法

①　安全な場所に戻り，面体のバックルを起こし，しめひもを緩め，面体を外す。

②　そく止弁を閉じる。

③　腰バンドと胸バンドを外す。

④　左右の脇バンドを緩め，左肩バンドを左腕から外す。

⑤　左手で面体下部を持ち，頭をくぐらせながら，右手で右脇バンドを持ち，呼吸器を下ろす。

（6）使用後の整備

使用後はそのまま放置せず，次回の使用に備えて整備をすること。なお，清浄剤は一度使用したら交換し，再使用しないこと。

①　清浄剤の交換

ア　清浄缶を呼吸器本体から取り外し，充てん口キャップを外して使用済みの清浄剤を排出する。

イ　未使用の清浄剤をふるいにかけ，微粒粉末を取り除く。

ウ　清浄缶にイの清浄剤を所定量入れる。このとき清浄缶を両手で軽くたたくなどしながら，清浄剤が均等になるように充てんする。

エ　充てん口キャップを取り付ける。

オ　清浄缶に交換月日を記入する。

カ　清浄缶を呼吸器本体に取り付ける。

②　酸素ボンベの交換

ア　そく止弁を完全に閉じてから，ボンベを取り外す。

イ　ボンベの接続ねじ部にキャップを取り付ける。

ウ　充てん済みのボンベのキャップを取り外し，取り付ける。

エ　接続部のゴミやパッキン損傷の有無を確認する。このときにそく止弁を開けてゴミを吹き飛ばすようなことはしない。

オ　調整器に接続し，止めバンドを締めて取り付ける。

カ　そく止弁を全開にして，圧力指示計で圧力を確認した後，そく止弁を閉じておく。

（7）取扱上の注意事項

① 使用場所

　低温環境下で使用する場合は次の事項に留意する。

ア　－20℃以下の場所では，使用しない。

イ　清浄剤は，0℃以上の場所で保管したものを使用する。

ウ　呼吸器は，呼吸循環回路内の水分を乾燥させたものを使用する。

エ　使用を中断して一度外した呼吸器は，引き続き使用しないこと。水分が氷
　結すること等による障害が生じるおそれがある。

② 使用時

ア　面体と顔面との密着性に悪影響を及ぼすような無理な姿勢や，衝撃を受け
　る動作は避ける。

イ　連続して激しい作業を行わないこと。連続して激しい作業を行うと，吸気
　温度の急上昇および使用可能時間の短縮につながる。

　　なお，通常の使用状態でも吸気の温度は少し上昇する。

ウ　次の場合は，手動補給弁を使用して酸素を補給する。

　㋐　吸気が苦しい場合。

　㋑　外気（煙等）が面体内に侵入したと思われる場合（余剰酸素は，自動排
　　気弁より放出されるので回路内の空気を清浄にできる）。

エ　使用可能時間の判断は，警報器のみに頼らず，圧力指示計でも確認する。

オ　ボンベの使用可能時間は，圧力1MPa当たり約8〜10分を目安とする。

　　ただし，激しい作業を行う場合，これより短くなる。

カ　ボンベ圧力が7MPa以下のときにそく止弁を開け，使用を開始すると，
　警報装置が作動しないので注意する。

③ 清浄缶（剤）の取扱い

　清浄剤は，一度使用したら再使用しない。

④ 酸素ボンベの取扱い

　酸素専用であるので，空気など他のガスを充てんしないこと。その他空気ボ
　ンベの保守管理に準じて行う。

⑤ ねじ式結合部の取扱い

ア　各ねじ結合部にキズ，汚れが付かないように，十分注意する。

イ　結合は，手締めで行い工具などによる締付けをしない。

ウ　接続に際しては，異物の付着，Oリングなどの損傷の有無を確認する。

（8）　保管と定期点検

①　保管時は，収納ボックスに入れ，面体，呼気管および吸気管に変形・ねじれを生じないようにし，高温となる場所や粉じん，湿気の多い場所には保管しない。

②　器具の手入れ・清掃には，シンナー等を使用しない。

③　面体・呼気管・吸気管および呼吸袋（以下「面体等」）は，使用後汚れを軟らかい布などで軽く拭くとともに，乾燥させておく。

④　面体等の汚れが著しい場合，本体から各部を外し，中性洗剤を溶かしたぬるま湯で洗浄後水洗いする。

⑤　面体等の乾燥は，日陰で行う。

⑥　清浄剤は，未使用であっても清浄缶に充てん後，6カ月を経過した場合は新品と交換する。

なお，酸素呼吸器専用の検査器が市販されているので，それを用いて3カ月ごとに各種検査（酸素出量試験，デマンド自動補給弁作動試験，自動排気弁作動試験，低圧部気密試験等）を実施することが望ましい。

〔参考〕酸素発生形循環式呼吸器

酸素発生形循環式呼吸器は，現在ほとんど使用されていないが，参考として示す。

多量の酸素をもつ化学薬品の反応によって発生する酸素を利用する呼吸器である。化学反応を利用しているため，酸素消費量の急激な変化に対する即応性の点でやや劣るが，軽量で長時間使用できるなどの長所がある。

酸素を発生させる化学反応として，超酸化カリウムと呼気中の水分および炭酸ガスの反応を利用したもの（K形）と，塩素酸ナトリウムの熱分解を利用したもの（C形）がある。K形とC形の酸素発生における主要反応式は，次のとおりである。

K形（KO_2形）：$2KO_2 + H_2O \rightarrow 2KOH + 3/2O_2$

$2KOH + CO_2 \rightarrow K_2CO_3 + H_2O$

超酸化カリウムを充てんした酸素発生缶を呼吸循環回路に備え，呼気中の水分によって酸素を発生させ，再呼吸させる方式である。

C形（クロレートキャンドル形）：$2NaClO_3 \rightarrow 2NaCl + 3O_2$

塩素酸ナトリウムを固形化したものを継続的に反応させて定量的に酸素を発生，補給する方式である。

第4章 送気マスク

空気呼吸器および酸素呼吸器は，行動範囲が広く，救助活動などに適しているが，重量が重く，使用時間に制限がある。

一方，送気マスクは，ホース長さによって行動範囲は限られるが，軽くて，使用時間が長く，または制限がないため，一定の場所での長時間の作業に適している。

送気マスクには，自然の大気を給気源とするホースマスクと，圧縮空気を給気源とするエアラインマスクがあり，JIS T 8153において，その構造および性能が定められている（**表4-5**参照）。

表4-5　送気マスクの種類

種類		形式		使用する面体等の種類
ホースマスク		肺力吸引形		面体
		送風機形	電動	面体，フェイスシールド，フード
			手動	面体
ALマスク	エアラインマスク	一定流量形		面体，フェイスシールド，フード
		デマンド形		面体
		プレッシャデマンド形		面体
	複合式エアラインマスク	デマンド形		面体
		プレッシャデマンド形		面体

（AL：エアライン）

1　電動送風機形ホースマスク

（1）　構　造

電動送風機を新鮮な空気のあるところに設置し，これからの送気をホース，面体などを通じて呼吸する構造である。送風機本体等には，ホースの本数や長さに応じて送気量を調節するための流量調節装置を備えている。

電動送風機形ホースマスクは，面体を使用している場合，送風機が停電等によって停止した場合，吸気抵抗は高くなるが，着用者の自己肺力によって呼吸できる構造となっている（**図4-9**）。

（2）　取扱上の注意事項

①　危険度の高い場所で使用する場合は，送風機が停止した場合に，安全な場所

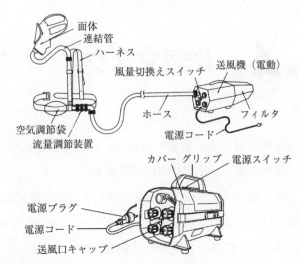

図4-9　電動送風機形ホースマスクの外観と構造

へ退避するまでの安全な呼吸を確保するために，面体を使用したものとする。

②　送風機は，酸素欠乏空気，有害ガス，悪臭，粉じんなどのない場所を選んで設置し，運転する。

③　電動送風機は長時間運転すると，フィルタにほこりが付着して通気抵抗が上昇し，送気量が減ったりモーターが過熱することがあるので，フィルタは定期的に点検し，汚れていたら交換する。

④　電動送風機の使用中は，電源開閉器およびコードのプラグには，「送気マスク使用中」の表示をする。

⑤　2本以上のホースを同時に接続して使える電動送風機の場合，使用していない接続口には，付属のキャップを取り付ける。

⑥　ホースの本数と長さに応じて電動送風機の送気量を適切に調節して使用する。

⑦　電動送風機は，一般的に防爆構造ではないので，可燃性ガスの濃度が爆発下限界を超えるおそれのある場所では使用してはならない。

2　手動送風機形ホースマスク

（1）構　造

手動送風機を新鮮な空気のあるところに設置し，これからの送気をホース，面体などを通じて呼吸する構造である（図4-10）。

中間に送気を適当な風量に調節するための空気調節袋等を備えている。電源の得

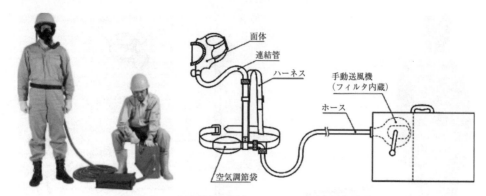

図4-10　手動送風機形ホースマスクの外観と構造

られない場所などでの使用に適している。

（2）　取扱上の注意事項

　手動送風機を回す作業は相当に疲れるので，長時間連続使用する場合には2名以上で交代しながら行う。

3　肺力吸引形ホースマスク

（1）　構　造

　ホースの末端の空気取入口を新鮮な空気のあるところに設置し，ホース，面体を通じ，着用者の自己肺力によって吸気させる構造である（**図4-11**）。

（2）　取扱上の注意事項

① 着用者自身の肺の力で吸気するため，JIS T 8153では吸気抵抗を定めるとともに，ホースの長さについても10m以下と定めている。

② 呼吸に伴ってホース，面体内が陰圧となるので，接続部，呼気弁などから漏れがないことを確認してから使用する。

③ 空気取入口には，目の粗い金網のフィルタしか入っていないので，酸素欠乏空気，有害ガス，悪臭，粉じんなどを除去する効果はない。そのため空気取入口は，有害な空気を吸入しないような場所に，引っ張っても倒れたり，外れたりしないようにしっかりと固定する。

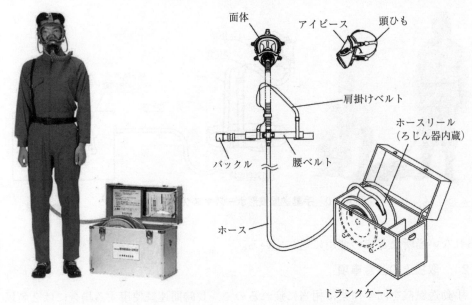

図4-11　肺力吸引形ホースマスクの外観と構造

4　一定流量形エアラインマスク

（1）　構　造

　圧縮空気配管，空気圧縮機（エアコンプレッサー）または大型の高圧空気容器（空気ボンベ）からの圧縮空気を，中圧ホース，面体などを通じて着用者に送気する構造のもので，中間に流量調節装置と粉じんやオイルミストなどを除去するためのろ過装置を備えている（**図4-12**）。

（2）　取扱上の注意事項

　①　着用者の呼吸に関係なく一定量の空気を面体に送り込む方式であり，送風量が十分であれば，余剰な空気は，排気弁および面体と顔面等のすき間から外へ流れ出るので比較的高い防護性能を得ることができる。

　②　一定量の空気が常時流れているため，眼，鼻，口，喉などの渇きを覚えることがある。

　③　吸気管がねじれる等により閉塞すると，後から送られてくる空気の圧力が吸気管にかかり破裂することがある。このため，破裂防止用の安全弁を備えたものを使用すべきである。

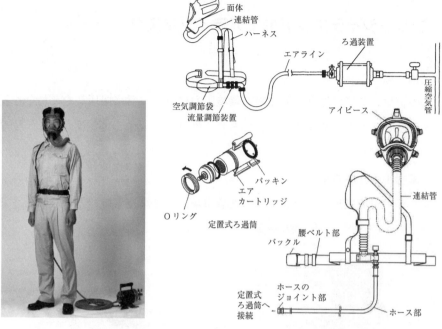

図4-12　一定流量形エアラインマスクの外観と構造

5　デマンド形エアラインマスク

（1）　構　造

　着用者の呼吸に合わせて空気が供給される機能をもつデマンド弁を備えたものである（**図4-13**）。

（2）　取扱上の注意事項

　着用者が吸気した場合に，面体内が環境圧力に対して陰圧になるため，面体と顔面との密着性が重要である。

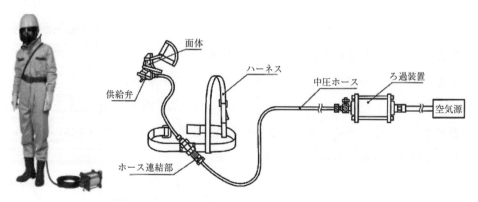

図4-13　デマンド形エアラインマスクの外観と構造

6　プレッシャデマンド形エアラインマスク

（1）　構　造

　前述のデマンド形に加え，面体内が環境圧力に対して常に陽圧になる機能を持つプレッシャデマンド弁を備えたものであり，外気が侵入する可能性が低く，安全性が高い（**図 4-14**）。

（2）　取扱上の注意事項

　前述した一定流量形，デマンド形の注意事項，第 2 章空気呼吸器の項に準ずる。

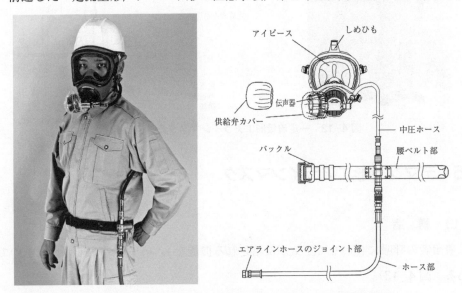

図 4-14　プレッシャデマンド形エアラインマスクの外観と構造

7　複合式エアラインマスク

　複合式エアラインマスクは，停電等でエアコンプレッサー等からの給気が途絶える等の異常事態に対応できるものである（**図 4-15**）。

　通常，デマンド形またはプレッシャデマンド形エアラインマスクとして使用され，給気が途絶した場合に，給気源を空気ボンベに切り換え，その空気を使いながら退避することができる。極めて危険性の高い場所で送気マスクを利用する際は，これを使用するべきである。

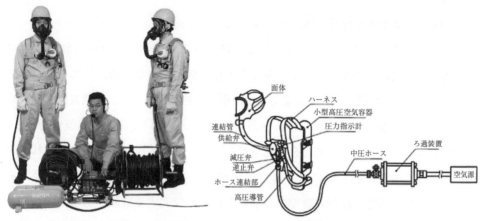

図4-15　複合式エアラインマスクの外観と構造

8　送気マスクの取扱いに関する留意事項

　これまで述べてきたように，送気マスクには様々な種類がある。安全に作業するためには，それぞれの特徴をとらえたうえで，作業の状況に応じたものを選択しなければならない。また，常時，有効かつ清潔に使えるように日頃の保守点検も重要である。

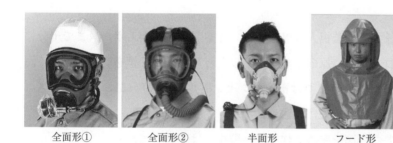

全面形①　　　全面形②　　　半面形　　　フード形　　フェイスシールド形
図4-16　送気マスクの面体等の種類

(1)　送気マスクに使用する面体等には図4-16に示す種類がある。一般には全面形面体を使用し，危険性が比較的低い場所では，半面形面体が使用されることもある。

　　フードまたはフェイスシールドは顔面に密着しないため，防護性能が面体形に比べて低い。万一空気が途絶したような場合には瞬時に防護性能が失われることから，酸素濃度が14%未満あるいは不明の場所では使用してはならない。

　　酸素濃度が14%以上の場所であっても，フードまたはフェイスシールド形を使用する場合は，十分な防護係数を得るために空気供給量を多めに調節する

必要がある。

　　使用前は面体から空気源に至るまで入念に点検する。

⑵　エアラインマスクの給気源として給油式エアコンプレッサーを使う場合には，圧縮空気中に混ざったオイルミストなどを除去するため，ミストセパレーター等のろ過装置を設ける。また，使用中に油臭を感じたら，ろ過装置の点検整備を行う。運転中にオイルミストが発生しないように十分な点検整備を行う。オイルミストは，ろ過装置を劣化させるほか，ろ過装置に活性炭が使われている場合，過熱圧縮空気によって自然発火することがあるので注意が必要である。また，活性炭は可燃物であり加熱されると発火する危険があるので，高温の場所に置く等してはならない。なお，高圧空気容器を使用する場合の取扱いは空気呼吸器（本編第2章参照）に準じる。

⑶　コンプレッサーは故障その他による加熱で一酸化炭素を発生することがあるので，一酸化炭素検知警報装置を設置することが望ましい。

⑷　空気取入口は酸素欠乏空気，有害ガス，悪臭，粉じんなどの侵入するおそれのない場所に設置する。

⑸　ホースまたは中圧ホースは，車両や落下物などにより圧迫されると給気が途絶するおそれがあるので，ホースは周囲の状況に応じて安全な場所に設置する。

⑹　監視人を選任する。監視人は専任とし，作業者と電源からホースまで十分に監視できる人員とする。原則として2名以上とし，監視分担を明記しておく。

⑺　送風機の電源スイッチまたは電源コンセント等必要箇所には，「送気マスク使用中」の明瞭な標識を掲げておく。

⑻　作業中の必要な合図を定め，作業者と監視人は熟知しておく。

⑼　タンク内または類似の作業をする場合には，墜落制止用器具の使用あるいは救出の準備をしておく。

⑽　マスクを装着したら，面体の気密テストを行うとともに，作業強度も加味して，送風量その他の再チェックをする。

⑾　マスクまたはフード内は陽圧になるように送気する（空気調節袋が常にふくらんでいること等を目安にする）。

⑿　徐々に有害環境に入っていく。

⒀　作業中に送気量の減少，ガス臭または油臭，水分の流入，送気の温度上昇等異常を感じたら，直ちに退避して点検する（故障時の脱出方法やその所要時間

をあらかじめ考えておく）。

⑭　送気マスクが使用されていたが，顔面と面体との間に隙間が生じていたことや空気供給量が少なかったことなどが原因と考えられる労働災害が発生したことから，厚生労働省は，以下の留意事項について通達（平成 25 年 10 月 29 日付け基安化発 1029 第 1 号）を発出した。

(a)　送気マスクの防護性能（防護係数）に応じた適切な選択

　　使用する送気マスクの防護係数が作業場の濃度倍率（有害物質の濃度と許容濃度等のばく露限界値との比）と比べ，十分大きなものであることを確認する。

(b)　面体等に供給する空気量の確保

　　作業に応じて呼吸しやすい空気供給量に調節することに加え，十分な防護性能を得るために，空気供給量を多めに調節する。

(c)　ホースの閉塞等への対処

　　十分な強度を持つホースを選択する。送気マスクに使われるホース（純正品でないものを含む）には，手で簡単に折り曲げることができる程度のものもあり，タイヤで踏まれたり，障害物に引っ掛かるなどのほか，同心円状に束ねられたホースを伸ばしていく過程でラセン状になったホースがねじれ，一時的に給気が止まることがある。このため，十分な強度を持つホースを選択する。ホースの監視者（流量の確認，ホースの折れ曲がりを監視するとともに，ホースの引き回しの介助を行う者）を配置する。給気が停止した際の警報装置の設置，面体を持つ送気マスクでは，個人用警報装置付きのエアラインマスクや，空気源に異常が生じた際に自動的に空気源が切り替わる緊急時給気切替警報装置に接続したエアラインマスクの使用が望ましい。

(d)　作業時間の管理および巡視

　　長時間の連続作業を行わないよう，連続作業時間に上限を定め，適宜休憩時間を設ける。

(e)　緊急時の連絡方法の確保

　　長時間の連続作業を単独で行う場合には，異常が発生した時に救助を求めるブザーや連絡用のトランシーバー等の連絡方法を備える。

(f)　送気マスクの使用方法に関する教育の実施

　　雇い入れ時または配置転換時に，送気マスクの正しい装着方法および顔面への密着性の確認方法について，作業者に教育を行う。

9　定期点検

　送気マスクは，使用前に必ず作業主任者が始業点検を行って異常のないことを確認してから使用する。また1カ月に1回以上の定期点検・整備を行う等常に正しく使用できる状態に保つ。送気マスクの点検は取扱説明書に従って行う。点検項目の一例を**表4-6**に示す。また，空気呼吸器の点検にも準じる。

表4-6　送気マスクの点検項目例

各部外観

面　体	前	アイピース	くもり　きず　ひび割れ
		同上わく	変形　ゆるみ
		しめひも	取付け部　弾力　伸び　傷み　切れ　よじれ
		同金具	変形　動き
		呼気弁	変形　ひび割れ　傷み　漏れ　べたつき
	後	内面	汚れ　べたつき　ひび割れ
		ツムジ板	変形　取付け部切れ
連結管	上	連結部金具	変形　ゆるみ　方向　さび
		ゴム部	変形　破れ　ひび割れ　べたつき
	下	連結部金具	変形　ゆるみ　方向　さび
		流量調節弁(リング)	動く　さび
		ろ過装置	ゆるみ　吸収缶
ハーネス		ベルト	切れ　汚れ　外れ　金具
		空気調節袋	破れ　つまり　汚れ
ホース		ホース	つぶれ　破れ　よじれ　つまり
		中圧ホース	ひび割れ　きず　よじれ　つまり
		連結金具	変形　ゆるみ　さび　ねじ山
送風機		連結金具	変形　ゆるみ　カバー(くさり)　さび　ねじ山
		電源コード	被覆破れ　持続ゆるみ　接触不良　表示板
		フィルタ	汚れ　破れ
空気取入口		フィルタ	さび　つまり　よごれ　変形
		取付け金具	変形　表示板

動　作

送風機	異音　温度上昇　風量　風圧
空気圧縮機	異音　圧力計　安全弁　オイル

$$\left[\text{第} \mathbf{5} \text{章} \right]$$ 墜落制止用器具

　酸素欠乏症等防止規則で，墜落や転落のおそれのある酸素欠乏危険場所で作業を行う場合には，墜落による危険のおそれに応じた性能を有する「墜落制止用器具」を使用しなければならないと定められている。墜落制止用器具とは，かつて「安全帯」と呼ばれていた個人用保護具のことで，安衛令および安衛則の改正により，平成31年2月より呼称が改められると同時に，原則としてフルハーネス型の墜落制止用器具を使用することとされた。

　酸素欠乏，硫化水素発生の危険のある場所にはしごを使って降りる場合や，そういった場所に設置された足場の上で作業をする場合には，酸素欠乏空気を呼吸したために起こる筋肉の脱力等によって墜落することがある。また，空気呼吸器などを使用する場合は，作業者の視野が狭くなり墜落等の危険が伴うため，手すりや柵などの墜落防護設備があっても，墜落制止用器具を使用することが必要である。

1　フルハーネス型墜落制止用器具

　「墜落制止用器具」とは，その名のとおり高いところから墜落した場合に墜落を空中で制止し，地面にたたきつけられることを防ぐための保護具である。これには「フルハーネス型」と「胴ベルト型」の2つの種類がある（**図4-17**）。

　このうちフルハーネス型墜落制止用器具は大きく2つの部品から成り立っている。
・肩や腰，腿など複数の箇所を支える形状で作業者の身体に装着し，墜落時に身体

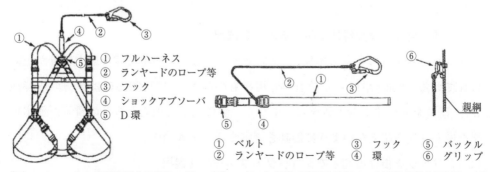

①	フルハーネス
②	ランヤードのロープ等
③	フック
④	ショックアブソーバ
⑤	D環

| ① | ベルト | ③ | フック | ⑤ | バックル |
| ② | ランヤードのロープ等 | ④ | 環 | ⑥ | グリップ |

親綱

（A）フルハーネス型墜落制止用器具の例　　（B）一本つり状態で使用する胴ベルト型墜落制止用器具の例

図4-17　墜落制止用器具の種類

を支持する「フルハーネス」（ハーネス本体）

・落下を制止して衝撃を吸収する性能を有し，ベルトと取付設備をつなぐ「ラン
　ヤード」（ロープ，フック，ショックアブソーバ，巻取器等からなる）

　この2つを接続したものがフルハーネス型墜落制止用器具（以下「フルハーネス
型」）であり，腰だけに装着するベルトにランヤードが接続されたものが「胴ベル
ト型墜落制止用器具」（以下「胴ベルト型」）である。

　墜落制止用器具を正しく使用すれば，墜落した場合でも，ランヤードにより落下
距離が制限され宙づりとなるため，地面にまで落ちることはない。しかし，従来広
く利用されてきた胴ベルト型は，墜落時に内臓の損傷や胸部等の圧迫による危険性
が指摘されており，国内でも胴ベルト型の使用に関わる災害が確認されている。ま
た，国際規格等ではフルハーネス型が採用されていることから，胴ベルト型ではな
く，墜落が制止されて宙づり状態になったときに身体に与えるダメージがより少な
いフルハーネス型を原則として使用することに法令が改正された。

　なお，高所作業時の災害発生時対応に有効な次の器具も見受けられる。

　①　補助器具(非常用ストラップ)：救助されるまでの間の腿部締付けを緩和する。

　②　救出用滑車：救出時に手動でウインチに切替できるセーフティブロック。

2　墜落制止用器具の選択

（1）　原則としてフルハーネス型を選択

　墜落制止用器具を選ぶに当たっては原則としてフルハーネス型を選択する。ただ
し，フルハーネス型の着用者が墜落時に地面に到達するおそれのある一定の高さ以
下での作業では，フルハーネス型ではなく胴ベルト型を使用することも認められて
いるが，高さ6.75mを超える箇所で作業を行う場合はフルハーネス型を使用しな
ければならない（図4-18）。

（2）　使用可能な最大質量に耐える器具を選択

　フルハーネス（ハーネス本体），ランヤードともに，使用可能な最大質量が定め
られている。85kg用のものや100kg用のもの等があり（100kg超はメーカー特注
等），器具を使用する者の体重だけでなく，装備品まで加えた合計の質量が使用可
能な最大質量を超えないように器具を選定する（図4-19）。

（3）　フックを掛ける高さでショックアブソーバを選択

　ランヤードには墜落時の衝撃を吸収するためにショックアブソーバを装着してい

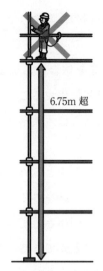

図4-18　6.75mを超える高さでは
胴ベルト型は使えない

図4-19　質量制限を順守

るものが多い。これには，落下衝撃を吸収する性能の違いにより，第一種ショック
アブソーバ（自由落下距離1.8mで墜落を制止したときの衝撃荷重が4.0kN以下）
と，第二種ショックアブソーバ（自由落下距離4mで墜落を制止したときの衝撃荷
重が6.0kN以下）の2種類があるが，腰の高さ以上にフックを掛けて作業を行うこ
とが可能な場合には，第一種ショックアブソーバ付きのランヤードを選択する。一
方，足元にフックを掛けて作業を行う必要がある場合や，両方の作業が混在する場
合には，第二種ショックアブソーバを選ぶ。その場合，ランヤードがエッジに接触
したり，フックがねじられて損傷する危険性が高いので注意すること。取付設備を
整備して，できるだけ第一種ショックアブソーバ付きを使用することが望ましい。

3　墜落制止用器具の使用上の留意点

⑴　取扱説明書を確認し，安全上必要な部品が揃っているか確認し，緩みなく確
　　実に装着すること。
⑵　墜落制止用器具の取付設備は，ランヤードが外れたり，抜けたりするおそれ
　　のないもので，墜落制止時の衝撃力に耐えるものであること。
⑶　墜落後にフック等に曲げの力が掛かることによる脱落・破損を防ぐためフッ
　　ク等の主軸と墜落時に掛かる力の方向が一致するよう取り付けること。
⑷　垂直親綱に墜落制止用器具のフック等を取り付ける場合は，親綱に取り付け
　　たグリップ等の取付設備にフック等をかけて使用すること。取付設備の位置

は，ランヤードとフルハーネス等を結合する環の位置より下にならないように
して使用すること。

(5)　水平親綱は，ランヤードとフルハーネス等を結合する環より高い位置に張
り，それに墜落制止用器具のフック等を掛けて使用すること。

(6)　作業中にフックを掛け外しする必要があるときは，墜落防止のため2丁掛け
を使用すること。

(7)　枕形タンク，複雑な化学設備，船舶のホールドなど，外部から監視できない
場所に入って作業する場合は，命綱をつけて，一端を外で監視する者が持つこ
と。命綱は中の作業者と外の監視者との間の合図用としても使用でき，万一の
場合はこれを利用して迅速な救助活動を行うことができる。命綱は作業行動の
自由を失わせないよう十分な長さのものを用意すべきであるが，送気マスクを
装着している場合には，ホースの長さより長くしてはならない。

(8)　墜落制止用器具等は，**表4-7** の事項について点検されたものを使用し，使
用後については，汚れたものはぬるま湯や中性洗剤を使って洗い，十分に乾燥
させる（火気乾燥は避ける）こと。保管については，収納箱に入れて，湿気が
なく直射日光が当たらないように保管すること。

表4-7　墜落制止用器具の点検事項

1　ベルトの摩耗，傷，ねじれ，塗料・薬品類による変色・硬化・溶解
2　縫糸の摩耗，切断，ほつれ
3　金具類の摩耗，亀裂，変形，錆，腐食，樹脂コーティングの劣化，電気ショートによる溶融，回転部や摺動部の状態，リベットやバネの状態
4　ランヤードの摩耗，素線切れ，傷，やけこげ，キンクや撚りもどり等による変形，薬品類による変色・硬化・溶解，アイ加工部，ショックアブソーバの状態
5　巻取り器のストラップの巻込み，引き出しの状態。ロック機能付き巻取り器については，ストラップを速く引き出したときにロックすること。

（墜落制止用器具の安全な使用に関するガイドライン（平成30年6月22日付け基発
0622第2号）より）

第 **5** 編

事故の場合の退避および
救急処置

⇒この編で学ぶこと

□事故の場合の処置

□傷病者の救急処置（胸骨圧迫等一次救命処置の方法等）

第1章　事故の場合の処置

　酸素欠乏症または硫化水素中毒による事故を防ぐには，酸素欠乏の空気または硫化水素の含まれた空気を吸入しないことである。そのためには，酸素欠乏または硫化水素の発生するおそれのある場所に立ち入る前には酸素および硫化水素の濃度を測定して，酸素が18％以上，硫化水素が10ppm以下であることを確認する必要がある。また，酸素欠乏危険作業主任者は，決定された正しい作業の方法に従うように作業者を指揮することが極めて重要である。

　酸素濃度が18％未満の場合や，硫化水素濃度が10ppmを超えていたら，安全な濃度になるように換気をする。測定したときに安全な濃度であっても，これらの濃度は変化する可能性があるため，作業中も換気を続ける。換気ができなかったり，十分でない場合には空気呼吸器等を使用する。作業中に酸素欠乏や硫化水素発生の原因を発見したり，事故が発生した場合には，あわてずに正しい処置をとり被害を最小限にとどめることが必要である。

　これまでの事故例をみると，初期の異常を見過ごして作業を続けたために事故に至ってしまったり，事故発生の際に作業主任者などへの連絡を怠ったために適切な処置がとられなかったり，あるいは救助にあたった者があわてて空気呼吸器や墜落制止用器具（第4編第5章参照）を着用せずに酸素欠乏危険場所に立ち入ったりしたために，一層被害が大きくなった例が少なくない。

1　異常の場合の退避

　換気を継続していても危険状態になることがあるが，これは，換気装置の故障または能力不足，酸素欠乏空気または硫化水素の異常発生または流入，誤操作による窒素，炭酸ガス等の流入等が原因である。

　このような危険状態の原因となるような異常を発見したときに作業主任者に通報するために監視人を置く等の処置がとられるが，個々の作業者も常にそのような異常の有無に注意し，発見したときは直ちに作業主任者に連絡する必要がある。

　作業場所が危険状態となるような異常に気付いたとき，酸素欠乏症または硫化水

素中毒にかかったと思われるとき，同僚が倒れたときなどは，作業を直ちに中止して，きれいな空気のある場所に退避したり，関係者に連絡する等必要な措置を講じなければならない。顔面のそう白または紅潮，脈拍および呼吸数の増加，息苦しさ，発汗，よろめき，めまい，頭痛などの症状は酸素欠乏症であると判断し適切な処置をとる。なお，これらの症状は酸素欠乏症の前期に現れるものであるが，風邪などのほかの病気でもみられるため，これらの病気と間違えないように注意する。

　先に入った者が突然倒れたり，はしごを降りて行く途中で突然墜落したりした場合には，まず酸素欠乏によるものと考えなければならない。

　硫化水素は0.3ppmという低い濃度で誰もが卵の腐ったような独特の臭気を感じるが，高い濃度の硫化水素を吸い込むと瞬間的に嗅覚が麻痺してしまい，臭気を感じないまま，意識を失って倒れることがある。

　退避後は，作業場所の酸素や硫化水素の濃度の再測定や換気装置の異常の有無の点検を行い，正常であることが確認されてから作業を再開する。

2　事故発生の場合の救助

　同僚などが酸素欠乏症や硫化水素中毒にかかって倒れた場合は，直ちに救出し，救急処置を施して蘇生させることが重要である。その際，作業主任者は関係者を指揮して救助作業に当たらせることが必要である。あわてて墜落制止用器具等や空気呼吸器等の保護具の着用を忘れたり，誤った使い方をして，救助に入った者までが酸素欠乏症や硫化水素中毒にかかることがないよう，平素から保護具の使い方などについて習熟させておくことが大切である。

第2章 救急処置

　酸素欠乏危険作業で，酸素欠乏症または硫化水素中毒が発生した場合は，以下に説明するように，周囲の状況を確かめ，自己の安全を確認してから，直ちに傷病者を救出し，傷病者の心臓や呼吸が停止しているときは，119番通報し，速やかに心臓の鼓動や呼吸を回復させるための処置を行わなければならない。

　このように，生命の危機に瀕する突発的な心停止もしくはこれに近い状態になったときに，「胸骨圧迫」および「人工呼吸」を行うことを「心肺蘇生」といい，さらにこの心肺蘇生，AED（Automated External Defibrillator：自動体外式除細動器）による除細動，異物による窒息を起こした際の気道異物の除去をあわせて「一次救命処置」という。

　また，心停止以外の一般的な傷病に対して行う最小限の応急の手当てを「ファーストエイド」という。つまり，救急隊が到着するまでに行う「救急蘇生法」は，一次救命処置とファーストエイドとなる。

　心停止状態になると，その直後から時間の経過に伴い救命の可能性は急速に低下する。そのため，心停止からAEDによる除細動実施までにかかる時間が，生死を分ける重要な因子となる。救急隊到着前に市民が除細動のための電気ショックを行った場合の1カ月後社会復帰率は，救急隊到着後に行った場合の2倍にのぼっており，速やかで適切な一次救命処置を行う必要がある。

　また，実際の処置の前に行うべき基本事項として，周囲の状況の観察と安全確認がある。なぜなら，酸素欠乏などが原因の場合，酸素欠乏危険場所で倒れている被災者に接近しただけで救助者も被害を受けて二次災害となるためである。周囲の状況を確認し，自己の安全を確保してから，一次救命処置に移らなければならない。ただし，これらの安全確認等に時間を費やし過ぎると救える命も救えなくなるため，短時間で判断することが必要である。

　一次救命処置について，**図5-1**の流れに沿って以下説明する（気道異物の除去については，8のとおり）。

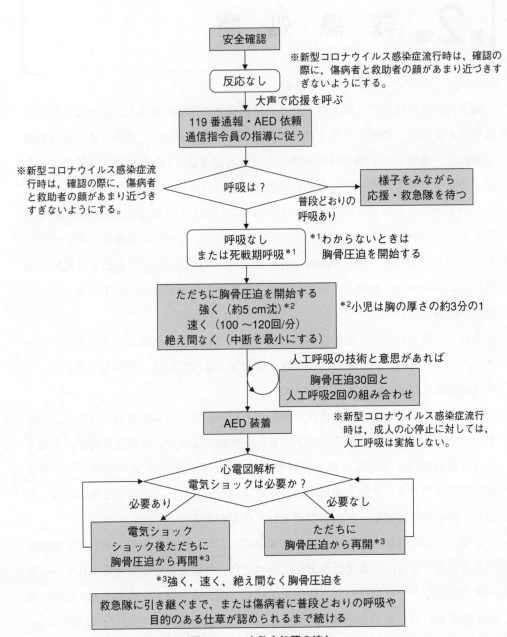

安全確認

※新型コロナウイルス感染症流行時は，確認の際に，傷病者と救助者の顔があまり近づきすぎないようにする。

反応なし

大声で応援を呼ぶ

119番通報・AED依頼
通信指令員の指導に従う

※新型コロナウイルス感染症流行時は，確認の際に，傷病者と救助者の顔があまり近づきすぎないようにする。

呼吸は？

普段どおりの呼吸あり　→　様子をみながら応援・救急隊を待つ

呼吸なし
または死戦期呼吸*1

*1わからないときは胸骨圧迫を開始する

ただちに胸骨圧迫を開始する
強く（約5cm沈）*2
速く（100～120回/分）
絶え間なく（中断を最小にする）

*2小児は胸の厚さの約3分の1

人工呼吸の技術と意思があれば

胸骨圧迫30回と
人工呼吸2回の組み合わせ

AED装着

※新型コロナウイルス感染症流行時は，成人の心停止に対しては，人工呼吸は実施しない。

心電図解析
電気ショックは必要か？

必要あり　　　　　　　必要なし

電気ショック
ショック後ただちに
胸骨圧迫から再開*3

ただちに
胸骨圧迫から再開*3

*3強く，速く，絶え間なく胸骨圧迫を

救急隊に引き継ぐまで，または傷病者に普段どおりの呼吸や
目的のある仕草が認められるまで続ける

図5-1　一次救命処置の流れ
（「JRC蘇生ガイドライン2015」より引用）

※胸骨圧迫のみの場合を含め心肺蘇生はエアロゾル（ウイルスなどを含む微粒子が浮遊した空気）を発生させる可能性があるため，新型コロナウイルス感染症が流行している状況においては，すべての心停止傷病者に感染の疑いがあるものとして対応する。成人の心停止に対しては，人工呼吸を行わずに胸骨圧迫とAEDによる電気ショックを実施する。

1　発見時の対応手順

（1）　反応の確認

　傷病者が発生したら，まず周囲の安全を確かめた後，傷病者に反応（なんらかの返答や目的のある仕草）があるかどうかを確認する。新型コロナウイルス感染症が流行している状況においては，確認の際に，傷病者と救助者の顔があまり近づきすぎないようにする。

　反応があれば当然呼吸もしているし，心臓も動いている。したがって，反応の有無を確認することにより，心肺蘇生が必要な状況かどうかの最初の選別が行える。傷病者の肩を軽くたたく，大声で呼びかけるなどの刺激を与えて反応があるかどうかを確かめる。

　もし，このとき反応があるなら，安静にして，必ずそばに観察者をつけて傷病者の経過を観察し，普段どおりの呼吸がなくなった場合にすぐ対応できるようにする。また，反応があっても異物による窒息の場合は，後述する気道異物除去を実施する。

（2）　大声で叫んで周囲の注意を喚起し応援を呼ぶ

　一次救命処置は，出来る限り単独で処置することは避けるべきである。

　もし傷病者の反応がないと分かったら，その場で大声で叫んで周囲の注意を喚起し応援を呼ぶことは大切なステップである。判断に迷う場合も同様にする。

（3）　119 番通報（緊急通報），AED 手配

　誰かがきたら，その人に 119 番通報と，近くにあれば AED の手配を依頼し，自らは一次救命処置を開始する。

　周囲に人がおらず，救助者が 1 人の場合は，まず自分で 119 番通報を行い，近くにあることがわかっていれば AED を取りに行く。その後，一次救命処置を開始する。なお，119 番通報すると，電話を通して行うべき処置の指導を受けることもできるので，落ち着いて処置する。

2　心停止の判断―呼吸をみる

　傷病者に反応がなければ，次に呼吸の有無を確認する。心臓が止まると呼吸も止まるので，呼吸がなかったり，あっても普段どおりの呼吸でなければ心停止と判断する。

　呼吸の有無を確認するときには，気道確保を行う必要はなく，傷病者の胸と腹部

傷病者を横向きに寝かせ，下になる腕は前に伸ばし，上になる
腕を曲げて手の甲に顔をのせるようにさせる。また，上になる
膝を約90度曲げて前方に出し，姿勢を安定させる。

図5-2　回復体位

の動きの観察に集中する。胸と腹部が（呼吸にあわせ）上下に動いていなければ
「呼吸なし」と判断する。また，心停止直後にはしゃくりあげるような途切れ途切
れの呼吸（死戦期呼吸）が見られることがあり，これも「呼吸なし」と同じ扱いと
する。なお，呼吸の確認は迅速に，10秒以内で行う（迷うときは「呼吸なし」と
みなすこと）。新型コロナウイルス感染症が流行している状況においては，確認の
際に，傷病者と救助者の顔があまり近づきすぎないようにする。

　傷病者に普段どおりの呼吸を認めるときは，応援や救急隊の到着を待つ。この
間，回復体位（図5-2）をとらせて，傷病者の呼吸状態を継続観察し，呼吸が認
められなくなった場合には，直ちに後述する心肺蘇生を開始する。応援を求めるた
めに，やむを得ず現場を離れるときにも，傷病者を回復体位（図5-2）に保つ。

3　心肺蘇生の開始と胸骨圧迫

　呼吸が認められず，心停止と判断される傷病者には胸骨圧迫を実施する。傷病者
を仰臥位（あおむけ）に寝かせて，救助者は傷病者の胸の横にひざまずく。新型コ
ロナウイルス感染症が流行している状況においては，エアロゾルの飛散を防ぐた
め，胸骨圧迫を開始する前に，ハンカチやタオルなどがあれば傷病者の鼻と口にそ
れをかぶせる。マスクや衣服などでも代用できる。圧迫する部位は胸骨の下半分と
する。この位置は，「胸の真ん中」が目安になる（図5-3）。

　この位置に片方の手のひらの基部（手掌基部）をあて，その上にもう片方の手
を重ねて組み，自分の体重を垂直に加えられるよう肘を伸ばして肩が圧迫部位（自
分の手のひら）の真上になるような姿勢をとる。そして，傷病者の胸が約5cm沈
み込むように強く速く圧迫を繰り返す（図5-4）。

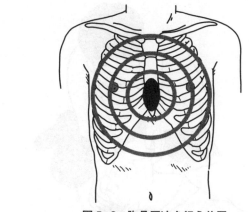

図5-3　胸骨圧迫を行う位置

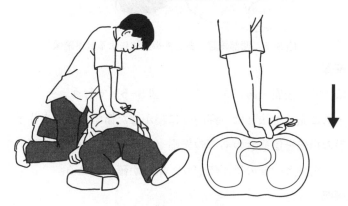

図5-4　胸骨圧迫の方法

　1分間に100〜120回のテンポで圧迫する。圧迫を解除（弛緩）するときには，手掌基部が胸から離れたり浮き上がって位置がずれることのないように注意しながら，胸が元の位置に戻るまで充分に圧迫を解除することが重要である。この圧迫と弛緩で1回の胸骨圧迫となる。

　なお，傷病者がやわらかいふとんに寝ている場合などに胸骨圧迫を行うと心臓が十分に圧迫されず効果が上がらないので，板など平らな堅い床面を背中にして行う。

4　気道確保と人工呼吸

　人工呼吸が可能な場合は，胸骨圧迫を30回行った後，2回の人工呼吸を行う。その際は，気道確保を行う必要がある。

　ただし，新型コロナウイルス感染症が流行している状況においては，成人に対しては，救助者が講習を受けて人工呼吸の技術を身につけていて，人工呼吸を行う意思がある場合でも，以下に説明する人工呼吸は実施せずに胸骨圧迫だけを続ける。

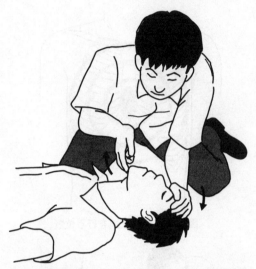

図5-5　頭部後屈・あご先挙上法による気道確保

（1）　気道確保

　気道確保は，頭部後屈・あご先挙上法（**図5-5**）で行う。

　頭部後屈・あご先挙上法とは，仰向けに寝かせた傷病者の額を片手でおさえなが
ら，一方の手の指先を傷病者のあごの先端（骨のある硬い部分）にあてて持ち上げ
る。これにより傷病者の喉の奥が広がり，気道が確保される。

（2）　人工呼吸

　気道確保ができたら，口対口人工呼吸を2回試みる。

　口対口人工呼吸の実施は，気道を開いたままで行うのがコツである。前述の図5
-5のように気道確保をした位置で，救助者が口を大きく開けて傷病者の唇の周り
を覆うようにかぶせ，約1秒かけて，胸の上がりが見える程度の量の息を吹き込む
（**図5-6**）。このとき，傷病者の鼻をつまんで，息がもれ出さないようにする。

　1回目の人工呼吸によって胸の上がりが確認できなかった場合は，気道確保をや
り直してから2回目の人工呼吸を試みる。2回目が終わったら（それぞれで胸の上
がりが確認できた場合も，できなかった場合も），それ以上は人工呼吸を行わず，

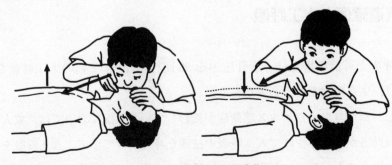

図5-6　口対口人工呼吸

直ちに胸骨圧迫を開始すべきである。人工呼吸のために胸骨圧迫を中断する時間は，10秒以上にならないようにする。

　この方法では，呼気の呼出を介助する必要はなく，息を吹き込みさえすれば，呼気の呼出は胸の弾力により自然に行われる。

　なお，口対口人工呼吸を行う際には，病原体による感染のリスクが低い場合でもゼロではないので，できれば感染防護具（一方向弁付き呼気吹き込み用具など）を使用することが望ましい。

5　心肺蘇生中の胸骨圧迫と人工呼吸

　胸骨圧迫30回と人工呼吸2回を1サイクルとして，**図5-7**のように絶え間なく実施する。このサイクルを，救急隊が到着するまで，あるいはAEDが到着して傷病者の体に装着されるまで繰り返す。なお，胸骨圧迫30回は目安の回数であり，回数の正確さにこだわり過ぎる必要はない。

　もし救助者が人工呼吸の実施に躊躇する場合は，人工呼吸を省略し，胸骨圧迫の

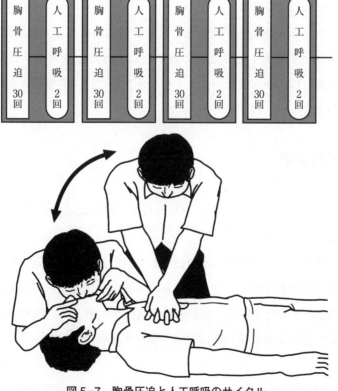

図5-7　胸骨圧迫と人工呼吸のサイクル

みを行うシンプルな蘇生法を行ってもよい。

　この胸骨圧迫と人工呼吸のサイクルは，可能な限り2名以上で実施することが望ましいが，ひとりしか救助者がいないときでも実施可能であり，ひとりで行えるよう普段から訓練をしておくことが望まれる。

　なお，胸骨圧迫は予想以上に労力を要する作業であるため，長時間ひとりで実施すると自然と圧迫が弱くなりがちになる。救助者が2名以上であれば，胸骨圧迫を実施している人が疲れを感じていない場合でも，約1〜2分を目安に他の救助者に交替する。その場合，交代による中断時間をできるだけ短くすることが大切になる。

6　心肺蘇生の効果と中止のタイミング

　傷病者がうめき声をあげたり，普段どおりの息をし始めたり，もしくは何らかの応答や目的のある仕草（例えば，嫌がるなどの体動）が認められるまで，あきらめずに心肺蘇生を続ける。救急隊員などが到着しても，心肺蘇生を中断することなく指示に従う。

　普段どおりの呼吸や目的のある仕草が現れれば，心肺蘇生を中止して，観察を続けながら救急隊の到着を待つ。

　新型コロナウイルス感染症が流行している状況においては，救急隊の到着後に，傷病者を救急隊に引き継いだあとは，速やかに石けんと流水で手と顔を十分に洗う。傷病者の鼻と口にかぶせたハンカチやタオルなどは，直接触れないようにして廃棄するのが望ましい。

7　AED の使用

　「普段どおりの息（正常な呼吸）」がなければ，直ちに心肺蘇生を開始し，AEDが到着すれば速やかに使用する。

　AED は，心停止に対する緊急の治療法として行われる電気的除細動（電気ショック）を，一般市民でも簡便かつ安全に実施できるように開発・実用化されたものである。この AED を装着すると，自動的に心電図を解析して，除細動の必要の有無を判別し，除細動が必要な場合には電気ショックを音声メッセージで指示する仕組みとなっている。

　なお，AED を使用する場合も，AED による心電図解析や電気ショックなど，や

図5-8　AED専用ボックスの例

むを得ない場合を除いて，胸骨圧迫など心肺蘇生をできるだけ絶え間なく続けることが重要である。

　AEDの使用手順は以下のようになる。

（1）　AEDの準備

　AEDを設置してある場所では，目立つようにAEDマークが貼られた専用ボックス（**図5-8**）の中に置かれていることもある。ボックスを開けると警告ブザーが鳴るが，ブザーは鳴らしっぱなしでよいので，かまわず取り出し，傷病者の元へ運んで，傷病者の頭の近くに置く。

（2）　電源を入れる

　AEDの蓋を開け，電源ボタンを押して電源を入れる。機種によっては蓋を開けるだけで電源が入るものもある。電源を入れたら，以降は音声メッセージと点滅ランプに従って操作する。

（3）　電極パッドを貼り付ける

　まず傷病者の胸をはだけさせ（ボタンやフック等が外せない場合は，服を切り取

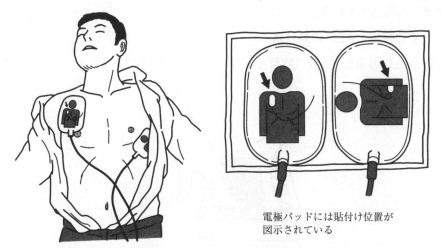

電極パッドには貼付け位置が
図示されている

図5-9　電極パッドの貼付け

る必要がある），肌が濡れている場合は水分を拭き取り，シップ薬等ははがしてよく拭く。次にAEDに入っている電極パッドを取り出し，1枚を胸の右上（鎖骨の下で胸骨の右），もう1枚を胸の左下（脇の下から5～8cm下，乳頭の斜め下）に，空気が入らないよう肌に密着させて貼り付ける（**図5-9**）。

　機種によってはこの後，ケーブルをAED本体の差込口に接続する必要があるものもあるので，音声メッセージに従う。

（4）　心電図の解析

　「体から離れてください」との音声メッセージが流れ，自動的に心電図の解析が始まる。この際，誰かが傷病者に触れていると解析がうまくいかないことがあるので，周囲の人にも離れるよう伝える。

（5）　電気ショックと心肺蘇生の再開

　AEDが心電図を自動解析し，電気ショックが必要な場合には「ショックが必要です」などの音声メッセージが流れ，充電が開始される。ここで改めて，傷病者に触れている人がいないかを確認する。充電が完了すると，連続音やショックボタンの点灯とともに，電気ショックを行うようメッセージが流れるので，ショックボタンを押し電気ショックを行う（**図5-10**）。このとき，傷病者には電極パッドを通じて強い電気が流れ，身体が一瞬ビクッと突っ張る。

　電気ショックの後は，メッセージに従い，すぐに胸骨圧迫を開始して心肺蘇生を続ける。

　なお，心電図の自動解析の結果，「ショックは不要です」などのメッセージが流れた場合には，すぐに胸骨圧迫を再開し心肺蘇生を続ける。

　いずれの場合であっても，電極パッドはそのままはがさず，AEDの電源も入れたまま，心肺蘇生を行う。

（6）　心肺蘇生とAEDの繰り返し

　心肺蘇生を再開後，2分（胸骨圧迫30回と人工呼吸2回の組み合わせを5サイ

図5-10　ショックボタンを押す

クルほど）経過すると，AEDが音声メッセージとともに心電図の解析を開始するので，(4) と (5) の手順を実施する。

以後，救急隊が到着して引き継ぐまで，あきらめずに (4)～(6) の手順を繰り返す。

なお，傷病者が（嫌がって）動き出すなどした場合には，先に述べた手順で救急隊を待つが，その場合でも電極パッドははがさず，AEDの電源も入れたままにして，再度の心肺停止が起こった際にすぐに対応できるよう備えておく。

8　気道異物の除去

気道に異物が詰まるなどにより窒息すると，死に至ることも少なくない。傷病者が強い咳ができる場合には，咳により異物が排出される場合もあるので注意深く見守る。しかし，咳ができない場合や，咳が弱くなってきた場合は窒息と判断し，迅速に119番に通報するとともに，以下のような処置をとる。

（1）　反応がある場合

傷病者に反応（何らかの応答や目的のある仕草）がある場合には，まず腹部突き上げ（妊婦および高度の肥満者，乳児には行わない）と背部叩打による異物除去を試みる。この際，状況に応じてやりやすい方を実施するが，1つの方法を数度繰り返しても効果がなければ，もう1つの方法に切り替える。異物がとれるか，反応がなくなるまで2つの方法を数度ずつ繰り返し実施する。

　①　腹部突き上げ法

傷病者の後ろから，ウエスト付近に両手を回し，片方の手でへその位置を確認する。もう一方の手で握りこぶしを作り，親指側をへその上方，みぞおちの下方

図5-11　腹部突き上げ法

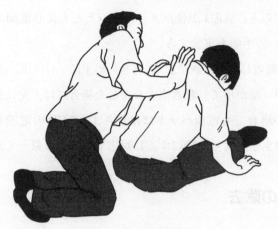

図5-12　背部叩打法

の位置に当て，へそを確認したほうの手を握りこぶしにかぶせて組んで，すばや
く手前上方に向かって圧迫するように突き上げる（図5-11）。

　この方法は，傷病者の内臓を傷めるおそれがあるので，異物除去後は救急隊に
伝えるか，医師の診察を必ず受けさせる。また，妊婦や高度の肥満者，乳児には
行わない。

② 背部叩打法

　傷病者の後ろから，左右の肩甲骨の中間を，手掌基部で強く何度も連続して叩
く（図5-12）。妊婦や高度の肥満者，乳児には，この方法のみを用いる。

（2）反応がなくなった場合

　反応がなくなった場合は，3〜7の心肺蘇生を開始する。

　途中で異物が見えた場合には，異物を気道の奥に逆に進めないように注意しなが
ら取り除く。ただし，見えないのに指で探ったり，異物を探すために心肺蘇生を中
断してはならない。

9　硫化水素中毒における注意点

　硫化水素は有害な化学物質であり，酸素欠乏症とは異なる対応が求められる点が
ある。注意点を以下に記す。

（1）除染

　硫化水素中毒の場合には除染が必要となることがある。硫化水素を含む汚水等で
汚染された衣服は周囲の汚染の原因となるので脱がせる。また，直ちに眼，皮膚を
洗浄する（ガスにばく露されたのみで，眼や皮膚の炎症がなければ洗浄の必要はな

い）。なお，被災者は毛布などでくるみ保温に心がける。

　①　眼の洗浄

　　眼は大量の微温湯（なければ流水で可）で 15 分以上洗浄する。

　②　皮膚の洗浄

　　皮膚は石けんと大量の流水で洗浄する。

（2）一次救命措置

　硫化水素の場合には，口対口人工呼吸は避けるべきとされている。

【引用・参考文献】
・日本救急医療財団心肺蘇生法委員会監修『改訂 5 版　救急蘇生法の指針 2015（市民用）』へるす出版，2016 年
・同『改訂 5 版　救急蘇生法の指針 2015（市民用・解説編）』へるす出版，2016 年
・厚生労働省「新型コロナウイルス感染症の流行を踏まえた市民による救急蘇生法について（指針）」2020 年 5 月 21 日
・（公財）日本中毒情報センター　https://www.j-poison-ic.or.jp/
・Medical Management Guidelines for Hydrogen Sulfide (H$_2$S)（ATSDR）

《参考資料》

1　避難用ロープの使い方

　酸素欠乏症等防止規則第 15 条に避難用具等として繊維ロープ等，非常の場合に労働者を避難させ，または救出するため必要な用具の備付けが義務付けられているが，その利用法がわからなければ何にもならない。傷病者を引き上げたり，ある場合には生存者を救出するためにロープを使用する場合がある。

　ロープの結び方には多種多様あるが，すぐ役に立つもの，これだけは作業者として知っておいてもらいたい方法をあげておく。

（1）もやい結び

　もやい結びは，ロープの太さにかかわらず結びやすく，ほどきやすい結び方であり，安全確実な方法で，活用する面が非常に多い（**図 5-13**）。

（2）腰かけ結び

　この結び方は，2 つの輪をつくって，腰と脇腹とにかけてつくり上げるときなどに使う（**図 5-14**）。

(a)

(b)

(c)

ロープの末端イ
を長い方のロー
プの上に重ね，
イを下の輪の中
に通してそのま
ま上方に引き上
げる。

末端イをロの後
ろ側から左に回
し，小さな輪の
中にイを通す。

イとロを引っ
張って締めれば
結びあがり。

図5-13　もやい結びの手順

(a)
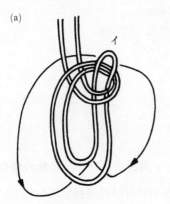

(b)
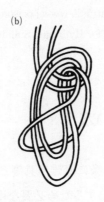

(c)

小さな輪を作りイを輪
の中に通す。

輪イを下に折り下の輪
をくぐらす。

輪をととのえながら
引っ張り結びあがり。

図5-14　腰かけ結び

（3）　節結び

　1本のロープに数個またはそれ以上の止め結びを連続して作り，火災，地震時の
避難用ロープのストッパーとし，手のひらの摩擦熱による熱傷防止や登坂の手がか
りとする場合に用いる（図5-15）。

2　保温法

　保温は原則として人工的な熱を加えないこと。

　毛布を利用して保温する場合は下に厚く（3枚くらい）上に薄く（2枚くらい）

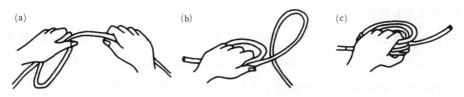

(a) 左手でロープの一方の端末を手前に向けて持ち，右手でロープに1回輪を作って左手に持つ。

(b) 右手でロープが内側になるよう輪を作って左手の甲に乗せ，これを最初に持っている輪といっしょにつかむ。

(c) この輪を必要とする数だけ作る。

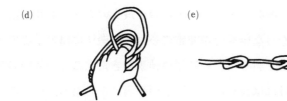

(d) ロープの最後の末端を右手で持ち，左手甲の方から全部の輪の中に通す。

(e) 通したロープを引っ張って一節ずつ抜きとる。

図5-15　節　結　び

使用すること。また毛布等がない場合は，新聞紙やダンボール等をできるだけ厚く敷き，上の方はコートや作業衣等をかけ，本人の持っている自然の体温を保つようにする。ただし，寒い日，溺水者等には湯タンポを入れて加温する。湯タンポを入れる場合には，頬または肘に1分間くらい当てておけるくらいの温度のものを布に包んで，できるだけ股より下の方に入れる。なお，毛布で保温する方法としては半折法，左右重ね折り法等がある。

（1）　半折法

　傷病者の身体に近い方の毛布半分を**図5-16**のように縦に重ねて折り，傷病者の頭と毛布との端をそろえ，傷病者の手は腹の上におき，救助者は毛布と反対側の傷病者の横に両膝をつき，傷病者の身体を手前に引き起こし膝で支え，毛布を傷病者の身体に引き寄せ，もとに戻し，身体の下の毛布を引き出して広げ身体を包む。

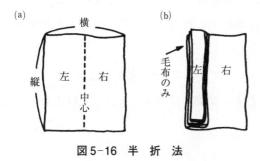

図5-16　半　折　法

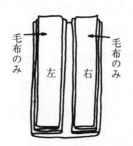

図5-17　左右重ね折り法

（2）　左右重ね折り法

　毛布の中心部を押さえておいて，左右両方を中心部に近い方から折り重ね，最後に両端が最上部にくるように折っていく。この左右重ね折り法は，人工呼吸（用手式人工呼吸法）実施中に毛布で保温する方法として利用する（**図5-17**）。

3　運　搬　法

　傷病者を発見した場合は，医師を現場に迎えるのが最良の方法であり原則であるが，傷病者を運ばなければならない場合が非常に多い。運搬法は傷の手当てと同様に非常に重要であり，運搬法を誤ったために悪い結果をきたすことが多いので，常に正しい運搬法を習得しなければならない。正しい手当てをしたら，むしろ時間をかけ，ゆっくりと動揺を与えないようにして運んだ方が，結果としてよい場合が多い。

　運搬をする場合は，傷病者に対する処置，傷病者の体位，保温，人手と役割等を考えて，一切の資材を集めてから傷病者を運ぶ準備をする。

　一般的な担架搬送法は次のとおりである。

(1)　原則的取扱法として4人の人と2本の三角巾を必要とする。

(2)　傷病者の両手，両足を結束する。

　①　傷病者の胸に，たたみ三角巾，または手拭，ひも等を縦におき，傷病者の両手をその上に交差して結ぶ（**図5-18**）。

　②　たたみ三角巾を足首の下に通し**図5-19**の方法で結束する。

(3)　3人が傷病者の同一側に並んで，できるだけ傷病者に接近して，片方の膝を立て，片方の膝を曲げて腰を降ろす。この場合，膝は同じ方の膝を立て，他の1人は向かい側に位置し，同一側の3人の救助者は傷病者の身体の下に手を入れ，3人の立て膝の上に傷病者をおく。その間に向かい側の1人は担架を運び，3人の足もとに担架を置き，3人中頭側の人がリーダーとなり，このリーダーの号令により，4人で傷病者を担架の上に降ろす。担架には必ず毛布を敷き傷病者を保温すること。

(4)　搬送法は**図5-20**によるが，リーダーの号令で前3人は左（右）足から，リーダーは右（左）足から歩きだす。担架を降ろすときは，上げるときの逆の順序をとればよい。

図5-18　両手結束法

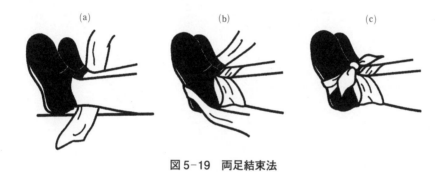

図5-19　両足結束法

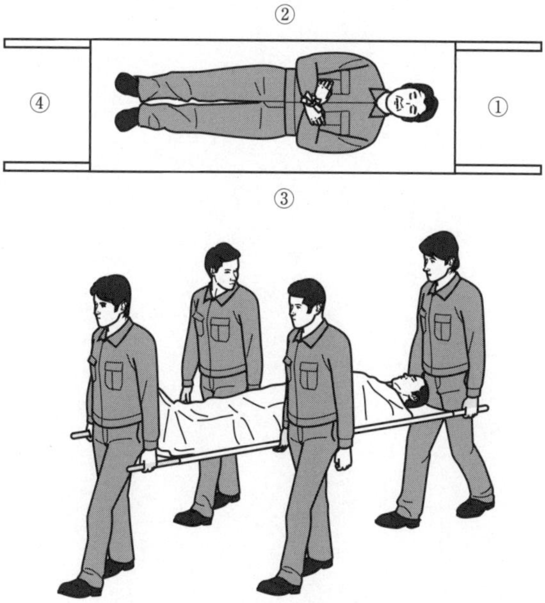

図5-20　担架搬送法

4　医師への依頼

　傷病者を発見したならば，まずは速やかに 119 番または医師に連絡をするとともに一次救命処置を行うことが重要である。酸素欠乏症か硫化水素中毒かで治療が異なるので，救助隊や医師に事故の状況について報告する。救助者は，「傷病者の尊い生命を自分が救うのである」という自覚にたって，いかなる場合でも敏速に，沈着冷静に行動する心構えが大切である。

第 **6** 編

災害事例

⇒この編で学ぶこと

□災害事例をもとに，災害の発生状況，発生原因，同種災害の再発防止
　対策について考察し，自事業場作業での災害を防止するノウハウを得
　る。

第1章 | 酸素欠乏症災害事例

1 化学装置の窒素が封入されている配管内に点検に入った作業者が酸素欠乏症
（機械器具設置工事業：休業 1 名）

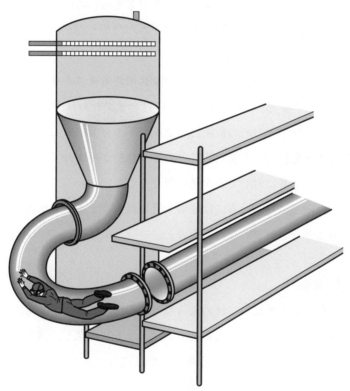

災害発生状況図

1 発生状況

　この化学設備の定期修理工事は X 社が請け負い，その下請けの Y 社が作業を行った。

　工事は EDC（エチレンジクロライド）製造設備の開放検査と循環配管（直径50cm）に短管を取り付けるもので，製造設備の内部は前日に窒素パージ（窒素封入）が行われていた。短管はあらかじめ X 社の工場で製作されたものを，EDC 循環配管に幅 32cm の切込み口を作り，そこにフランジを設けて取り付けることになっていた。

　被災者は循環配管の工事に当たって，先に行った開放検査において循環配管内に工具等の置き忘れやボルト等の残留物がないかを確認するため配管内に入った。

　入るに先立って，循環配管内の切込み口から150cmの箇所の空気を測定して，酸素濃度が18％以上であったので，窒素は放出されていると判断し，ハロゲンガス用防毒マスクとゴーグルを着用し循環配管内に這うようにして入った。3分ほど経過した頃，配管内で気を失い倒れた。

2　原因

　この災害の原因としては，次のようなことが考えられる。

(1)　配管内の酸素濃度測定の手順が不適切であったこと。

(2)　酸素濃度が低下している配管の内部に立ち入ったこと。

(3)　送気マスクを使用しないで，ハロゲンガス用防毒マスクを使用したこと。

(4)　装置内残留物の確認作業について事前の打合せが行われていなかったこと。

(5)　酸素欠乏危険作業としての危険性の認識が不十分であったこと。

(6)　発注者と作業を担当した請負業者との連絡体制が不十分であったこと。

(7)　発注者が請負業者に対して安全衛生指導をしていなかったこと。

(8)　化学設備の内部に立ち入るには酸素欠乏危険作業が予想されるのにもかかわらず，その準備がなされていなかったこと。

3　再発防止対策

　同種災害の防止のためには，次のような対策の徹底が必要である。

(1)　窒素パージした配管内部に入るときには，十分に換気し，酸素濃度測定をして安全を確認するとともに，空気呼吸器または送気マスクを装着して作業を行い，監視人を配置すること。

(2)　適切な作業手順を策定し，これによって作業すること。

(3)　マニュアル類を整備し，手抜作業等の不安全行動をしないように指導監督すること。

(4)　残留物はファイバースコープ等を用いて外部から確認できるようにすること。

(5)　工具類，取り外した部品のリストを作成し，配管の外で残留物の有無を確認すること。

(6)　親企業は下請け業者の作業方法について審査する等の統括管理を徹底すること。

(7)　安全衛生管理体制を充実すること。

(8)　安全衛生教育を徹底すること。

2　液体窒素が噴出している保冷車の冷凍庫に入り荷降ろし作業中の酸素欠乏症

（運輸交通業：休業1名）

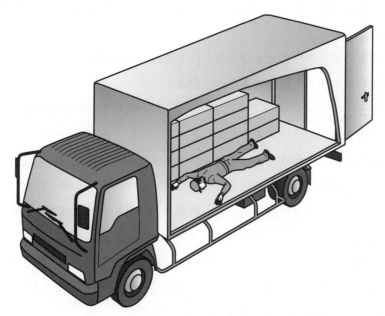

災害発生状況図

1　発生状況

　保冷車に積載されている冷凍装置は，液化窒素式低温輸送装置であり，トラックシャーシーの下に取り付けられた液体窒素容器の中に液体窒素が充てんされ，容器に取り付けられた電磁弁を経て，冷凍庫内天井部に取り付けられたスプレーヘッダーから液体窒素が噴出して冷凍庫内を冷凍するものである。この冷凍装置の作動および停止の操作は，運転席に取り付けられている温度コントローラーにより行われていた。冷凍庫には，冷凍庫内に噴出された液体窒素を外部へ排出する装置はなく，噴出された窒素は冷凍庫の扉を5分程度開け放して排出していた。

　災害が発生した日の早朝，被災者が出勤したところ，納品予定の冷凍食品を積み込んだ保冷車が到着しており，運転者はエンジンをかけたまま運転席で仮眠をとっていた。そこで，被災者は，いつものように扉近くにある荷を降ろそうとして，液体窒素が噴出されている状態の冷凍庫の扉を開けて，1.5mの高さをはい上り，冷

凍庫内にある冷凍食品を荷降ろししている間に，冷凍庫内に充満していた窒素ガスを吸入して酸素欠乏症となった。

2　原因

　この災害の原因としては，次のようなことが考えられる。

(1)　液体窒素が噴出されている冷凍庫内に入ったため，酸素欠乏空気を吸入してしまったこと。

(2)　液体窒素の噴出の作動および停止を行う運転者が仮眠中であったため，液体窒素の噴出を停止することができなかったこと。

(3)　常日頃から，冷凍庫の扉近くにある荷を降ろす作業を繰り返し行っていたため，酸素欠乏の危険性に対する意識が希薄になっていたこと。

(4)　適切な作業指示を行うために必要な酸素欠乏危険作業主任者が選任されていなかったこと，保冷車からの荷降ろし作業に関するマニュアル類が作成されていなかったことなどにより，保冷車からの荷降ろし作業が従業者個々の判断で行われていたこと。

(5)　日頃行われている作業方法についての安全性の検討を行うための管理体制が不十分であったことから，繰り返されていた不安全行動が見過ごされていたため，危険に対する感覚が薄れてしまったこと。

3　再発防止対策

　同種災害の防止のためには，次のような対策の徹底が必要である。

(1)　冷凍庫内に入るときは，液体窒素の噴出を停止し，扉を開けて庫内に充満した窒素ガスを排出し，庫内の酸素濃度が18%以上になったことを確認した後に冷凍庫内に入ること。

(2)　冷凍庫については，次の改善を検討する必要があると考えられる。

　①　冷凍庫内には，冷凍庫内に充満している窒素ガスを排出するための換気装置を設けること。

　②　冷凍庫の扉を開けたときに，液体窒素の噴出を停止し，換気装置が作動する機構を設けること。

(3)　窒素などの不活性ガスを使用する冷凍庫内に入るときは，酸素欠乏危険作業主任者を選任し，その者に作業方法の決定など冷凍庫内で酸素欠乏空気を吸入しないように適切に作業が行われるよう作業を直接指揮させること。

⑷　従業者に対して，酸素欠乏症の危険性およびその防止対策についての教育を実施すること。

⑸　作業の安全性を検討する体制を確立し，危険作業についてのマニュアル類を整備すること。

3　溶接作業中に発生した酸素欠乏症
（金属製品製造業：死亡1名）

災害発生状況図

1　発生状況

　この作業には，溶接工である被災者をはじめ，パイプの取付け工2名，仕上げ工3名，電気計装工2名の合計8名が従事しており，被災者は潤滑油貯蔵タンクに通じるパイプの溶接作業を指示されて，ひとりで溶接作業に従事していた。通常パイプとパイプを溶接する場合にはパイプ内に酸化を防止するためにアルゴンガスを流して，パイプの外からティグ溶接（アルゴンガス使用）をすることになっていた。

　災害発生当日，被災者は，午前9時45分頃から，潤滑油貯蔵タンクに取り付けるパイプの接合部の溶接作業を始めた。

　被災者は2インチのパイプを3カ所，4インチのパイプを1カ所溶接し，次に4インチのパイプを2カ所溶接しようとし，その前に何らかの理由でタンク内に入ったところ，すでにタンクの中に充満していたアルゴンガスにより酸素欠乏症になり死亡した。

　昼食時になっても被災者が食堂に現れないので，上司が捜したところ，タンク内で倒れている被災者を発見した。

2　原因

　この災害の原因としては，次のようなことが考えられる。

(1)　パイプの溶接をするときは，酸化防止のためパイプ内をアルゴンガスで置換をする。本来の作業手順では，タンクの頂部のフランジ部分を外し，アルゴンガスを流した後，端を粘着テープで閉止し，パイプ内をアルゴンガスで置換するものであったが，被災者は，フランジを外す手間を省くため，アルゴンガスを流しながらタンク内のパイプの端を粘着テープで閉止しようとし，すでに酸素欠乏状態となっていたタンク内に入ったこと。

(2)　被災者が従事していた溶接作業は単独作業であり，作業手順が適切に守られているかを誰も確認していなかったこと。

3　再発防止対策

　同種災害の防止のためには，次のような対策の徹底が必要である。

(1)　タンク等に通じるパイプの内部を不活性ガスで置換する場合は，タンク内部への不活性ガスの漏えいを防止するため，閉止板を施す等の措置を講ずること。

(2)　酸素欠乏災害等を防止するために作業手順を作成し，関係作業者に対して十分な教育を行うこと。

(3)　複数の職種の作業者が混在して作業を行う場合は，責任者を定め，作業手順に従って作業が行われているか確認を行うこと。

4　飲料製造工程のタンク内で攪拌機の交換作業中に作業者が酸素欠乏症
（飲料製造業：休業1名）

災害発生状況図

1　発生状況

　災害発生当日，被災者は、製造ライン責任者の指示により飲料攪拌用タンク内の攪拌機[かくはん]の羽根を取り外す作業を開始した。このタンク内の空気は飲料の酸化を防ぐために通常は窒素で置換されており，作業直前まで窒素がタンク内に充満していた。

　被災者は最初にタンク内の飲料がすべて充てん工程に送液され，空になったことを確認したあと，タンク内部に入る準備として，タンク上部のマンホール，下部ドレン管，サンプリングコック等を開放し，タンクの内壁面をタンク外部のマンホールからホースによって水洗浄した。通常，洗浄の際に用いられている換気装置は作業の時間短縮のため，使用せず，酸素濃度の測定も行わなかった。

　その後，被災者はタンク内部に降りたが，タンク底部に降り立った直後に気分が悪くなり，すぐに脱出を試みたが，意識がなくなりその場に昏倒した。タンク外でこれを見た別の作業者が，救助を求めるとともに送風機を用いてタンク内部に送風した。被災者は到着した救急隊に救出され病院で低酸素症と診断された。

2　原因

　この災害の原因としては，次のようなことが考えられる。

(1)　作業手順書がなく，作業を行うに当たり関係者間の指示，打ち合わせ等が不十分であったこと（災害の発生した作業は当日になって突然製造ライン責任者から指示を受けた臨時の作業であり，特に作業手順について細かい指示等はなかった）。

(2)　工程の時間短縮のため，十分な換気を行わなかったこと。被災者はマンホール等を開放し，外部から水洗浄を行ったことにより十分にタンク内の換気がなされたものと思い，換気装置による換気を行わなかった。

(3)　酸素欠乏のおそれがあるのに，酸素濃度の確認等を行わなかったこと。このタンクは通常は内部を窒素で置換しているので，酸素欠乏のおそれのある場所である。作業を開始するに当たり，タンク内に酸素測定装置があったが酸素濃度を測定せず，安全確認をしなかった。

(4)　タンク内の作業に当たって酸素欠乏危険作業主任者を選任し，現場での作業指揮を行わせなかったこと。タンク内は通常，窒素で置換されており，タンク内の作業では酸素欠乏危険作業主任者を選任し，現場において作業の指揮を行わせる必要があった。しかし，災害が発生した工程には酸素欠乏危険作業主任者技能講習修了者はいなかった。

(5)　酸素欠乏作業を行う作業者に特別教育を行っていなかったこと。災害の発生した事業所では作業者に対する特別教育は行われておらず，また，事業者も酸素欠乏危険作業に対する認識はなかった。

3　再発防止対策

　同種災害の防止のためには，次のような対策の徹底が必要である。

(1)　タンク内等，酸素欠乏危険場所で作業を行う場合には，酸素欠乏危険作業主任者技能講習修了者の中から酸素欠乏危険作業主任者を選任し，現場での作業の指揮を行わせること。

(2)　タンク内等，酸素欠乏危険場所で作業を行う場合には，作業に従事する作業者が被災しないように，作業手順書を作成し，その内容を作業者に対し周知徹底すること。

(3)　タンク内等，酸素欠乏の危険がある場合には，作業前に送風機等で十分にタンク内の換気を行うとともに，作業中も送風機等で継続的に外気を導入すること。

(4)　タンク内等，酸素欠乏のおそれのある場所で作業を行う場合には，作業を開始する前にタンク内の酸素濃度の測定を実施し，安全を確認すること。

(5)　タンク内等，酸素欠乏危険場所で作業を行う作業者には事前に酸素欠乏危険作業の危険性等に関する特別教育を実施し，関連する作業手順書についても併せて周知徹底すること。

(6)　酸素欠乏危険作業に作業者を従事させるときは，監視人を配置し，常時，作業の状況を監視して，異常の早期把握に努めるとともに，異常時の救急体制を確立しておくこと。

5　製造中のボイラー復水ろ過器内で酸素欠乏症
（一般機械器具製造業：死亡1名）

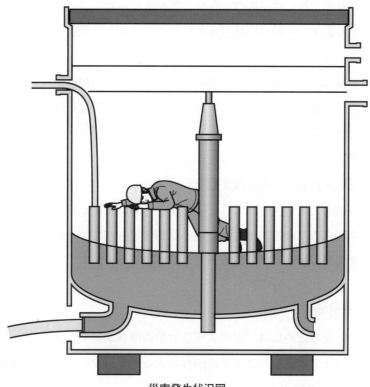

災害発生状況図

1　発生状況

　災害発生当日は，午前中に製造途中の復水ろ過器について製造状態の検査・測定が実施された。その後中皿（チューブシート）の中央部をジャッキで押し下げるなどの調整作業が行われた。

　午後1時，作業者AとBが復水ろ過器下底鏡板のドレンを溶接する作業を開始した。この溶接では溶接部が酸化しないように空間部に不活性ガスのアルゴンを充てんしてアーク溶接の一種であるティグ溶接・マグ溶接で行うため，二重底空間部はアルゴンガスが充てんされていた。午後3時50分頃予定の溶接作業を終了した。

　作業者Aは，下底鏡板のドレンノズルを溶接する作業を終え，溶接中に二重底空間部に注入していたアルゴンガスの配管ホースを取り除くため，タンクの内部に入ったが，酸素欠乏空気を吸い込み酸素欠乏症で死亡した。

　作業者 B が他の 2 名の作業者とともに，復水ろ過器の移動のため，足場解体を行っているときに復水ろ過器の内部中皿上で倒れている作業者 A を発見した。

2　原因

　この災害の原因としては，次のようなことが考えられる。

(1)　製造途中の復水ろ過器の内部中皿上にアルゴンガスに置換した酸素欠乏の空気が溜まっていたこと。

(2)　復水ろ過器の内部中皿上にて，アルゴンガス注入用の配管ホースを取り外す作業を行う際に，復水ろ過器内部の空気中の酸素濃度を測定しなかったこと。

(3)　空気中の酸素濃度を 18% 以上に保つよう換気をしなかったこと。

(4)　空気呼吸器等を使用させなかったこと。

(5)　酸素欠乏危険作業主任者を選任しなかったこと。

　　このため酸素欠乏空気を吸入しないような作業の方法を指示していなかった。

(6)　酸欠危険防止のための具体的な作業手順が策定されていなかったこと。

(7)　安全衛生管理体制が不備であったこと。

3　再発防止対策

　同種災害の防止のためには，次のような対策の徹底が必要である。

(1)　アルゴンガスで置換したタンクの内部に入るときはタンク内部の空気中の酸素濃度を 18% 以上に保つよう換気すること。

(2)　作業中は換気を継続すること。

(3)　作業の性質上，換気できないときは呼吸用保護具を着用して作業すること。

(4)　作業に当たってはタンク内の酸素濃度を測定すること。

(5)　作業に当たっては，酸素欠乏危険作業主任者を選任し酸素欠乏症等防止規則に定められた職務を実行させること。

(6)　安全衛生管理体制を確立し，安全衛生管理を徹底すること。

(7)　作業場所には換気装置，酸素濃度測定器具，呼吸用保護具を備えておくこと。

(8)　具体的な作業手順を策定すること。

(9)　作業者に対して酸素欠乏危険防止のための特別教育を徹底すること。

6　エアラインマスクのエアラインを空気配管に接続すべきところを，誤って別の配管（アルゴンガス）に接続したことによる酸素欠乏症

（化学工業：休業 1 名）

災害発生状況図

　原材料を入れてあるタンク内から，原材料を取り出す作業に従事するため，エアラインマスクを装着し，当該エアラインマスクのホースを誤ってアルゴンガスの配管に接続した結果，当該アルゴンガスを吸入し，酸素欠乏状態により，被災した。

　この災害の原因としては，次のようなことが考えられる。

(1)　配管の区別が不十分であったこと。

(2)　安全衛生教育が不十分であったこと。

(3)　作業手順が不徹底であったこと。

3　再発防止対策

　同種災害の防止のためには，次のような対策の徹底が必要である。

(1)　配管の区別を明確にすること。

(2)　作業手順を整備すること。

(3)　配管設備の情報を作業者に十分周知させるなどの措置を講じること。

7　建設中のマンションの地下ピットに入り酸素欠乏症となる
（その他の建築工事業：休業2名）

災害発生状況図

1　発生状況

　この災害は，大型マンションのバイク置場となる地下ピットの型枠解体作業中に発生したものである。

　被災者の所属する会社は，コンクリートのはつり，型枠の解体を業としており，この建設工事では型枠解体の作業があるときだけ現場に入っていた。

　災害発生当日は，コンクリートを打設した後，約4カ月間放置してあったバイク置場となるピットの型枠を解体することになり，朝から5名が作業に着手した。

　このピット（ダメ穴）は，雨水が入ることを防ぐためスラブ型枠材で密閉してあったので，まずピットに入るためダメ穴部の鉄筋を切断して曲げ，次いでベニヤ板を鉄パイプで突き破りピット内を投光器で照らして中に入った。

　次いで，ピット外に居た作業者Bがピット内に入った作業者Aに投光器を渡そうと投光器を中に入れたが，受け取ろうとしないのでおかしいと思いピット内をのぞいたところ，作業者Aが壁に寄りかかるように倒れていた。

　これを見た作業者Bは，ピット内に水が溜まっており，作業には電動サンダー等を使用することから漏電で感電したと思い，他のピットにポンプを入れる準備を

していた別の作業者に，電源を切り，また作業者Aを救出するため他の作業者を呼ぶように依頼した。

　そして，作業者Bは，作業者Aを救出するためピット内に入ったが自分もピット内で意識を失って倒れた。その後，2名は救出されて病院に移送されたが，低酸素脳症のため作業者Aは2カ月，作業者Bは1日の休業となった。

2 原因

　この災害は大型マンションのバイク置場となる地下ピットの型枠解体作業中に発生したものであるが，その災害の原因としては，次のようなことが考えられる。

(1)　ピット内が酸素欠乏危険場所になっていたこと

　ピットは4カ月にわたり密閉され，しかも雨水が滞留していたため酸素欠乏危険場所となっていた。なお，消防署員が被災者らを救出後，ピット内の酸素濃度を測定したところ12.9%であった。

(2)　酸素欠乏危険について認識がなかったこと

　被災した2名の作業者は，作業のためにピットに入る前に酸素濃度の測定をせず，また，ピット内の換気も行わないままピット内での作業および救助を行った。

(3)　安全衛生管理が不十分であったこと

　この建築工事は，大規模でかなり長期間にわたって実施されていて災害が発生した地下ピットのようにコンクリートを打設したのち密閉した状態で放置している場所もあったのに，元方事業者をはじめとして酸素欠乏危険のおそれがあることを誰も意識していなかった。

　そのため，密閉されていたピット内での作業に先立って酸素濃度の測定や換気等を実施していなかった。

3 再発防止対策

　同種災害の防止のためには，次のような対策の徹底が必要である。

(1)　作業開始前に酸素濃度等を測定すること

　長期間密閉しているピット内の雨水等が滞留している箇所で作業を行う場合には，その日の作業開始前に酸素濃度，二酸化炭素濃度，硫化水素濃度等を測定し，作業箇所の安全を充分に確認したうえで作業を指示する。

(2)　換気を十分に行うこと

　酸素欠乏危険場所で作業を行わせる場合には，作業場所の酸素濃度を18%以

上（硫化水素の発生がある場合には 10ppm 以下）に保つよう十分に換気する。

(3)　作業主任者を選任して次の職務を履行させること

①　作業の方法を決定し，労働者を指揮すること。

②　作業開始前，再び作業を開始する前に酸素濃度を測定すること。

③　測定器具，換気装置，空気呼吸器等を点検すること。

④　空気呼吸器等の使用状況を監視すること。

(4)　酸素欠乏危険について教育を実施すること

　　労働者に対しては，あらかじめ酸素欠乏症等の危険およびその防止対策について特別教育を実施する。

(5)　安全衛生管理を行うこと

　　事業者および特定元方事業者は，酸素欠乏等の危険の有無についてあらかじめ検討を行うとともに，その防止対策，教育実施等について十分に安全衛生管理を実施する。

8　下水道のマンホール内で酸素欠乏症，救助者も酸素欠乏症
（上下水道工事業：死亡2名，休業1名）

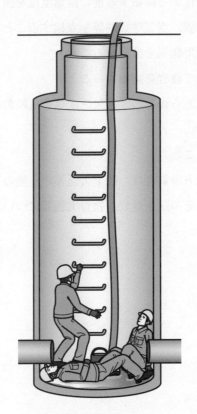

災害発生状況図

1　発生状況

　この災害は，下水道築造工事でマンホール内の排水ポンプを引き上げる作業中に
発生したものである。

　発生当日，下水道築造工事で雨水管取替え作業を行っていたが，排水ポンプが1
台では間に合わないので1台を増設することになり，工事がほぼ終わった他のマン
ホール内の排水ポンプを利用することになった。

　そのため，作業責任者と1名の作業者が，マンホールのふたを開け，タラップか
ら中に入って行った。

　しばらくして，資材小屋に向かった同僚が，マンホールの中をのぞいたところ，
2名が倒れているのを発見し，他の作業者に知らせ，駆け付けた作業者の1名が救
助のためマンホールに入り声をかけたが，応答せず，その直後にこの作業者もその

場に倒れた。その後3名は，駆け付けた救急隊員に救出され病院に運ばれたが，最初に入った2名は死亡，救助に入った者は低酸素脳症で入院となった。

なお，死亡した2名は，酸素欠乏症と診断された。

2　原因

この災害の原因としては，次のことが考えられる。

(1)　発注者からボーリング調査結果を渡され，泥炭層であることは承知していたが，元方事業者も下請業者も，酸素欠乏の恐れのある場所として認識していなかったこと。

(2)　マンホールに立ち入る前に，内部の酸素濃度の測定および換気を実施していなかったこと。

(3)　作業主任者を選任していなかったこと。

(4)　作業者に対して，酸素欠乏危険場所における作業に関する特別教育や救助訓練を行っていなかったこと。

3　再発防止対策

この災害は，下水道築造工事でマンホール内の排水ポンプを引き上げる作業中に発生したものであるが，同種災害の防止のためには次のような対策の徹底が必要である。

(1)　作業の開始前に，作業場所の地層，酸素欠乏危険の有無等について多くの情報を収集し，適切な安全施工計画をたてること。

(2)　マンホール等への立ち入り前に必ず酸素濃度等の測定を行うこと。また，必要な場合には，強制換気等を行うこと。

(3)　酸素欠乏危険作業主任者を選任して，その指揮監督のもとで作業を行わせること。

(4)　空気呼吸器，墜落制止用器具を備え付けるとともに，教育訓練を通じて適切に使用させること。また，緊急事態が発生した場合の救出用装備，救出方法等について訓練を行うこと。

(5)　元方事業者が統括管理を行うこと。元方事業者は，工事に関する各種の情報やデータを収集し，それに基づく作業計画の作成や作業の遂行について下請事業者およびその労働者を管理・指導すること。

9　プロパンガスメーターの取替え作業中，酸素欠乏症

（各種商品小売業：死亡1名）

災害発生状況図

　この災害は，個人住宅のガスメーター取替え作業中に発生したものである。

　災害は集合プロパンガス供給方式となっている団地の個人住宅の敷地内で発生したが，この住宅のガスメーターは住宅の奥の方に取り付けられているため検針のときに不便であったことから，住宅の持ち主から移設の申し出があり，被災者が1月ほど前に下見を行い，移設場所と移設方法を決定した。

　災害発生当日の午前11時30分頃から，既設の埋設配管がある場所をスコップで深さ1m，広さ0.8m×0.7mの穴を掘り，既設配管を露出させた後，被災者はいったん現場を離れ，午後2時30分頃に戻ってきて移設の作業を再開した。

　手順は，まず新しいメーター取付け用の配管を準備し，続いて穴の中に入って既設の配管（25mmの鋳鉄管）の両側を，ガスの漏れ止めテープを切断面に巻きながら金切鋸で切断し，切断が終了したところで，用意した新しい配管のカップリング切断面に突っ込み，ナットで締め付けるというものであった。

　午後3時頃，住宅の持ち主が作業の様子を見に行ったところ，ガスの臭いがして，被災者が穴の中で掘削面にもたれ掛るようにしてしゃがみ込み，眼を閉じて身体を小刻みに震わせていた。直ちに消防署に連絡し病院に移送したが，翌日に無酸素脳症のため死亡した。

2　原因

　この災害の原因としては，次のようなことが考えられる。

(1)　ガスの供給を止めずに作業を行ったこと

　　このガスメーター移設作業は，集合供給方式を採っている団地内であったため，他の家庭への供給停止を避けるため，また，供給停止に伴う他の家庭への開始時および復旧時の連絡，確認の煩雑さを避けるため，ガスを供給したまま行われた。しかし，狭い掘削穴の中での作業であったため作業に手間取り，また，切断した配管からのガスをテープでは完全には封じることができなかったため，狭い掘削内にプロパンガスが充満し，酸素欠乏状態に至ったものと推定される。

(2)　呼吸用保護具を使用しなかったこと

　　作業を行っていた場所の周囲には物置，塀があって通風が不十分な場所であったのに，強制換気あるいはホースマスクの使用を行っていなかった。なお，会社にはホースマスクの設備が1セット用意されていたが，同種工事で使用された実績はなく，また，会社から使用の指示もしていなかった。

(3)　酸素欠乏危険作業についての教育等を実施していなかったこと

　　被災者は，会社の保安工事課長として作業者を指揮監督する立場にあったが，酸素欠乏危険作業に関する知識はなく，また，会社として酸素欠乏危険作業とその予防に関する教育を実施していなかった。なお，会社には，酸素濃度測定器も備え付けていなかった。

3　再発防止対策

　同種災害の防止のためには，次のような対策の徹底が必要である。

(1)　安全な作業手順を定めること

　　プロパンガスは，気体比重が1.52であることから，穴の中等に漏洩した場合には低いところに滞留し，高濃度になると酸素欠乏症になるので，ガスの供給を行ったまま作業を行うことは避け，ガスの供給を遮断する作業手順を定め，関係作業者に徹底する。また，ガスの一時遮断による作業を原則とし，周囲の住宅に

対する連絡，確認要領についても明確に定め徹底する。

(2)　空気呼吸器等の準備と使用を徹底すること

　　酸素欠乏危険等のある作業については，空気中の酸素濃度が18%以上になる
ように強制換気するとともに，必要に応じホースマスク等の空気呼吸器を使用さ
せる。そのため，酸素濃度測定器，強制換気装置，空気呼吸器等を必要数準備
し，保守管理を行うとともに，関係作業者に使用方法を教育する。

(3)　酸素欠乏危険に関する教育を実施すること

　　プロパンガスは，爆発危険のほか酸素欠乏危険があるので，メーターの取り付
け・移設作業等に従事する作業員に対して，あらかじめ爆発危険および酸素欠乏
危険とその防止策について十分な教育を実施する。

(4)　安全衛生管理を十分に行うこと

　　(1)～(3)を適切に行うためにも，事業者は，受注した作業に関する危険有害性を
あらかじめ検討する体制を整備すること。また，作業開始前の危険予知活動の導
入の検討，責任者による作業現場の巡視などを行うこと。

第**2**章 硫化水素中毒災害事例

1　タンク内の清掃時における硫化水素中毒
（紙・パルプ製造業：休業1名）安衛令別表第6第9号該当

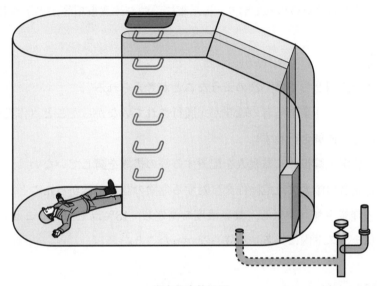

災害発生状況図

1　発生状況

　当該工場は3基の 抄 紙機を使用し，白板紙を製造している。

　白板紙は，4種類の原料で構成され，表層，表下層，中層，裏層からなっている。

　災害発生当日は，5号抄紙機が定期的な清掃等のため，運転を休止し，マシンチェスト（表下層の紙料（故紙パルプ）を抄紙機へ送る際，紙量を調整するタンク，内容積25㎥）の清掃を行うこととなっていた。

　被災者Aは，現場の班長として，当日の午前は薬品の添加状況などの巡視をはじめ，現場を巡回しながら，各種の点検作業を行っていた。

　午後，Aは作業者に清掃やパッキン等用具替え作業を指示した後，清掃作業のため，ひとりで5号調整用マシンチェスト内に入った。

　同時に，紙料係Bが事故現場近くでスクリーンの清掃を行っていたが，Aが行っ

ている清掃作業の様子を見に行き，チェスト内をのぞいたところ，出入口真下で頭部を南側にして仰向け状態で倒れているAを発見した。Bはブロアーでチェスト内を換気し，酸素濃度を測定して安全を確認した後，Aをロープで引き上げ，急いで救急車を呼んで病院へ運んだ。

　作業開始前の酸素濃度および硫化水素濃度は不明であり，いずれもこれまで測定したことはなかった。酸素欠乏危険作業主任者については3名選任されていたが，作業指揮や，作業環境測定など，作業主任者が行うべき職務を遂行していなかった。Aは酸素欠乏危険作業に係る特別教育を修了していた。

　また，作業手順は定められており，掲示板に手順や注意事項等が掲示されていた。

2　原因

　この災害の原因としては，次のようなことが考えられる。

(1)　酸素欠乏危険作業主任者の職務が，履行されていなかったこと（作業指揮，作業環境測定，換気を行わず）。

(2)　作業の状況を監視し，監視人を配置する等の措置を講じていない。

(3)　関係作業者の酸素欠乏危険作業に対する危険の認識が低かったこと。

(4)　清掃の作業手順（換気し，酸素濃度を測定し，18％以上であることを確認し，その後にチェスト内に入る）を守らなかったこと。

3　再発防止対策

　同種災害の防止のためには，次のような対策の徹底が必要である。

(1)　酸素欠乏・硫化水素危険作業主任者技能講習を修了した者のうちから，酸素欠乏危険作業主任者を選任し，その者に次の職務を確実に履行させること。

　・作業方法を決定し，作業指揮を行うこと。

　・作業開始前等に異常がないかどうかを確認するため，酸素および硫化水素濃度を測定すること。

　・換気を行うこと。

　・空気呼吸器等の使用状況を監視すること。

(2)　常時，作業の状況を監視し，異常時に酸素欠乏危険作業主任者等に通報する等，異常を早期に把握するための措置を講じること。

(3)　酸素欠乏危険作業に関する作業手順書を作成し，関係作業者に対して周知徹底を図るとともに安全衛生教育の徹底により，危険に対する認識を高めること。

2　養殖場における硫化水素中毒
（養殖業：死亡4名）安衛令別表第6第3号の3該当

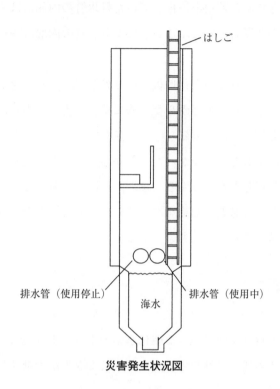

災害発生状況図

（図中ラベル：はしご／排水管（使用停止）／海水／排水管（使用中））

1　発生状況

　ひらめ養殖場において使用を休止していた海水の受水槽（養殖槽に海水を送るため，一旦海水を汲み上げるための水槽）の改修工事を行うため，養殖場の作業者Aが海水を海面水位まで抜いた後の受水槽内に入り，当該水槽内にある2本の排水管のうち仕切板をして使用を停止していた排水管の仕切板の取外し等を行っていたところ，排水管から水が吹き出し，同時に異臭がした。

　Aはそのまましばらく作業を続けた後，受水槽外に出ようとはしごを上りはじめたが，上りきる直前で意識を失って受水槽内の海水中に転落して水死した。

　これをみて，Aの同僚のBおよび近くで別の作業を行っていた他社（建設工事業）の作業者CおよびDが救助のために次々に受水槽内に入り，意識を失い水死した。

2　原因

この災害の原因としては，次のようなことが考えられる。

(1)　改修工事の対象である使用を停止していた排水管の内部には，海藻，貝などが流れ込み，これが滞留し，腐敗することにより，管の内部に硫化水素が発生していた。

(2)　排水管に取り付けられていた仕切板を取り外した際に，硫化水素の発生により圧力が高くなっていた管の内部から受水槽に硫化水素が噴出した。

(3)　作業者Aは，酸素欠乏危険作業の特別教育を修了しておらず，硫化水素中毒の防止に必要な知識を有していなかったことから，作業を継続して硫化水素中毒となり，海水中に転落したものである。また，救助を行おうとした他の作業者等も硫化水素中毒の防止に必要な知識を有していなかったことから硫化水素中毒となり，海水中に転落して水死したものである。

3　再発防止対策

同種災害の防止のためには，次のような対策の徹底が必要である。

(1)　作業者が作業を行う場所における硫化水素の濃度を 10ppm 以下に保つように，十分な能力を有する換気設備を用いるなど，有効な方法で継続して換気を行うこと。

(2)　硫化水素中毒防止について十分考慮された作業計画をあらかじめ作成し，当該作業計画に従って作業を行うよう徹底を図ること。

(3)　酸素欠乏・硫化水素危険作業主任者技能講習を修了した者のうちから酸素欠乏危険作業主任者を選任し，適正な作業方法の決定，作業者の指揮，硫化水素濃度等の測定，測定用具，換気装置，空気呼吸器等の器具・設備の点検，空気呼吸器等の使用状況の監視等の業務を確実に実施させること。

(4)　作業に従事させる前に，硫化水素等の発生原因，硫化水素中毒等の症状，空気呼吸器等の使用方法，事故の場合の退避および救急蘇生の方法等についての特別教育を実施すること。

(5)　救出時等の二次災害を防止するため，空気呼吸器等の使用方法等について，十分な教育訓練を実施すること。

3　下水道における硫化水素中毒
（清掃業：死亡3名，休業2名）　安衛令別表第6第9号該当

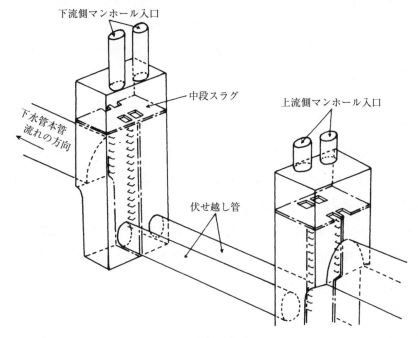

災害発生状況図

1　発生状況

　本件災害の発生した場所は，運河の下を通る下水道管に至るマンホール内である。マンホールは運河の両側にあり，下水道管は運河の中央部分が一段低い伏せ越し管といわれる構造となっている。伏せ越し管は両側のマンホール管に2本設けられている。

　伏せ越し管内に大量に付着した汚泥を除去するため，災害発生の前日に1本の流出口を閉止し，ポンプによる汚水の排出を行ったが，汚水の排出に時間がかかるため，この日は他の作業場所での作業を行った。

　災害発生当日は，午前9時から作業を開始した。

　まず，下流側の2つのマンホールのうち1つのふたをあけ，換気ダクトを中ほどまで下ろし，送風を行うと同時に排水を行いながら約30分待機し，その後3名がマンホールに入った。

　次に，他の作業者が上流側にある2つのマンホールのふたをあけ，このころ，さらに2名の作業者が下流側のマンホールに入った。最後に下流側の残ったマンホー

ルのふたをあけた。

　最後のマンホールのふたをあけたところ，下流側のマンホールの最下部にいた2名が異常を訴え中段まで上ってきた。

　このため，中段にいた3名が外へ出ようとしたとき，下部から霧のようなガスが立ち上ってきて，先頭を上っていた1名を除き2名が倒れた。

　救急隊が到着し，救出を行ったが，マンホール上で作業指揮をとっていた救急隊員1名も病院に収容された。

2　原因

　この災害の原因としては，次のようなことが考えられる。

(1)　ポンプによる排水のため水面が低下し，「伏せ越し管」の天井部にたまっていた硫化水素がマンホール内に吹き出したこと。

(2)　マンホール内作業の硫化水素中毒の危険性について，十分な認識をしていなかったため，作業前に作業現場の下調べ，作業打ち合わせを十分に行っていなかったこと。

(3)　送風機を止めて入孔したこと。

(4)　排水作業が終了する前に入孔したこと。

(5)　酸素欠乏危険場所に入る際に有効な呼吸用保護具（送気マスク，空気呼吸器等）の着用を行わなかったこと。

3　再発防止対策

　同種災害の防止のためには，次のような対策の徹底が必要である。

(1)　換気については，マンホール内において作業を行う場合には，酸素濃度が18%以上，かつ，硫化水素濃度が10ppm以下になるように十分に換気を行うこと。

(2)　作業手順について，マンホール内における作業について作業手順を作成し，その周知徹底を図ること。

(3)　酸素欠乏・酸素欠乏危険作業主任者技能講習を修了した者の中から作業主任者を選任し，その者に必要な措置を行わせること。

(4)　酸素欠乏危険作業に従事する者に特別教育を実施すること。

(5)　酸素欠乏危険場所に入る際に有効な呼吸用保護具（送気マスク，空気呼吸器等）を使用させること。

4　汚水処理施設の汚水槽内における硫化水素中毒

（清掃業：死亡２名，休業１名）　安衛令別表第６第９号該当

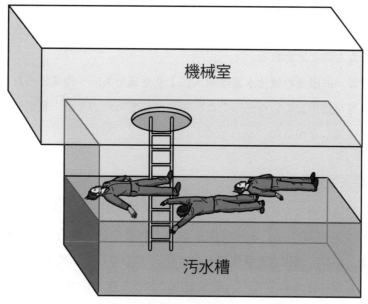

機械室

汚水槽

災害発生状況図

1　発生状況

　災害の発生した処理施設では，水産食料品製造工場から排出される汚水の浄化を行っている。汚水槽には，魚介類を加工する際に出る汚水が，１日30～40t程度流入する。この中には，魚介類の血，皮，骨等が混入している。

　嫌気性菌による汚水中の有機物の腐敗を防ぐため，空気ポンプによる汚水中への送気，汚水の攪拌等の装置が設けられているが，災害発生前数カ月間は稼働させていなかった。

　災害発生当日，汚水槽から汚水があふれているため点検を行った結果，汚水の配管に取り付けられた逆流防止弁が腐食し，破損していることが分かった。このため，作業者３名で破損した逆流防止弁を修理することとし，汚水槽内に入り，弁周辺の汚水配管の切断作業を行うこととなった。うち１名が，脚立を用いて汚水槽の上部から内部に降りようとしたところ，槽内の酸素欠乏等の空気を吸入して，意識を失い，汚水中に転落した。このため，他の２名が災害発生の通報を行った後，被災者を救出するため槽内に降りようとしたが，２名とも同様に被災し，この２名は

死亡した。

2 原因

　この災害の原因としては，次のようなことが考えられる。

(1)　汚水槽は，通常密閉されており，作業開始前に換気は行われなかった。また，腐敗防止のための装置を何カ月も稼働させていなかったため，硫化水素が高濃度で滞留したものと思われる。

(2)　被災者は，高濃度の硫化水素の吸入により意識を失い，作業に当たって墜落制止用器具等を使用していなかったため槽内に転落した。また，救出時には空気呼吸器等を使用しなかった。

3 再発防止対策

　同種災害の防止のためには，次のような対策の徹底が必要である。

(1)　換気については，マンホール内において作業を行う場合には，酸素濃度が18％以上，かつ，硫化水素濃度が10ppm以下になるように換気を十分行うこと。

(2)　工事の規模にかかわりなく，機械室内における作業について作業手順を作成し，墜落制止用器具等の使用を含め，その周知徹底を図ること。

(3)　酸素欠乏・硫化水素危険作業主任者技能講習を修了した者の中から作業主任者を選任し，その者に必要な措置を行わせること。

(4)　酸素欠乏危険作業に従事する者に特別教育を実施すること。

(5)　酸素欠乏危険場所に入る際に有効な呼吸用保護具（送気マスク，空気呼吸器等）を使用させること。

5　魚粉等製造プラントのタンク内における硫化水素中毒
（水産食料品製造業：休業 1 名）　安衛令別表第 6 第 9 号該当

災害発生状況図

1　発生状況

　被災者は同僚作業者と，魚粉や魚油を製造するプラントにて，原料となる魚滓の血汁（うおかす・ち・しる）が流れ込む「血汁受タンク（以下「タンク」）」へ接続している配管が詰まり，血汁が流れ出ず，「スクリューコンベア」のパッキン部分から血汁が漏れ出ていることを確認した。

　そこで，配管の詰まりを除去するため，被災者はタンクの上部点検口からタンクに入り，頭部をタンクの外に出し，同僚作業者はタンクの上部でホースを持っていた。次いで，被災者は，タンクに接続している配管に，タンクの中から水を流そうとタンクの内部に頭部を入れたところ，直ぐに被災者は頭部をタンクの外に出し，被災者の身体はタンクの中に沈み込んだ。

　ホースを持っていた同僚作業者は，直ちにタンクの点検口に入り，頭部をタンクの外に出したまま，タンク内部に前屈みで倒れていた被災者の作業着の襟を摑むとともに助けを求め，駆け付けた清掃作業者とともに，被災者をタンクの外部に救出した。

　被災者は救急搬送され，搬送先病院にて「急性ガス中毒（硫化水素中毒疑い）」と診断された。

2　原因

　この災害の原因としては，次のようなことが考えられる。

(1)　接続配管への水通し作業を行うため，被災者がタンクの内部に入ったこと。

(2)　被災者が受タンクの内部に入り作業を行う前に，酸素濃度，硫化水素濃度を測定していなかったこと。また，測定を行うために必要な測定器具を，有効な状態で保持していなかったこと。

(3)　事業場においては，設備の運転マニュアルがあるのみで，書面による工場内の安全管理規程，非定常作業を含めた作業手順書を整備していなかったこと。

(4)　工場内に，酸素欠乏危険場所，硫化水素中毒にかかるおそれのある場所が存在するのに，酸素欠乏・硫化水素危険作業主任者を選任していなかったこと。

(5)　工場において，空気呼吸器等の保護具が備え付けられていなかったこと。

(6)　工場長以下の指揮命令系統が明確に確立しておらず，各労働者の経験により作業を行っていたこと。

3　再発防止対策

　同種災害の防止のためには，次のような対策の徹底が必要である。

(1)　酸素濃度，硫化水素濃度を測定できる測定器を備え付け，タンクの内部等で行われる酸素欠乏危険作業等の開始前に，酸素濃度，硫化水素濃度を測定（記録は3年間保存）することとし，その結果に基づき，換気等の措置を講じること。

(2)　当該作業を行う場所の空気中の酸素濃度を，18% 以上に保つよう換気すること。なお，第2種酸素欠乏危険作業に該当する場所では，空気中の酸素濃度を18% 以上，かつ，硫化水素の濃度を 10ppm 以下に保つよう換気を十分行うこと。

(3)　当該作業における危険源の洗い出しを行い，安全衛生管理規定，作業手順書等を作成し，関係労働者にその周知を行うこと。

(4)　酸素欠乏・硫化水素危険作業主任者技能講習を修了した者の中から，作業主任者を選任し，その者に必要な措置を行わせること。

(5)　酸素欠乏危険作業等に従事する者には特別教育を実施すること。

(6)　酸素欠乏危険場所等に入る際に有効な呼吸用保護具（送気マスク，空気呼吸器等）と，墜落制止用器具，はしご，繊維ロープ等，非常の場合に労働者を避難させ，もしくは救出するための必要な用具を備えつけ，使用させること。

(7)　安全衛生管理体制を確立し，作業における指揮命令系統を明らかにすること。

　　　　　　　（災害事例は，「職場のあんぜんサイト」（厚生労働省）より引用し一部改変）

第 **7** 編

関係法令

⇒この編で学ぶこと

□法令の基礎知識

□労働安全衛生法による規制内容

□酸素欠乏症等防止規則による規制内容

□酸素欠乏危険作業主任者及び酸素欠乏・硫化水素危険作業主任者技能
　講習規程

□酸素欠乏危険作業特別教育規程

第 **1** 章 ┃ **法令の基礎知識**

1　法律，政令および省令

　国民を代表する立法機関である国会が制定する「法律」と，法律の委任を受けて内閣が制定する「政令」および専門の行政機関が制定する「省令」等の「命令」をあわせて一般に「法令」と呼ぶ。

　例えば，工場や建設工事の現場等の事業場には，放置すれば労働災害の発生につながるようなリスクが常に存在する。一例として，ある事業場で労働者に有害な化学物質を製造し，または取り扱う作業を行わせようとする場合に，もし，作業に使う設備に欠陥があったり，労働者に正しい作業方法を守らせる指導や監督を怠ったり，それらの化学物質の有害性や健康障害を防ぐ方法を教育しなかったりすると，それらの化学物質による中毒や，物質によっては，がん等の重篤な障害の発生に結びつく危険がある。そこで，このような危険を取り除いて労働者に安全で健康的な作業を行わせるために，事業場の最高責任者である事業者（法律上の事業者は事業場そのものであるが，一般的には事業場の代表者である事業者が事業者の義務を負っているものと解釈される）には，法令に定められたいろいろな対策を講じて労働災害を防止する義務がある。

　立法機関である国会が制定する「法律」により事業者に義務を負わせることになるが，労働安全衛生に関する法律として「労働安全衛生法」等がある。

　では，法律により国民に義務を課す大枠は決められたとして，義務の課せられる対象の範囲等，さらに細部に亘る事項や技術的なこと等についてはどうか。それらについても法律に定めることが理想的であろうが，日々変化する社会情勢，進歩する技術に関する事項を逐一国会の両院の議決を必要とする法律で定めていたのでは社会情勢の変化に対応することは難しい。むしろそうした専門的，技術的な事項については，それぞれ専門の行政機関に任せることが適当であろう。

　そこで，法律を実施するための規定や，法律を補充したり，法律の規定を具体化したり，より詳細に解釈する権限が行政機関に与えられている。これを「法律」による「命令」への「委任」といい，内閣の定める命令を「政令」，行政機関の長で

ある大臣が定める「命令」を「省令」（厚生労働大臣が定める命令は「厚生労働省令」）という。

2　労働安全衛生法と政令および省令

　労働安全衛生法についていえば，政令としては，「労働安全衛生法施行令」があり，労働安全衛生法の各条に定められた規定の適用範囲，用語の定義等を定めている。

　また，省令には，すべての事業場に適用される事項の詳細等を定める「労働安全衛生規則」と，特定の設備や，特定の業務等を行う事業場だけに適用される「特別規則」がある。労働安全衛生法施行令が特定する酸素欠乏の空気を吸入するおそれのある作業場所について，作業環境の整備，換気，測定その他酸素欠乏症または硫化水素中毒（以下「酸素欠乏症等」）を防止するための措置の確保を定める「特別規則」が「酸素欠乏症等防止規則」である（**図7-1**参照）。

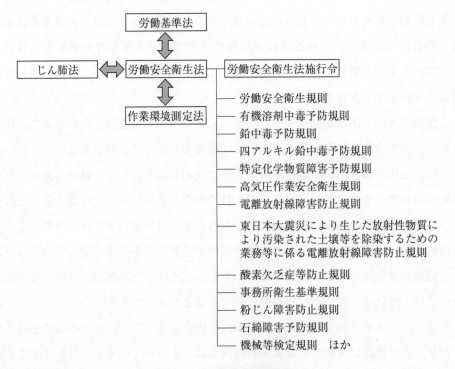

図7-1　労働衛生関係法令

3　告示，公示および通達

　法律，政令，省令について，さらに詳細な事項を具体的に定めて国民に知らせる場合，「告示」や「公示」により公表される。技術基準等は一般に告示や公示として公表される。告示，公示は厳密には法令とは異なるが法令の一部を構成するものといえる。また，法令，告示等に関して，上級の行政機関が下級の機関に対して（例えば厚生労働省労働基準局長が都道府県労働局長に対し），法令の内容を解説するとか，指示を与えるために発する通知を「通達」という。通達は法令ではないが，法令を正しく理解するためには「通達」の内容も知る必要がある。法令，告示等の内容を解説する通達は「解釈例規」として公表されている。

4　酸素欠乏危険作業主任者と法令

　酸素欠乏危険作業主任者が職務を行うためには，労働安全衛生法，労働安全衛生法施行令および厚生労働省令である「酸素欠乏症等防止規則」，ならびに関係する法令，告示，通達等についての理解が必要である。

　ただし，法令は，社会情勢の変化や技術の進歩に応じて新しい内容が加えられる等の改正が行われるものであるから，すべての条文を丸暗記するということではなく，「酸素欠乏症等防止規則」と関係法令の目的と必要な条文の意味をよく理解するとともに，今後の改正にも対応できるように「法」，「政令」，「省令」，「告示」，「通達」等の関係を理解し，作業者の指導に応用することが重要である。

　以下に例として，作業主任者の資格と選任に関係する「法」，「政令」，「省令」，「告示」，「通達」等について解説する。

（1）　労働安全衛生法（法）

　労働安全衛生法第14条は「作業主任者」に関して次のように定めている。

労働安全衛生法

（作業主任者）

第14条　事業者は，高圧室内作業その他の労働災害を防止するための管理を必要とする作業で，**政令**で定めるものについては，都道府県労働局長の免許を受けた者又は都道府県労働局長の登録を受けた者が行う技能講習を修了した者のうちから，**厚生労働省令**で定めるところにより，当該作業の区分に応じて，作業主任者を選任し，その者に当該作業に従事する労働者の指揮その他の**厚生労働省令**で定める事項を行わせなければならない。

　このように労働安全衛生法第14条は「作業主任者」に関して，事業者に対して最も基本となる「労働災害を防止するための管理を必要とする作業のうちのあるものに『作業主任者』を選任しなければならない」ことと「その者に当該作業に従事する労働者の指揮その他の事項を行わせなければならない」ことを定め，具体的に作業主任者の選任を要する作業は「政令」に委任している。また，政令で定められた作業主任者を選任しなければならない作業ごとに「作業主任者」となるべき者の資格は「都道府県労働局長の免許を受けた者」か「都道府県労働局長の登録を受けた者が行う技能講習を修了した者」のどちらかであるが，作業主任者の選任を要する作業の中でも，その危険・有害性の程度が異なるため，そのどちらかにするかは「厚生労働省令」（この場合は労働安全衛生規則）で定めることとしている。さらに，「作業主任者」の職務も作業ごとにまちまちであるため，法では作業主任者としては，どの作業にも共通な「当該作業に従事する労働者を指揮すること」のみを定め，その他のそれぞれの作業に特有な必要とされる事項については「厚生労働省令」（酸素欠乏危険作業については，酸素欠乏症等防止規則）に委任して定めることとしている。

（2）　労働安全衛生法施行令（令）

　次に作業主任者の選任を要する作業の範囲を定めた「政令」であるが，この場合の「政令」は，労働安全衛生法施行令で，具体的には同施行令第6条に作業主任者を選任しなければならない作業を列挙している。酸素欠乏危険作業についてはその第21号に次のように定められている。

労働安全衛生法施行令

　（作業主任者を選任すべき作業）
第6条　法第14条の政令で定める作業は，次のとおりとする。
　1～20　略
　21　別表第6に掲げる酸素欠乏危険場所における作業
　22～23　略

　なお，令別表第6は法規制の対象となる「酸素欠乏危険場所」を定めたものであり，令第6条第21号は，令別表第6の酸素欠乏危険場所における作業について作業主任者を選任しなければならないことを定めたものである。

（3）　厚生労働省令（省令）

〈作業主任者の選任〉

　（1）に述べた法第14条には2カ所に「厚生労働省令」が示されている。最初の「厚生労働省令」は，労働安全衛生規則（安衛則）第16条第1項（同規則別表第1）と酸素欠乏症等防止規則（酸欠則）第11条に規定されている。まず，安衛則第16条には，政令により指定された作業主任者を選任しなければならない作業ごとに当該作業主任者となりうる者の資格および当該作業主任者の名称を定めている（別表第1）。酸素欠乏危険作業関係については，作業主任者となるべき者の資格として，作業に応じて，「酸素欠乏危険作業主任者技能講習」または「酸素欠乏・硫化水素危険作業主任者技能講習」を修了した者と定め，その名称を「酸素欠乏危険作業主任者」としている（酸欠則第11条第1項）。

　後ろの「厚生労働省令」は，酸欠則第11条第2項および第3項において酸素欠乏危険作業主任者の職務を定めている。

労働安全衛生規則

（作業主任者の選任）

第16条　法第14条の規定による作業主任者の選任は，別表第1の上欄〈編注：左欄〉に掲げる作業の区分に応じて，同表の中欄に掲げる資格を有する者のうちから行なうものとし，その作業主任者の名称は，同表の下欄〈編注：右欄〉に掲げるとおりとする。

②　（略）

別表第1（第16条，第17条関係）（抄）

作業の区分	資格を有する者	名称
令第6条第21号の作業のうち，次の項に掲げる作業以外の作業	酸素欠乏危険作業主任者技能講習又は酸素欠乏・硫化水素危険作業主任者技能講習を修了した者	酸素欠乏危険作業主任者
令第6条第21号の作業のうち，令別表第6第3号の3，第9号又は第12号に掲げる酸素欠乏危険場所（同号に掲げる場所にあつては，酸素欠乏症にかかるおそれ及び硫化水素中毒にかかるおそれのある場所として厚生労働大臣が定める場所に限る。）における作業	酸素欠乏・硫化水素危険作業主任者技能講習を修了した者	

　安衛則第16条の規定は，政令に定められた作業主任者を選任しなければならない作業ごとに，作業主任者となるべき人の資格要件およびその作業主任者の名称を定めたのに対し，酸欠則第11条では，事業者に「酸素欠乏危険作業主任者」選任の義務およびその職務を定めたものである。

酸素欠乏症等防止規則

（作業主任者）

第11条　事業者は，酸素欠乏危険作業については，第1種酸素欠乏危険作業にあつては酸素欠乏危険作業主任者技能講習又は酸素欠乏・硫化水素危険作業主任者技能講習を修了した者のうちから，第2種酸素欠乏危険作業にあつては酸素欠乏・硫化水素危険作業主任者技能講習を修了した者のうちから，酸素欠乏危険作業主任者を選任しなければならない。

②　事業者は，第1種酸素欠乏危険作業に係る酸素欠乏危険作業主任者に，次の事項を行わせなければならない。

　1　作業に従事する労働者が酸素欠乏の空気を吸入しないように，作業の方法を決定し，労働者を指揮すること。

　2　その日の作業を開始する前，作業に従事するすべての労働者が作業を行

　　う場所を離れた後再び作業を開始する前及び労働者の身体，換気装置等に
　　異常があつたときに，作業を行う場所の空気中の酸素の濃度を測定するこ
　　と。
　3　測定器具，換気装置，空気呼吸器等その他労働者が酸素欠乏症にかかる
　　ことを防止するための器具又は設備を点検すること。
　4　空気呼吸器等の使用状況を監視すること。
③　前項の規定は，第2種酸素欠乏危険作業に係る酸素欠乏危険作業主任者に
　ついて準用する。この場合において，同項第1号中「酸素欠乏」とあるのは
　「酸素欠乏等」と，同項第2号中「酸素」とあるのは「酸素及び硫化水素」と，
　同項第3号中「酸素欠乏症」とあるのは「酸素欠乏症等」と読み替えるもの
　とする。

　さらに，安衛則では作業主任者に関して上記の第16条のほか，次の2カ条を置
いている。

　　労働安全衛生規則
　（作業主任者の職務の分担）
　第17条　事業者は，別表第1の上欄に掲げる一の作業を同一の場所で行なう
　　場合において，当該作業に係る作業主任者を2人以上選任したときは，それ
　　ぞれの作業主任者の職務の分担を定めなければならない。
　（作業主任者の氏名等の周知）
　第18条　事業者は，作業主任者を選任したときは，当該作業主任者の氏名及
　　びその者に行なわせる事項を作業場の見やすい箇所に掲示する等により関係
　　労働者に周知させなければならない。

　このように「法律」では，国民の権利・義務に関する最も基本的なこと（事業者
は，・・・のこととしなければならない）を定め，細部は政令と省令に委任してい
る。法律が，政令・省令に委任する場合に，一般に，国民の権利・義務により基本
的なこと（法律により義務の課せられた事業者の範囲等）を「政令」に，さらに細
部を「省令」に委任することとしている。

（4）　告示および公示

　告示や公示は，法令の規定に基づき主に技術的な事項について各省大臣が発する
もので，一例をあげると法第65条第2項に「作業環境測定は，厚生労働大臣の定
める作業環境測定基準に従って行わなければならない」と定められている。この
「厚生労働大臣の定める作業環境測定基準」としては，昭和51年労働省告示第46
号（最終改正：令和2年厚生労働省告示第397号）「作業環境測定基準」が公布さ
れている。

（5）　通　達

　通達とは，本来，上級官庁から下級官庁に対して行政運営方針や法令の解釈・運用等を示す文書をいう。酸欠則関係においても多くの解釈通達が出されている。酸欠則を正しく理解するためには，法律・政令・規則とともに通達にも留意する必要がある。

第2章　労働安全衛生法のあらまし

労働安全衛生法は，労働条件の最低基準を定めている労働基準法と相まって，

①　事業場内における安全衛生管理の責任体制の明確化

②　危害防止基準の確立

③　事業者の自主的安全衛生活動の促進

等の措置を講ずる等の総合的，計画的な対策を推進することにより，労働者の安全と健康を確保し，さらに快適な作業環境の形成を促進することを目的として昭和47年に制定された。

その後何回か改正が行われて現在に至っている。

労働安全衛生法は，労働安全衛生法施行令，労働安全衛生規則等で適用の細部を定め，酸素欠乏危険作業について事業者の講ずべき措置の基準を酸素欠乏症等防止規則で細かく定めている。

1　総則（第1条〜第5条）

この法律の目的，法律に出てくる用語の定義，事業者の責務，労働者の協力，事業者に関する規定の適用について定めている。

（目的）

第1条　この法律は，労働基準法（昭和22年法律第49号）と相まって，労働災害の防止のための危害防止基準の確立，責任体制の明確化及び自主的活動の促進の措置を講ずる等その防止に関する総合的計画的な対策を推進することにより職場における労働者の安全と健康を確保するとともに，快適な職場環境の形成を促進することを目的とする。

労働安全衛生法（以下「安衛法」）は，昭和47年に従来の労働基準法（以下「労基法」）第5章，すなわち労働条件の1つである「安全及び衛生」を分離独立させて制定されたものである。本条は，労基法の賃金，労働時間，休日等の一般労働条件が労働災害と密接な関係があること等から，安衛法と労基法は一体的な運用が図られる必要があることを明確にしながら，労働災害防止の目的を宣言したものであ

る。

【労働基準法】

第42条　労働者の安全及び健康に関しては，労働安全衛生法（昭和47年法律第
　　57号）の定めるところによる。

（定義）
第2条　この法律において，次の各号に掲げる用語の意義は，それぞれ当該
　　各号に定めるところによる。
　　1　労働災害　労働者の就業に係る建設物，設備，原材料，ガス，蒸気，粉
　　　じん等により，又は作業行動その他業務に起因して，労働者が負傷し，疾
　　　病にかかり，又は死亡することをいう。
　　2　労働者　労働基準法第9条に規定する労働者（同居の親族のみを使用す
　　　る事業又は事務所に使用される者及び家事使用人を除く。）をいう。
　　3　事業者　事業を行う者で，労働者を使用するものをいう。
　　3の2　化学物質　元素及び化合物をいう。
　　4　作業環境測定　作業環境の実態をは握するため空気環境その他の作業環
　　　境について行うデザイン，サンプリング及び分析（解析を含む。）をいう。

　安衛法の「労働者」の定義は，労基法と同じである。すなわち，職業の種類を問
わず，事業または事務所に使用されるもので，賃金を支払われる者である。

　労基法は「使用者」を「事業主又は事業の経営担当者その他その事業の労働者に
関する事項について，事業主のために行為をするすべての者をいう」（第10条）と
定義しているのに対し，安衛法の「事業者」は，「事業を行う者で，労働者を使用
するものをいう」とされており，事業者とはその事業の実施主体をいい，個人企業
にあってはその事業主個人，会社その他の法人の場合には法人そのものをさすこと
とし，労働災害防止に関する企業経営者の責務をより明確にしている。

（事業者等の責務）
第3条　事業者は，単にこの法律で定める労働災害の防止のための最低基準
　　を守るだけでなく，快適な職場環境の実現と労働条件の改善を通じて職場に
　　おける労働者の安全と健康を確保するようにしなければならない。また，事
　　業者は，国が実施する労働災害の防止に関する施策に協力するようにしなけ
　　ればならない。
②　機械，器具その他の設備を設計し，製造し，若しくは輸入する者，原材料
　　を製造し，若しくは輸入する者又は建設物を建設し，若しくは設計する者は，
　　これらの物の設計，製造，輸入又は建設に際して，これらの物が使用される
　　ことによる労働災害の発生の防止に資するように努めなければならない。

> ③　建設工事の注文者等仕事を他人に請け負わせる者は，施工方法，工期等について，安全で衛生的な作業の遂行をそこなうおそれのある条件を附さないように配慮しなければならない。

　第1項は，第2条で定義された「事業者」，すなわち「事業を行う者で，労働者を使用するもの」の責務として，自社の労働者について法定の最低基準を遵守するだけでなく快適な職場環境の実現を求め，積極的に労働者の安全と健康を確保する施策を講ずべきことを規定し，第2項は，製造した機械，輸入した機械，建設物等について，それぞれの者に，それらを使用することによる労働災害発生防止の努力義務を課している。さらに第3項は，建設工事の注文者等に施工方法や工期等で安全や衛生に配慮した条件で発注することを求めたものである。

> **第4条**　労働者は，労働災害を防止するため必要な事項を守るほか，事業者その他の関係者が実施する労働災害の防止に関する措置に協力するように努めなければならない。

　第4条では，当然のことであるが，労働者もそれぞれの立場で，労働災害の発生の防止のために必要な事項，作業主任者の指揮に従う，保護具の使用を命じられた場合には使用する等を守らなければならないことを定めたものである。

2　労働災害防止計画（第6条～第9条）

　労働災害の防止に関する総合的計画的な対策を図るために，厚生労働大臣が策定する「労働災害防止計画」の策定等について定めている。

3　安全衛生管理体制（第10条～第19条の3）

　労働災害防止のための責任体制の明確化および自主的活動の促進のための基本的な管理体制として，①総括安全衛生管理者，②安全管理者，③衛生管理者（衛生工学衛生管理者を含む），④安全衛生推進者等，⑤産業医，⑥作業主任者，調査審議機関として①安全委員会，②衛生委員会，③安全衛生委員会，さらに，建設業等の下請け混在作業での労働災害を防止するための統括管理をするための管理体制として①統括安全衛生責任者，②元方安全衛生管理者，③店社安全衛生管理者，④安全衛生責任者について定めている。

　これらのうち，作業主任者の選任を定めた第14条については，第1章で説明したとおりである。

4　労働者の危険又は健康障害を防止するための措置（第20条～第36条）

　労働災害防止の基礎となる，いわゆる危害防止基準を定めたもので，①事業者の講ずべき措置，②厚生労働大臣による技術上の指針の公表，③元方事業者の講ずべき措置，④注文者の講ずべき措置，⑤機械等貸与者等の講ずべき措置，⑥建築物貸与者の講ずべき措置，⑦重量物の重量表示等が定められている。

　これらのうち酸素欠乏危険作業主任者に関係が深いのは，健康障害を防止するために必要な措置を定めた第22条である。

　（事業者の講ずべき措置等）
第22条　事業者は，次の健康障害を防止するため必要な措置を講じなければならない。
1　原材料，ガス，蒸気，粉じん，酸素欠乏空気，病原体等による健康障害
2～4　（略）

　酸素欠乏症等防止規則（以下「酸欠則」）の主な条文は，この安衛法第22条の規定を根拠として次の第27条第1項に基づいて定められている。

第27条　第20条から第25条まで及び第25条の2第1項の規定により事業者が講ずべき措置及び前条の規定により労働者が守らなければならない事項は，厚生労働省令で定める。
②　（略）

　なお，設備や原材料等，その他業務に起因する危険性または有害性の調査（リスクアセスメント）を実施し，その結果に基づいて労働者への危険または健康障害を防止するための必要な措置を講ずることは，安全衛生管理を進めるうえで重要事項である。特に，化学物質等のうち通知対象物等については，次の第28条の2による努力義務から除かれ，法第57条の3の規定により，リスクアセスメントの実施が義務化されている（次の5参照）。

> （事業者の行うべき調査等）
> **第28条の2**　事業者は，厚生労働省令で定めるところにより，建設物，設備，原材料，ガス，蒸気，粉じん等による，又は作業行動その他業務に起因する危険性又は有害性等（第57条第1項の政令で定める物及び第57条の2第1項に規定する通知対象物による危険性又は有害性等を除く。）を調査し，その結果に基づいて，この法律又はこれに基づく命令の規定による措置を講ずるほか，労働者の危険又は健康障害を防止するため必要な措置を講ずるように努めなければならない。ただし，当該調査のうち，化学物質，化学物質を含有する製剤その他の物で労働者の危険又は健康障害を生ずるおそれのあるものに係るもの以外のものについては，製造業その他厚生労働省令で定める業種に属する事業者に限る。
> ②　厚生労働大臣は，前条第1項及び第3項に定めるもののほか，前項の措置に関して，その適切かつ有効な実施を図るため必要な指針を公表するものとする。
> ③　厚生労働大臣は，前項の指針に従い，事業者又はその団体に対し，必要な指導，援助等を行うことができる。

5　機械等並びに危険物及び有害物に関する規制（第37条〜第58条）

（1）　譲渡等の制限・検定等

　機械，器具その他の設備による危険から労働災害を防止するためには，製造，流通段階において一定の基準により規制することが重要である。そこで安衛法では，危険もしくは有害な作業を必要とするもの，危険な場所において使用するものまたは危険または健康障害を防止するため使用するもののうち一定のものは，厚生労働大臣の定める規格または安全装置を具備しなければ譲渡し，貸与し，または設置してはならないこととしている。

> （譲渡等の制限等）
> **第42条**　特定機械等以外の機械等で，別表第2に掲げるものその他危険若しくは有害な作業を必要とするもの，危険な場所において使用するもの又は危険若しくは健康障害を防止するため使用するもののうち，政令で定めるものは，厚生労働大臣が定める規格又は安全装置を具備しなければ，譲渡し，貸与し，又は設置してはならない。

　また，それらの機械等のうち，さらに一定のものについては個別検定または型式検定を受けなければならないこととされている。

　（型式検定）
第44条の2　第42条の機械等のうち，別表第4に掲げる機械等で政令で定めるものを製造し，又は輸入した者は，厚生労働省令で定めるところにより，厚生労働大臣の登録を受けた者（以下「登録型式検定機関」という。）が行う当該機械等の型式についての検定を受けなければならない。ただし，当該機械等のうち輸入された機械等で，その型式について次項の検定が行われた機械等に該当するものは，この限りでない。
　②以下　（略）

（2）　定期自主検査

　一定の機械等について使用開始後一定の期間ごとに定期的に所定の機能を維持していることを確認するために検査を行わなければならないこととされている。

（3）　危険物および化学物質に関する規制

ア　禁止・許可

　ベンジジン等労働者に重度の健康障害を生ずる物で政令で定められているものは，原則として製造し，譲渡し，提供し，または使用してはならないこととし，ジクロロベンジジン等，労働者に重度の健康障害を生ずるおそれのある物で政令で定めるものを製造しようとする者は，あらかじめ厚生労働大臣の許可を受けなければならないこととされている。

イ　表示

　爆発性の物，発火性の物，引火性の物その他の労働者に危険を生ずるおそれのある物，もしくは健康障害を生ずるおそれのある物で一定のものを容器に入れ，または包装して，譲渡し，または提供する者は，その名称等を表示しなければならないこととされている。

ウ　文書の交付等（通知対象物）

　表示，作業環境管理，健康管理等に関する規制の対象となっていない化学物質による労働災害のうち，その化学物質の有害性の情報が伝達されていないことや化学物質管理の方法が確立していないことが主な原因となって発生したものが多い現状に鑑み，化学物質による労働災害を防止するためには，労働現場における化学物質の有害性等の情報を確実に伝達し，この情報を基に労働現場において化学物質を適切に管理することが重要である。

　そこで労働者に健康障害を生ずるおそれのある物で政令で定めるものを譲渡し，
または提供する者は，文書の交付その他の方法により，その名称，成分およびその
含有量，物理的および化学的性質，人体に及ぼす作用等の事項を，譲渡し，または
提供する相手方に通知しなければならないこととされている。

　なお，上記の表示対象物質，通知対象物以外の危険・健康障害を生ずるおそれの
ある化学物質等についても，同様の表示・通知を行うよう努めなければならないこ
ととされている。

エ　通知対象物についてのリスクアセスメントの実施

　表示対象物質および通知対象物については，リスクアセスメントの実施が4で述
べたとおり，法第57条の3の規定により，義務付けられている。

オ　有害性調査

　日本国内に今まで存在しなかった化学物質（新規化学物質）をあらたに製造，輸
入しようとする事業者は，事前に一定の有害性調査を行い，その結果を厚生労働大
臣に届け出なければならないこととされている。

　また，がん等重度の健康障害を労働者に生ずるおそれのある化学物質について，
当該化学物質による労働者の健康障害を防止するため必要があるときは，厚生労働
大臣は，当該化学物質を製造し，または使用している者等に対して一定の有害性調
査を行い，その結果を報告すべきことを指示できることを定めている。

6　労働者の就業に当たっての措置（第59条～第63条）

　労働災害を防止するためには，特に労働衛生関係の場合，労働者が有害原因にば
く露されないように施設の整備をはじめ，健康管理上のいろいろの措置を講ずるこ
とが必要であるが，併せて作業に就く労働者に対する安全衛生教育の徹底等もきわ
めて重要なことである。このような観点から安衛法では，新規雇入れ時のほか，作
業内容変更時の教育，危険・有害業務につく際の特別教育を行うべきこと，また，
職長その他の現場監督者に対する安全衛生教育についても規定している。

（安全衛生教育）

第59条　事業者は，労働者を雇い入れたときは，当該労働者に対し，厚生労働省令で定めるところにより，その従事する業務に関する安全又は衛生のための教育を行なわなければならない。

②　前項の規定は，労働者の作業内容を変更したときについて準用する。

③　事業者は，危険又は有害な業務で，厚生労働省令で定めるものに労働者をつかせるときは，厚生労働省令で定めるところにより，当該業務に関する安全又は衛生のための特別の教育を行なわなければならない。

7　健康の保持増進のための措置（第64条〜第71条）

（1）　作業環境測定の実施

　作業環境の実態を絶えず正確に把握しておくことは，職場における健康管理の第1歩として欠くべからざるものである。作業環境測定は，作業環境の現状を認識し，作業環境を改善する端緒となるとともに，作業環境の改善のためにとられた措置の効果を確認する機能を有するものであって作業環境管理の基礎的な要素である。安衛法第65条では有害な業務を行う屋内作業場その他の作業場で特に作業環境管理上重要なものについて事業者に作業環境測定の義務を課し（第1項），当該作業環境測定は作業環境測定基準に従って行わなければならない（第2項）こととしている。

（作業環境測定）

第65条　事業者は，有害な業務を行う屋内作業場その他の作業場で，政令で定めるものについて，厚生労働省令で定めるところにより，必要な作業環境測定を行い，及びその結果を記録しておかなければならない。

②　前項の規定による作業環境測定は，厚生労働大臣の定める作業環境測定基準に従つて行わなければならない。

③以下　（略）

　安衛法第65条第1項により作業環境測定を行わなければならない作業場の範囲は労働安全衛生法施行令第21条に定められている。酸素欠乏危険作業関係については，その第9号に次のように定められている。

> ─ 労働安全衛生法施行令 ─
>
> （作業環境測定を行うべき作業場）
>
> **第 21 条**　法第 65 条第 1 項の政令で定める作業場は，次のとおりとする。
>
> 　1 〜 8　（略）
>
> 　9　　別表第 6 に掲げる酸素欠乏危険場所において作業を行う場合の当該作業場
>
> 　10　（略）

　なお，安衛法第 65 条第 1 項の「厚生労働省令」は酸欠則に定められており，第 2 項の「厚生労働大臣の定める作業環境測定基準」は「作業環境測定基準」が告示で示されている。

（2）　作業環境測定結果の評価とそれに基づく環境管理

　安衛法第 65 条の 2 では，作業環境測定を実施した場合に，その結果を評価し，その評価に基づいて，労働者の健康を保持するために必要があると認められるときは，施設または設備の設置または整備，健康診断の実施等適切な措置をとらなければならないこととしている（第 1 項）。さらに第 2 項では，その評価は「厚生労働大臣の定める作業環境評価基準」に従って行うこととされているが，酸素欠乏危険場所において作業を行う場合の当該作業場については，「作業環境評価基準」は適用されない。

（3）　健康診断の実施

　労働者の疾病の早期発見と予防を目的として安衛法第 66 条では，次のように定めて事業者に労働者を対象とする健康診断の実施を義務付けている。

> （健康診断）
>
> **第 66 条**　事業者は，労働者に対し，厚生労働省令で定めるところにより，医師による健康診断（第 66 条の 10 第 1 項に規定する検査を除く。以下この条及び次条において同じ。）を行わなければならない。
>
> ②　事業者は，有害な業務で，政令で定めるものに従事する労働者に対し，厚生労働省令で定めるところにより，医師による特別の項目についての健康診断を行なわなければならない。有害な業務で，政令で定めるものに従事させたことのある労働者で，現に使用しているものについても，同様とする。
>
> ③　事業者は，有害な業務で，政令で定めるものに従事する労働者に対し，厚生労働省令で定めるところにより，歯科医師による健康診断を行なわなければならない。
>
> ④　都道府県労働局長は，労働者の健康を保持するため必要があると認めるときは，労働衛生指導医の意見に基づき，厚生労働省令で定めるところにより，

事業者に対し，臨時の健康診断の実施その他必要な事項を指示することができる。

⑤　労働者は，前各項の規定により事業者が行なう健康診断を受けなければならない。ただし，事業者の指定した医師又は歯科医師が行なう健康診断を受けることを希望しない場合において，他の医師又は歯科医師の行なうこれらの規定による健康診断に相当する健康診断を受け，その結果を証明する書面を事業者に提出したときは，この限りでない。

安衛法第66条に定められている健康診断には次のような種類がある。

①　全ての労働者を対象とした「一般健康診断」（第1項）

②　有害業務に従事する労働者に対する「特殊健康診断」（第2項前段）

③　一定の有害業務に従事した後，配置転換した労働者に対する「特殊健康診断」
（第2項後段）

④　有害業務に従事する労働者に対する歯科医師による健康診断（第3項）

⑤　都道府県労働局長が指示する臨時の健康診断（第4項）

（4）　健康診断の事後措置

　事業者は，健康診断の結果，所見があると診断された労働者について，その労働者の健康を保持するために必要な措置について，3カ月以内に医師または歯科医師の意見を聴かなければならないこととされ，その意見を勘案して必要があると認めるときは，その労働者の実情を考慮して，就業場所の変更等の措置を講じなければならないこととされている。

　また，事業者は，健康診断を実施したときは，遅滞なく，労働者に結果を通知しなければならない。

（5）　面接指導等

　脳血管疾患および虚血性心疾患等の発症が長時間労働との関連性が強いとする医学的知見をふまえ，これらの疾病の発症を予防するため，事業者は，長時間労働を行う労働者に対して医師による面接指導を行わなければならないこととされている。

（6）　健康管理手帳

　職業がんやじん肺のように発症までの潜伏期間が長く，また，重篤な結果を起こす疾病にかかるおそれのある人々に対しては7（3）の③に述べたとおり，有害業務に従事したことのある労働者で現に使用しているものを対象とした特殊健康診断を実施することとしているが，そのうち，特に必要な一定のものについて健康管理

手帳を交付し離職後も政府が健康診断を実施することとされている。

　その他，この章には保健指導，心理的な負担の程度を把握するための検査等（ストレスチェック制度），病者の就業禁止，受動喫煙の防止，健康教育等の規定がある。

8　快適な職場環境の形成のための措置（第 71 条の 2 ～第 71 条の 4）

　労働者がその生活時間の多くを過ごす職場について，疲労やストレスを感じることが少ない快適な職場環境を形成する必要がある。安衛法では，事業者が講ずる措置について規定するとともに，国は，快適な職場環境の形成のための指針を公表することとしている。

9　免許等（第 72 条～第 77 条）

　危険・有害業務であり労働災害を防止するために管理を必要とする作業について，選任を義務付けられている作業主任者や特殊な業務に就く者に必要とされる資格，技能講習，試験等についての規定がなされている。

10　事業場の安全又は衛生に関する改善措置等（第 78 条～第 87 条）

　労働災害の防止を図るため，総合的な改善措置を講ずる必要がある事業場については，都道府県労働局長が安全衛生改善計画の作成を指示し，その自主的活動によって安全衛生状態の改善を進めることが制度化されている。

　この際，企業外の民間有識者の安全および労働衛生についての知識を活用し，企業における安全衛生についての診断や指導に対する需要に応ずるため，労働安全・労働衛生コンサルタント制度が設けられている。

　なお，一定期間内に重大な労働災害を同一企業の複数の事業場で繰返し発生させた企業に対し，厚生労働大臣が特別安全衛生改善計画の策定を指示することができる制度が設けられており，企業が計画の作成指示や変更指示に従わない場合や計画を実施しない場合には厚生労働大臣が当該事業者に勧告を行い，勧告に従わない場

合は企業名を公表する仕組みも設けられている。

　また，国は，安全衛生改善計画を作成した事業場がそれを実施するための金融上の措置，技術上の助言等の援助を行うように努めることになっている。

11　監督等（第 88 条〜第 100 条）

（1）　計画の届出

　一定の機械等を設置し，もしくは移転し，またはこれらの主要構造部分を変更しようとする事業者は，この計画を当該工事の開始の日の 30 日前までに所轄労働基準監督署長に届け出る義務を課し，事前に法令違反がないかどうかの審査が行われることとなっている。

　また，事業者の自主的安全衛生活動の取組を促進するため，労働安全衛生マネジメントシステムをふまえて事業場における危険性・有害性の調査ならびに安全衛生計画の策定および当該計画の実施・評価・改善等の措置を適切に行っており，その水準が高いと所轄労働基準監督署長が認めた事業者に対しては計画の届出の義務が免除されることとされている。

　建設業に属する仕事のうち，重大な労働災害を生ずるおそれがある特に大規模な仕事に係わるものについては，その計画の届出を工事開始の日の 30 日前までに行うこと，その他の一定の仕事については工事開始の日の 14 日前までに所轄労働基準監督署長に行うこと，およびそれらの工事または仕事のうち一定のものの計画については，その作成時に有資格者を参画させなければならないこととされている。

（2）　報　告

　厚生労働大臣，都道府県労働局長または労働基準監督署長は，この法律を施行するため必要があると認めるときは，事業者，労働者等に対して，必要な事項を報告させ，または出頭を命ずることができると定められている。

12　雑則（第 101 条〜第 115 条の 2）

　法令等の周知（第 101 条）や書類の保存等（第 103 条）等が定められている。

13　罰則（第 115 条の 3 〜第 123 条）

　安衛法は，その厳正な運用を担保するため，違反に対する罰則について定めている。

　また，同法は，事業者責任主義を採用し，その第 122 条で両罰規定を設けて各本条が定めた措置義務者（事業者）のほかに，法人の代表者，法人または人の代理人，使用人その他の従事者がその法人または人の業務に関して，それぞれの違反行為をしたときの従事者が実行行為者として罰されるほか，その法人または人に対しても，各本条に定める罰金刑を科すこととされている。

　安衛法第 20 条から第 25 条に規定される事業者の講じた危害防止措置または救護措置等に関し，第 26 条により労働者は遵守義務を負い，これに違反した場合も罰金刑が課せられることとされている。

第3章 酸素欠乏症等防止規則逐条解説

（昭和47年9月30日労働省令第42号）

（最終改正：平成30年6月19日厚生労働省令第75号）

第1章 総　　則

　この章は，酸素欠乏症等の防止についての事業者の責務ならびにこの規則において用いられる「酸素欠乏」，「酸素欠乏等」，「酸素欠乏症」，「硫化水素中毒」，「酸素欠乏症等」，「酸素欠乏危険作業」，「第1種酸素欠乏危険作業」および「第2種酸素欠乏危険作業」の8つの用語の定義を規定したものである。

（事業者の責務）
第1条　事業者は，酸素欠乏症等を防止するため，作業方法の確立，作業環境の整備その他必要な措置を講ずるよう努めなければならない。

【解釈例規】

「その他必要な措置」には，工程及び工法の適正化，保護具の使用等があること。

（昭和57年6月14日付け基発第407号）

〔解　　説〕

　本条は，酸素欠乏症等を防止するため，事業者に対し，第3条以下に規定するところにより具体的な措置を講ずるほか，酸素欠乏症等を防止するための作業方法の確立，作業環境の整備その他必要な措置を講ずべきことを規定したものである。

（定義）
第2条　この省令において，次の各号に掲げる用語の意義は，それぞれ当該各号に定めるところによる。
　1　酸素欠乏　空気中の酸素の濃度が18パーセント未満である状態をいう。
　2　酸素欠乏等　前号に該当する状態又は空気中の硫化水素の濃度が100万分の10を超える状態をいう。
　3　酸素欠乏症　酸素欠乏の空気を吸入することにより生ずる症状が認められる状態をいう。

> 4　硫化水素中毒　硫化水素の濃度が100万分の10を超える空気を吸入することにより生ずる症状が認められる状態をいう。
>
> 5　酸素欠乏症等　酸素欠乏症又は硫化水素中毒をいう。
>
> 6　酸素欠乏危険作業　労働安全衛生法施行令（昭和47年政令第318号。以下「令」という。）別表第6に掲げる酸素欠乏危険場所（以下「酸素欠乏危険場所」という。）における作業をいう。
>
> 7　第1種酸素欠乏危険作業　酸素欠乏危険作業のうち，第2種酸素欠乏危険作業以外の作業をいう。
>
> 8　第2種酸素欠乏危険作業　酸素欠乏危険場所のうち，令別表第6第3号の3，第9号又は第12号に掲げる酸素欠乏危険場所（同号に掲げる場所にあつては，酸素欠乏症にかかるおそれ及び硫化水素中毒にかかるおそれのある場所として厚生労働大臣が定める場所に限る。）における作業をいう。

【解釈例規】

(1)　第1号の「酸素欠乏」の範囲については，おおむね次の点を考慮して定めたものであること。

イ　一般に，人体が正常な機能を維持し得る空気中の酸素濃度の下限は16％とされ，これより低下した場合は酸素欠乏症の症状があらわれ，更に酸素濃度が低下した空気を吸入すると短時間で死に至る危険があること。

ロ　したがって，酸素欠乏の生じやすい場所においては，酸素欠乏の空気の流入，炭酸ガスの発生等により，空気中の酸素濃度が変化することが多く，このような事態の発生に際して労働者が事前に安全に退避することができるためには，少なくとも酸素濃度を18％とする必要があること。

ハ　さらには，肉体労働でエネルギー消費が大きくなれば酸素消費が増加するので，危険な状態になることを防ぐためには，少なくとも酸素濃度の限度は18％未満にならないようにする必要があること。

(2)　第2号の「空気中の硫化水素の濃度が100万分の10を超える状態」については，一般にこの濃度が眼の粘膜刺激の下限であるとされており，学会等においても空気中の硫化水素をこの濃度以下に保つことが必要であるとされていることによるものであること。なお，硫化水素の濃度は体積比であること。

(3)　第3号の「症状」としては，初期には，顔面の蒼白又は紅潮，脈拍及び呼吸数の増加，息苦しさ，めまい，頭痛等があり，末期には，意識不明，けいれん，呼吸停止，心臓停止等があること。

(4)　第4号の「症状」としては初期には眼，気道の刺激，嗅覚の鈍麻，胸痛があり末期には肺水腫，肺炎，意識不明，呼吸停止，心臓停止等があること。

(5)　第6号の「酸素欠乏危険作業」とは，第7号の第1種酸素欠乏危険作業及び第8号の第2種酸素欠乏危険作業の総称であること。

(6)　第7号は令別表第6に掲げる酸素欠乏危険場所のうち，同表第1号から第3号の2まで，第4号から第8号まで及び第10号から第12号までに掲げる場所（同号にあっては，酸素欠乏症にかかるおそれ及び硫化水素中毒にかかるおそれのある場所として厚生労働大臣が定める場所を除く。）については，酸素欠乏症にかかるおそれがあるが，硫化水素中毒にかかるおそれがないと考えられるため，酸素欠乏症を防止するための措置を講ずべき作業として当該場所における作業を第1種酸素欠乏危険作業として規定したものであること。なお，上記場所に該当すれば，当該場所における酸素の濃度の如何にかかわらず，当該場所における作業は，第1種酸素欠乏危険作業に該当するものであること。

(7)　第8号は，令別表第6に掲げる酸素欠乏危険場所のうち，同表第3号の3，第9号及び第12号に掲げる場所（同号に掲げる場所にあっては，酸素欠乏症にかかるおそれ及び硫化水素中毒にかかるおそれのある場所として労働大臣（現・厚生労働大臣）が定める場所に限る。）については，酸素欠乏症にかかるおそれ及び硫化水素中毒にかかるおそれがあると考えられるため，酸素欠乏症及び硫化水素中毒を防止するための措置を講ずべき作業として当該場所における作業を第2種酸素欠乏危険作業と規定したものであること。

なお，上記場所に該当すれば，当該場所における酸素及び硫化水素の濃度の如何にかかわらず，当該場所における作業は，第2種酸素欠乏危険作業に該当するものであること。

（昭和57年6月14日付け基発第407号）

── 労働安全衛生法施行令 ──

別表第6　酸素欠乏危険場所（第6条，第21条関係）

1　次の地層に接し，又は通ずる井戸等（井戸，井筒，たて坑，ずい道，潜函，ピットその他これらに類するものをいう。次号において同じ。）の内部（次号に掲げる場所を除く。）

　　イ　上層に不透水層がある砂れき層のうち含水若しくは湧水がなく，又は少ない部分

　　ロ　第1鉄塩類又は第1マンガン塩類を含有している地層

　　ハ　メタン，エタン又はブタンを含有する地層

　　ニ　炭酸水を湧出しており，又は湧出するおそれのある地層

　　ホ　腐泥層

2　長期間使用されていない井戸等の内部

3　ケーブル，ガス管その他地下に敷設される物を収容するための暗きよ，

マンホール又はピットの内部

3の2　雨水，河川の流水又は湧水が滞留しており，又は滞留したことのある槽，暗きよ，マンホール又はピットの内部

3の3　海水が滞留しており，若しくは滞留したことのある熱交換器，管，暗きよ，マンホール，溝若しくはピット（以下この号において「熱交換器等」という。）又は海水を相当期間入れてあり，若しくは入れたことのある熱交換器等の内部

4　相当期間密閉されていた鋼製のボイラー，タンク，反応塔，船倉その他その内壁が酸化されやすい施設（その内壁がステンレス鋼製のもの又はその内壁の酸化を防止するために必要な措置が講ぜられているものを除く。）の内部

5　石炭，亜炭，硫化鉱，鋼材，くず鉄，原木，チップ，乾性油，魚油その他空気中の酸素を吸収する物質を入れてあるタンク，船倉，ホッパーその他の貯蔵施設の内部

6　天井，床若しくは周壁又は格納物が乾性油を含むペイントで塗装され，そのペイントが乾燥する前に密閉された地下室，倉庫，タンク，船倉その他通風が不十分な施設の内部

7　穀物若しくは飼料の貯蔵，果菜の熟成，種子の発芽又はきのこ類の栽培のために使用しているサイロ，むろ，倉庫，船倉又はピットの内部

8　しようゆ，酒類，もろみ，酵母その他発酵する物を入れてあり，又は入れたことのあるタンク，むろ又は醸造槽の内部

9　し尿，腐泥，汚水，パルプ液その他腐敗し，又は分解しやすい物質を入れてあり，又は入れたことのあるタンク，船倉，槽，管，暗きよ，マンホール，溝又はピットの内部

10　ドライアイスを使用して冷蔵，冷凍又は水セメントのあく抜きを行つている冷蔵庫，冷凍庫，保冷貨車，保冷貨物自動車，船倉又は冷凍コンテナーの内部

11　ヘリウム，アルゴン，窒素，フロン，炭酸ガスその他不活性の気体を入れてあり，又は入れたことのあるボイラー，タンク，反応塔，船倉その他の施設の内部

12　前各号に掲げる場所のほか，厚生労働大臣が定める場所

【解釈例規】

(1)　第1号関係

イ　（　）内の「その他これらに類するもの」には，マンホール，横坑，斜坑，深礎工法等の深い穴及びシールド工法による作業室があること。

ロ　イの「不透水層」には，粘土質固結層があること。

ハ　ロの「第1鉄塩類」には，酸化第1鉄及び水酸化第1鉄があり，「第1マンガン塩類」には，酸化第1マンガンがあること。

ニ　ロの「含有している地層」とは，第1鉄塩類又は第1マンガン塩類を含み還

元状態にある地層をいうこと。

　なお，還元状態にあることを確認する方法としては，次の方法があること。

　㈣　酸化還元電位差計を用い，「酸化還元電位差計の測定指針」に従って測定してマイナスの値を示すこと。

　㈥　2,2'−ビピリジル試薬により安定した赤色の物質ができること。

ホ　ハに該当する地層には，次のものがあること。

　㈣　メタンガス田地帯の地層

　㈥　緑色凝灰岩からなる地層であって断層又は節理のあるもの，頁岩からなる地層であって断層又は節理のあるもの及び黒色変岩と緑色変岩との境界にあって粘土化しているじゃ紋岩からなる地層（これからは，特にガスの突出のおそれが多い。）

ヘ　ニに該当する地層には，炭酸カルシウムを含む鉱泉がある地層があること。

ト　ホに該当するものには，次のものがあること。

　㈣　沼沢の埋立地の地層

　㈥　汚濁港湾等の干たく地の地層

(2)　第2号関係

　「長期間」とは，おおむね3カ月以上の期間をいうものであること。

(3)　第3号関係

イ　「その他地下に敷設される物」には，給水管，温水管，蒸気管及び油送管があり，「暗きよ」には，電線又は電話線を敷設する洞道が含まれること。

ロ　「暗きよ，マンホール又はピット」には，完成していないものも含まれること。

(4)　第3号の2関係

イ　本号は，雨水，河川の流水又は湧水が滞留した場合には，これに含まれる有機物が腐敗すること等により酸素欠乏空気が生じるおそれがあることにかんがみ規定したものであること。

ロ　「槽，暗きよ，マンホール又はピット」には，完成していないものも含まれること。

(5)　第3号の3関係

イ　本号は，海水が滞留しており，若しくは滞留したことがあり，又は海水を相当期間入れてあり，若しくは入れたことのある場合には，海水中で繁殖していた貝等の生物が死んで腐敗すること等により酸素欠乏空気等が生ずるおそれがあることにかんがみ規定したものであること。

ロ　「相当期間」とは，海水中で繁殖する貝等の生物が熱交換器等の内部の表面に付着し，累積することとなる期間をいうものであること。

　　なお，貝等の生物が熱交換器等の内部の表面に付着し，累積していれば，当該生物の腐敗の有無，硫化水素の発生の有無の如何にかかわらず，「相当期間」に該当するものであること。

ハ　「熱交換器等」には，火力発電所，原子力発電所等の復水器が含まれること。

(6)　第4号関係

イ　「相当期間」とは，密閉されていたボイラー等の内部の空気中の酸素によりその内壁が酸化され，その結果として内部の空気が酸素欠乏の状態になるおそれが生ずる状態になる期間をいうものであること。

　　なお，密閉されている空気中の酸素によって内壁が酸化される速度は，内部における温度，湿度，水の有無，空気の量等の環境条件によって，著しく異なり一律には定められないものであるが，個々のケースについての「相当期間」の判断に際しては，次の事項に留意すること。

　　(イ)　内部に水が存在している場合には，短期間（数日程度）で内壁の酸化が進むことがあること。

　　(ロ)　内部に水が存在せず，かつ，内部の空気中の相対湿度がおおむね50%以下である場合には，数カ月以上経過しても内壁の酸化が進まないことがあること。

ロ　「その他その内壁が酸化されやすい施設」には，圧力容器，ガスホルダ，反応器，抽出器，分離器，熱交換器及び船の二重底があり，完成していないものも含まれること。

ハ　「内壁の酸化を防止するために必要な措置」とは，次の(イ)から(ホ)までの措置をいうものであること。

　　(イ)　内壁に日本産業規格(JIS) G 4901（耐食耐熱超合金棒），日本産業規格G 4902（耐食耐熱超合金，ニッケル及びニッケル合金−板及び帯），日本産業規格G 4903（配管用継目無ニッケルクロム鉄合金管）若しくは日本産業規格G 4904（熱交換器用継目無ニッケルクロム鉄合金管）に定める規格に適合する材料又はこれらと同等以上の耐食性を有する材料が用いられていること。

　　(ロ)　内壁に防錆塗装又はガラス，合成樹脂等の酸化しない物による被覆（ライニング）が行われていること。

　　(ハ)　シリカゲル，活性アルミナ等の乾燥剤（日本産業規格K 1464（工業用乾

燥剤）に定める規格に適合するもの又はこれと同等以上の乾燥能力を有する

ものに限る。）により内部が乾燥状態（内部に水がなく，かつ，内部の空気

中の相対湿度がおおむね50％以下である状態をいう。）に保たれていること。

　　なお，おおむね1カ月以内ごとに1回，内部の乾燥状態又は乾燥剤の有効

性等について点検を行うことが望ましいこと。

　㈢　電気防食が施されていること。

　　　この場合において，当該電気防食は，次のa又はbのいずれかの要件を満

足するものでなければならないこと。

　　a　内壁のすべての表面にその効果が及ぶものであること。

　　b　内壁の表面の一部にその効果が及ばない場合には，その効果が及ばない

　　　部分に上記㈠又は㈡の措置が講じられているものであること。

　㈤　内部が常に満水状態に維持されていること（満水保管）。

　　　なお，上記㈡から㈤までのいずれかの措置が講じられていた場合におい

　　て，その保守管理の不備等により内壁の酸化を防止する効果がなくなったと

　　きは，「内壁の酸化を防止するために必要な措置が講じられている」ことに

　　は該当しないものであること。

(7)　第5号関係

　イ　「空気中の酸素を吸収する物質」には，泥炭，果菜及び鯨油があり，「その他

　　の貯蔵施設」には，サイロ及び有蓋貨車があること。

　　　なお，「船倉」のうちには，はしけ等の船倉であって通風が良好なものは含

　　まれないこと。

　ロ　「乾性油」には，アマニ油，エノ油及びボイル油があること。

(8)　第6号関係

　イ　「乾性油」の意義は，上記(7)のロの意義と同様であること。

　ロ　「その他通風が不十分な施設」には，坑及びピットがあること。

(9)　第7号関係

　　「穀物若しくは飼料」には，もみ，豆，とうもろこし及び魚かすが，「果菜の熟

　成」には，バナナの熟成が，「種子の発芽」には，もやしの栽培及び麦芽の製造

　が，それぞれ，含まれること。

(10)　第8号関係

　　「その他発酵する物」には，麹，ぶどう酒原料のぶどう及び麦芽があること。

⑾　第9号関係

　イ　「汚水」には，パルプ廃液，でんぷん廃液，皮なめし工程からの廃液，ごみ
　　処理場における生ごみから出る排水，ごみ焼却灰を冷却処理した排水及び下水
　　があること。

　ロ　「その他腐敗し，又は分解しやすい物質」には，魚かす，生ごみ及びごみ焼
　　却場における焼却灰があること。

　ハ　「槽」には，浄化槽，汚泥槽，ろ過槽及び汚水桝のほか製紙又はパルプ製造
　　工程に用いられるチエストがあること。

　ニ　「パルプ液」とは，パルプ製造工程におけるいわゆるパルプスラリー（古紙
　　の再生工程におけるパルプ懸濁液を含む。）をいうこと。

⑿　第10号関係

　「水セメントのあく抜き」とは，船倉（水タンク）等のさび止めのために塗布
した水セメント（セメントペースト）をドライアイスを用いて処理することをい
うこと。

⒀　第11号関係

　イ　本号に掲げる気体がボンベに入って格納されている施設の内部は，本号に含
　　まれないこと。

　ロ　「その他の施設」には，圧力容器，ガスホルダ，反応器，抽出器，分離器，
　　熱交換器，船の二重底，液化窒素を用いて冷凍を行う冷凍車の冷凍室の内部及
　　びりんごのＣＡ貯蔵施設の内部があり，完成していないものも含まれること。

　　　　　　　　　　　　　　　　　　（昭和57年6月14日付け基発第407号）

　　〔解　　説〕

酸化還元電位差計の測定指針

1　地下現場での測定方法

⑴　あらかじめ，カロメル電極の基準電位をゼロシフトすること。

⑵　試料の採取は，最も新しく掘さくした面で他の場所から流れてくる地下水等
　の影響のない地点を選び，その表面をさらに30〜50cmくらい削り落とし，1
　塊が30cm大の土の試料をとる。この試料から直径10cmくらいのかたまりを
　2〜3個作る。これらのかたまりに電極を順次差し込んで測定する。粘土質で
　やわらかい場所では表面を30〜50cm削り落とし，新しく作った面に電極を
　入れて測定する。

⑶　電極についた土を落とし，蒸溜水で電極を洗い，ろ紙でふいた後⑵と同じ

チェックを行う。

(4)　最初にとった試料と同じ手順で，同じ岩質のところから試料をあと2カ所とり，(2)と同様な手順で測定する。

(5)　3カ所の試料についてそれぞれ2〜3回の測定値のうち最低値を測定結果として採用する。

2　ボーリングコアの測定

(1)　上記1の(1)に示した電極の調整を行う。

(2)　試料の採取は，地下から採集された乱されていないコアを用いる。この場合採集直後にコアの端を3〜5cmくらい削りとり，新しくできた面で，コアの中心部に電極を直接差し込んで測定し，最低値と最高値を読み取り，最低値を測定結果として採用する。

第2章　一般的防止措置

　本章は，酸素欠乏危険作業に労働者を従事させる場合において酸素欠乏症等を防止するために講ずべき作業環境測定，換気，人員の点検，立入禁止，作業主任者の選任，特別の教育の実施，退避，救出等の措置について規定したものである。

（作業環境測定等）

第3条　事業者は，令第21条第9号に掲げる作業場について，その日の作業を開始する前に，当該作業場における空気中の酸素（第2種酸素欠乏危険作業に係る作業場にあつては，酸素及び硫化水素）の濃度を測定しなければならない。　　　　　　　　　　　　　　　　　　　　　　　　　（根65）

②　事業者は，前項の規定による測定を行つたときは，そのつど，次の事項を記録して，これを3年間保存しなければならない。

1　測定日時

2　測定方法

3　測定箇所

4　測定条件

5　測定結果

6　測定を実施した者の氏名

7　測定結果に基づいて酸素欠乏症等の防止措置を講じたときは，当該措置の概要　　　　　　　　　　　　　　　　　　　　　（根65①，103①）

【編注】　上記線囲み内条文の末尾にある（根65①）は根拠条文である労働安全衛生法の条文とその項・号を示したものである。上記の例は同法第65条第1項を示したもの。なお，条文中

の号は(1), (2)で表示してある。

【解釈例規】

(1)　第1項に基づく測定は，第11条の規定により第1種酸素欠乏危険作業にあっては酸素欠乏危険作業主任者技能講習又は酸素欠乏・硫化水素危険作業主任者技能講習を，第2種酸素欠乏危険作業にあっては酸素欠乏・硫化水素危険作業主任者技能講習を修了した酸素欠乏危険作業主任者に行わせなければならない。

(2)　第1項の「その日の作業を開始する前」とは，交替制で作業を行っている場合においては，その日の最初の交替が行われ，作業が開始される前をいう趣旨であること。

(3)　第1項の酸素及び硫化水素の濃度の測定については，作業環境測定基準（昭和51年労働省告示第46号）第12条に定めるところによらなければならないこと（安衛法第65条第2項）。

(4)　第2項第2号の「測定方法」とは，試料空気の採取方法並びに使用した測定器具の種類，型式及び定格をいうこと。

(5)　第2項第3号の「測定箇所」の記録は，測定を行った作業場の見取図に測定箇所を記入すること。

(6)　第2項第4号の「測定条件」とは，測定時の気温，湿度，風速及び風向，換気装置の稼動状況，工事種類，測定箇所の地層の種類，附近で圧気工法が行われている場合には，その到達深度，距離及び送気圧，同時に測定した他の共存ガス（メタン，二酸化炭素等）の濃度等測定結果に影響を与える諸条件をいうこと。

(7)　第5号の「測定結果」については，酸素又は硫化水素に係る各測定点における実測値及びこれを一定の方法で換算した数値を記録することとすること。

（昭和57年6月14日付け基発407号を一部改変）

〔**解　　説**〕

(1)　第1項は，酸素欠乏危険作業において酸素欠乏症等を防止するには，第1種酸素欠乏危険作業にあっては，空気中の酸素の濃度が18％以上，第2種酸素欠乏危険作業にあっては空気中の酸素の濃度が18％以上，かつ，硫化水素の濃度が100万分の10（10ppm）以下であることを確認し，その結果に基づいて適切な措置を講じたうえ，作業を開始することが不可欠であるので，その日の作業を開始する前にこれを測定すべきことを規定したものである。

(2)　測定に当たっては，次の事項に留意する。

イ　原則として，その外部から測定することとし，測定しようとする箇所に「体の乗り入れ」，「立ち入り」等をしない。

ロ　測定は，救護を要する異常事態に備え，必ず測定する者の監視を行う者を置いて行わなければならない。

ハ　当該場所が奥深く，または複雑な空間であるなどのため，外部から測定することが困難な場合等は，第5条の2第1項に規定する空気呼吸器等を着用し，また転落のおそれがあるときは，第6条第1項に規定する墜落制止用器具等を使用したうえ，当該場所に立ち入って測定する。この場合には，測定者の立ち入る場所の外部に，上記ロの監視を行う者を置き，当該監視する者についても，転落のおそれがあるところでは，墜落制止用器具等を使用する。

ニ　メタンガスが存在するおそれがある場所では，開放式酸素呼吸器を使用してはならない。また，内部照明には，定着式または携帯式の電灯であって，保護ガード付きまたは防爆構造のものを用いる。

労働安全衛生法施行令

（作業環境測定を行うべき作業場）

第21条　法第65条第1項の政令で定める作業場は，次のとおりとする。

第1号〜第8号　略

　9　別表第6に掲げる酸素欠乏危険場所において作業を行う場合の当該作業場

　第10号　略

作業環境測定基準

（酸素及び硫化水素の濃度の測定）

第12条　令第21条第9号の作業場における空気中の酸素及び硫化水素の濃度の測定は，次に定めるところによらなければならない。

　1　測定点は，当該作業場における空気中の酸素及び硫化水素の濃度の分布の状況を知るために適当な位置に，5以上とすること。

　2　測定は，次の表の上欄〈編注：左欄〉に掲げる区分に応じて，それぞれ同表の下欄〈編注：右欄〉に掲げる測定機器又はこれと同等以上の性能を有する測定機器を用いて行うこと。

区　　分	測定機器
酸素の濃度	酸素計又は検知管方式による酸素検定器
硫化水素の濃度	検知管方式による硫化水素検定器

【解釈例規】

⑴　第1号の「作業場における空気中の酸素及び硫化水素の濃度の分布の状況を知るために適当な位置」には，酸素欠乏の空気若しくは硫化水素が発生し，侵入し，又は停滞するおそれがある場所がある場合には，必ずこれらの場所を含まなければならないものであること。

⑵　本条の測定を行う場合の測定点については，次によるように指導すること。

　イ　測定点の数を作業場所について垂直方向及び水平方向にそれぞれ3点以上とすること。

　ロ　作業に伴って労働者が立ち入る箇所を含むようにすること。

⑶　第2号の検知管方式による硫化水素検定器と「同等以上の性能を有する測定機器」とは，測定値の精度，測定に要する時間等について，検知管方式による硫化水素検定器と同等以上の性能を有する測定機器をいうものであること。

⑷　第2号の「酸素計」とは，日本産業規格T 8201（酸素欠乏測定用酸素計）に定める規格に適合する酸素濃度計及び酸素濃度警報計をいうものであること。

（昭和57年6月14日付け基発第412号を一部改変）

（測定器具）

第4条　事業者は，酸素欠乏危険作業に労働者を従事させるときは，前条第1項の規定による測定を行うため必要な測定器具を備え，又は容易に利用できるような措置を講じておかなければならない。　　　　　（根22⑴）

【解釈例規】

⑴　「前条第1項の規定による測定を行うため必要な測定器具」とは，作業環境測定基準第12条第2号に規定するものをいうこと。

⑵　本条の「容易に利用できるような措置」には，常時作業場所に備えていなくても必要の都度測定器具を他から確実に借用することができるようにしておくことが含まれること。

（昭和57年6月14日付け基発第407号）

〔解　　説〕

　本条は，酸素欠乏危険作業に労働者を従事させる場合には，第1種酸素欠乏危険
作業にあっては空気中の酸素の濃度を測定するための測定器具を，第2種酸素欠乏
危険作業にあっては空気中の酸素の濃度及び硫化水素の濃度を測定するための測定
器具を備えるべきことを規定したものである。

　　（換　　気）
　第5条　事業者は，酸素欠乏危険作業に労働者を従事させる場合は，当該作
　　業を行う場所の空気中の酸素の濃度を18パーセント以上（第2種酸素欠乏
　　危険作業に係る場所にあつては，空気中の酸素の濃度を18パーセント以上，
　　かつ，硫化水素の濃度を100万分の10以下）に保つように換気しなければ
　　ならない。ただし，爆発，酸化等を防止するため換気することができない場
　　合又は作業の性質上換気することが著しく困難な場合は，この限りでない。
　　　　　　　　　　　　　　　　　　　　　　　　　　　　　　　　（根22(1)）
　②　事業者は，前項の規定により換気するときは，純酸素を使用してはならな
　　い。　　　　　　　　　　　　　　　　　　　　　　　　　　　（根22(1)）

【解釈例規】

(1)　第1項の「換気」には，自然換気及び機械換気があるが，メタンが湧出する暗
　きょ内，汚泥等に溶解していた硫化水素が継続的に発生する汚水槽内等のように
　一回の換気のみでは第1項の状態を保つことができないときは，継続して換気す
　る必要があること。

(2)　第1項ただし書の「爆発，酸化等を防止するため換気することができない場
　合」には，果菜の熟成を行っているむろ等の内部で作業を行う場合があること。

　　また，「作業の性質上換気することが著しく困難な場合」には，長大横坑，深
　礎工法による深い穴等であって，機械換気を行っても酸素の濃度が18％以上に
　ならない場所における作業の場合，令別表第6第9号のし尿の入っているタンク
　等で換気することにより悪臭公害を生じるおそれのある作業を行う場合，バナナ
　の熟成状況の点検を行う場合などがあること。

(3)　「純酸素」とは，いわゆる酸素として市販されているものはすべてこれに該当
　するものであること。　　　　　　　　　（昭和57年6月14日付け基発第407号）

〔解　　説〕

(1)　本条第1項は，酸素欠乏危険作業に労働者を従事させる場合には，酸素欠乏症
　等にかかることを防止するために，原則として，第1種酸素欠乏危険作業にあっ
　ては空気中の酸素の濃度を18％以上に，第2種酸素欠乏危険作業にあっては空

気中の酸素の濃度を 18%以上，かつ，硫化水素の濃度を 10ppm 以下に保つことを規定したものである。

⑵　第2項は，爆発火災の防止および酸素中毒の予防の見地から換気のために純酸素を使用することを禁止したものである。

〔参　　考〕

本条第1項違反とされた判例

タンク内部は，極めて空気の流通性が悪く，その底部にはヘドロが1メートルの高さに堆積していて，「その腐敗又は分解により空気中の酸素が消費されるとともに，二酸化炭素，メタン，硫化水素等のガスが発生滞溜して酸素欠乏状態になるおそれがある酸素欠乏危険場所であり，殊にヘドロのくみ出し作業等に当たってこれをかくはんする場合には右ガスの発生が助長されてその危険性が更に増大することが予測された」とし，

したがって，「このような場合，被告人A及び同Bとしては，バキュームポンプ等のタンク外からヘドロをくみ出す装置を使用して従業員のタンク内立入りを差し控えさせるか，あるいは従業員をタンク内に立入らせる場合には，タンク内の空気中の酸素濃度を 18 パーセント以上に保つように換気する等の事故防止措置を講ずべき」だったにもかかわらず，これを怠ったと判示。

（大阪地裁　昭和 55 年 10 月 28 日判決）

（保護具の使用等）

第5条の2　事業者は，前条第1項ただし書の場合においては，同時に就業する労働者の人数と同数以上の空気呼吸器等（空気呼吸器，酸素呼吸器又は送気マスクをいう。以下同じ。）を備え，労働者にこれを使用させなければならない。　　　　　　　　　　　　　　　　　　　　　　　　　　（根 22⑴）

②　労働者は，前項の場合において，空気呼吸器等の使用を命じられたときは，これを使用しなければならない。　　　　　　　　　　　　　　　　　　　（根 26）

【解釈例規】

第1項の「空気呼吸器」とは，日本産業規格 T 8155（空気呼吸器）に定める規格に，「酸素呼吸器」とは，日本産業規格 M 7600（開放式酸素呼吸器〈編注：当該規格 1992 年 6 月 1 日廃止〉），日本産業規格 M 7601（圧縮酸素形循環式呼吸器）若しくは，日本産業規格 T 8156（酸素発生形循環式呼吸器）に定める規格に，「送気マスク」とは日本産業規格 T 8153（送気マスク）に定める規格に，それぞれ適合するか又はこれと同等以上の性能を有するものをいうこと。なお，送気マスクの種類には，ホースマスクとエアラインマスクがあること。

なお，防毒マスクおよび防じんマスクは，酸素欠乏症の防止には全く効力がなく，酸素欠乏危険作業には絶対に用いてはならないものであること。

（昭和57年6月14日付け基発第407号を一部改変）

〔解　　説〕

本条は，酸素欠乏危険作業に労働者を従事させる場合で換気を行うことができないとき，または，換気を行うことが著しく困難なときにおける酸素欠乏症等を防止するための措置を規定したものである。

（要求性能墜落制止用器具等）

第6条　事業者は，酸素欠乏危険作業に労働者を従事させる場合で，労働者が酸素欠乏症等にかかつて転落するおそれのあるときは，労働者に要求性能墜落制止用器具（労働安全衛生規則（昭和47年労働省令第32号。以下「安衛則」という。）第130条の5第1項に規定する要求性能墜落制止用器具をいう。）その他の命綱（以下「要求性能墜落制止用器具等」という。）を使用させなければならない。　　　　　　　　　　　（根22(1)）

②　事業者は，前項の場合において，要求性能墜落制止用器具等を安全に取り付けるための設備等を設けなければならない。　　　　　　　　（根22(1)）

③　労働者は，第1項の場合において，要求性能墜落制止用器具等の使用を命じられたときは，これを使用しなければならない。　　　　　　（根26）

【解釈例規】

(1)　第1項の「転落」には，墜落も含まれること。

（昭和57年6月14日付け基発第407号）

(2)　事業者に，安全帯を労働者に使用させることを義務付けた旧規定及び安全帯の使用状況の点検等を義務付けた旧規定等について，「安全帯」を「墜落による危険のおそれに応じた性能を有する墜落制止用器具（以下「要求性能墜落制止用器具」という。）」に改めたこと。

(3)　墜落制止用器具に「墜落による危険のおそれに応じた性能」を求める規定は，フルハーネス型を原則とすべきであるが，フルハーネス型墜落制止用器具の着用者が墜落時に地面に到達するおそれのある場合等の対応として，胴ベルト型の使用を認める等の趣旨から，定められたものであること。

（平30.6.22基発0622第1号を一部改変）

(4)　「墜落制止用器具の規格」（平成30年厚生労働省告示第11号。「安全帯の規格」（平成14年厚生労働省告示第38号）を全面改正）により，高さ6.75mを超える箇所で使用する墜落制止用器具はフルハーネス型であること，墜落制止用器具は

着用者の体重及びその装備品の質量の合計に耐えるものであること，ランヤード
は作業箇所の高さ及び取付設備等の状況に応じ適切なものであること等が定めら
れている。

（平 31. 1. 25 厚生労働省告示第 11 号を一部改変）

〔解　　説〕

第 1 項は，労働者が酸素欠乏等の空気を呼吸してよろめき，または，失神するこ
とにより転落し危害を受けることを防止するため，転落のおそれのある場所では，
手すりおよび柵の有無にかかわらず，要求性能墜落制止用器具（墜落による危険の
おそれに応じた性能を有する墜落制止用器具）等を使用させなければならないこと
を規定したものである。

（保護具等の点検）

第 7 条　事業者は，第 5 条の 2 第 1 項の規定により空気呼吸器等を使用させ，
　又は前条第 1 項の規定により要求性能墜落制止用器具等を使用させて酸素欠
　乏危険作業に労働者を従事させる場合には，その日の作業を開始する前に，
　当該空気呼吸器等又は当該要求性能墜落制止用器具等及び前条第 2 項の設備
　等を点検し，異常を認めたときは，直ちに補修し，又は取り替えなければな
　らない。　　　　　　　　　　　　　　　　　　　　　　　　　（根 22⑴）

【解釈例規】

「点検」については，次に掲げる保護具の区分に応じ当該各号に掲げる事項につ
いて行うこと。

　イ　空気呼吸器等

　　㈠　面体，フード，アイピース等の異常の有無

　　㈡　弁及びコックの漏れ及び損傷

　　㈢　警報器，圧力指示計，背負器，空気調節袋及び送風機の異常の有無

　　㈣　吸気管等の取付部の異常の有無並びに吸気管等の傷及び割れ等の有無

　ロ　墜落制止用器具等及びその附属金具

　　墜落制止用器具等及びその附属金具の損傷及び腐食の有無

　ハ　墜落制止用器具等の取付設備

　　墜落制止用器具等の取付設備の損傷及び腐食の有無

（昭和 57 年 6 月 14 日付け基発第 407 号を一部改変）

〔解　説〕

　本条は，酸素欠乏危険作業を行うに当たって，空気呼吸器等，要求性能墜落制止用器具等または要求性能墜落制止用器具等の取付設備等の不備により労働者が危害を受けることを防止するため，当該保護具等について，作業の開始前にこれらを点検すべきことを規定したものである。

（人員の点検）

第 8 条　事業者は，酸素欠乏危険作業に労働者を従事させるときは，労働者を当該作業を行なう場所に入場させ，及び退場させる時に，人員を点検しなければならない。　　　　　　　　　　　　　　　　　　　　　　　　　　　（根 22 (1)）

【解釈例規】

　「点検」については，単に人数を数えるだけでなく，労働者個々の入退場について確認すること。　　　　　　　　　　　　（昭 57 年 6 月 14 日付け基発第 407 号）

〔解　説〕

　本条は，酸素欠乏危険作業に従事する労働者が作業場所に取り残されることがないように，人員を点検すべきことを規定したものである。

（立入禁止）

第 9 条　事業者は，酸素欠乏危険場所又はこれに隣接する場所で作業を行うときは，酸素欠乏危険作業に従事する労働者以外の労働者が当該酸素欠乏危険場所に立ち入ることを禁止し，かつ，その旨を見やすい箇所に表示しなければならない。　　　　　　　　　　　　　　　　　　　　　　　　　　（根 22 (1)）

②　酸素欠乏危険作業に従事する労働者以外の労働者は，前項の規定により立入りを禁止された場所には，みだりに立ち入つてはならない。　　　（根 26）

③　第 1 項の酸素欠乏危険場所については，安衛則第 585 条第 1 項第 4 号の規定（酸素濃度及び硫化水素濃度に係る部分に限る。）は，適用しない。

〔解　説〕

(1)　本条は，酸素欠乏危険作業を行うときはもとより酸素欠乏危険場所に隣接する場所において作業を行うときは，酸素欠乏危険作業に従事する労働者以外の労働者が，酸素欠乏危険場所に立ち入ることにより酸素欠乏症等にかかることを防止するために当該者の立入りを禁止し，その旨を当該場所の入口等の見やすい箇所に表示することを義務づけたものである。

(2)　第 1 項の「表示」を行う場合には，少なくとも次の事項を併せて記載するよう指導すること。

イ　第1種酸素欠乏危険作業に係る場所にあっては酸素欠乏症にかかるおそれ，
　第2種酸素欠乏危険作業に係る場所にあっては酸素欠乏症及び硫化水素中毒に
　かかるおそれがあること。

ロ　当該場所に立ち入る場合にとるべき措置

ハ　事故発生時の措置

ニ　空気呼吸器等，墜落制止用器具等，酸素の濃度の測定機器，硫化水素の濃度
　の測定機器，送気設備等の保管場所

ホ　酸素欠乏危険作業主任者の氏名

（連　　絡）
第10条　事業者は，酸素欠乏危険作業に労働者を従事させる場合で，近接す
　る作業場で行われる作業による酸素欠乏等のおそれがあるときは，当該作業
　場との間の連絡を保たなければならない。　　　　　　　　　　（根 22（1））

【解釈例規】

(1)　「連絡」を保つべき事項には，一般的事項としては，作業期間及び作業時間が
　あり，圧気工法を用いる作業場が近接してある場合には，その他に送気の時期の
　相互連絡及び送気圧の調節等があること。

(2)　「近接する作業場」には，当該事業者の管理下にある作業場のほか，他の事業
　者の管理下にある作業場も含まれること。

（昭和 57 年 6 月 14 日付け基発第 407 号）

〔解　　説〕

　本条は，次に掲げる作業の場合のように「近接する作業場で行われる作業」によ
り酸素欠乏等になることを防止するための措置を規定したものである。

イ　令別表第 6 第 1 号のイまたはロに掲げる場所において作業を行う場合であっ
　て，当該場所に近接した場所で圧気工法による作業が行われているとき。

ロ　タンクの内部等通風の不十分な場所で作業を行う場合であって，当該場所に近
　接する作業場で窒素，炭酸ガス等が取り扱われているとき，またはし尿，汚水等
　硫化水素を発生させる物を入れてあり，もしくは入れたことのあるタンク，槽等
　の内部を換気しているとき。

（作業主任者）
第11条　事業者は，酸素欠乏危険作業については，第1種酸素欠乏危険作業
にあつては酸素欠乏危険作業主任者技能講習又は酸素欠乏・硫化水素危険作
業主任者技能講習を修了した者のうちから，第2種酸素欠乏危険作業にあつ
ては酸素欠乏・硫化水素危険作業主任者技能講習を修了した者のうちから，
酸素欠乏危険作業主任者を選任しなければならない。　　　　　　　（根14）
②　事業者は，第1種酸素欠乏危険作業に係る酸素欠乏危険作業主任者に，次
の事項を行わせなければならない。
　1　作業に従事する労働者が酸素欠乏の空気を吸入しないように，作業の方
　　法を決定し，労働者を指揮すること。
　2　その日の作業を開始する前，作業に従事するすべての労働者が作業を行
　　う場所を離れた後再び作業を開始する前及び労働者の身体，換気装置等に
　　異常があつたときに，作業を行う場所の空気中の酸素の濃度を測定するこ
　　と。
　3　測定器具，換気装置，空気呼吸器等その他労働者が酸素欠乏症にかかる
　　ことを防止するための器具又は設備を点検すること。
　4　空気呼吸器等の使用状況を監視すること。　　　　　　　　　（根14）
③　前項の規定は，第2種酸素欠乏危険作業に係る酸素欠乏危険作業主任者に
ついて準用する。この場合において，同項第1号中「酸素欠乏」とあるのは
「酸素欠乏等」と，同項第2号中「酸素」とあるのは「酸素及び硫化水素」と，
同項第3号中「酸素欠乏症」とあるのは「酸素欠乏症等」と読み替えるもの
とする。　　　　　　　　　　　　　　　　　　　　　　　　　　（根14）

【解釈例規】

(1)　第1項の「酸素欠乏危険作業主任者」は，その職務の遂行が可能な範囲ごとに
　　選任すればたりること。

(2)　第2項第1号の「作業の方法」とは，換気装置及び送気設備の起動，停止，監
　　視並びに調整，労働者の当該場所への立入り，保護具の使用，事故発生の場合の
　　労働者の退避及び救出等についての作業の方法をいうこと。

　　　　　　　　　　　　　　　　　　（昭和57年6月14日付け基発第407号）

（特別の教育）
第12条　事業者は，第1種酸素欠乏危険作業に係る業務に労働者を就かせる
ときは，当該労働者に対し，次の科目について特別の教育を行わなければな
らない。
　1　酸素欠乏の発生の原因
　2　酸素欠乏症の症状
　3　空気呼吸器等の使用の方法
　4　事故の場合の退避及び救急そ生の方法

5　前各号に掲げるもののほか，酸素欠乏症の防止に関し必要な事項

(根 59 ③)

②　前項の規定は，第2種酸素欠乏危険作業に係る業務について準用する。この場合において，同項第1号中「酸素欠乏」とあるのは「酸素欠乏等」と，同項第2号及び第5号中「酸素欠乏症」とあるのは「酸素欠乏症等」と読み替えるものとする。

(根 59 ③)

③　安衛則第37条及び第38条並びに前二項に定めるもののほか，前二項の特別の教育の実施について必要な事項は，厚生労働大臣が定める。　(根 59 ③)

【解釈例規】

労働災害防止団体等が，本条に定める要件を満す講習を行った場合で，同講習を受講したことが明らかな者については，受講をした当該科目についての特別教育を省略することができること（安衛則第37条参照）。

(昭和 57 年 6 月 14 日付け基発第 407 号)

〔解　説〕

(1)　本条は，第1種酸素欠乏危険作業に係る業務に労働者を就かせるときは，酸素欠乏症に関する知識の不足から生ずる事故を防止するため，第2種酸素欠乏危険作業に係る業務に労働者を就かせるときは，酸素欠乏症および硫化水素中毒に関する知識の不足から生ずる事故を防止するため，必要な事項について教育を行わなければならないことを規定したものである。

(2)　本条の教育事項の範囲および時間については，酸素欠乏危険作業特別教育規程（昭和 47 年労働省告示第 132 号）に定められている。

(3)　特別教育は，繰り返し行うことにより，一層効果を定着させることができることから，酸素欠乏危険作業に労働者を就かせた後も繰り返し行うことが必要である。

労働安全衛生規則

(特別教育の科目の省略)

第 37 条　事業者は，法第 59 条第 3 項の特別の教育（以下「特別教育」という。）の科目の全部又は一部について十分な知識及び技能を有していると認められる労働者については，当該科目についての特別教育を省略することができる。

(根 59 ③)

(特別教育の記録の保存)

第 38 条　事業者は，特別教育を行なつたときは，当該特別教育の受講者，科目等の記録を作成して，これを 3 年間保存しておかなければならない。

(根 59 ③, 103 ①)

【解釈例規】

⑴　特別教育科目を省略する者

　　労働災害防止団体等が本条（安衛則第36条）に掲げる業務について，第39条その他の省令で定める要件を満す講習を行なった場合で，同講習を受講したことが明らかな者については，第37条に該当する者として取り扱って差しつかえないものであること。　　　　　　　（昭和47年9月18日付け基発第601号の1）

⑵　特別教育の科目の省略が認められる者とは

　問　安衛則第37条により特別教育の科目の省略が認められる者は，具体的にどのような者か。

　答　当該業務に関連し上級の資格（技能免許または技能講習修了）を有する者，他の事業場において当該業務に関し，すでに特別の教育を受けた者，当該業務に関し，職業訓練を受けた者等がこれに該当する。

　　　　　　　　　　　　　　　　　　　（昭和48年3月19日付け基発第145号）

（監視人等）

第13条　事業者は，酸素欠乏危険作業に労働者を従事させるときは，常時作業の状況を監視し，異常があつたときに直ちにその旨を酸素欠乏危険作業主任者及びその他の関係者に通報する者を置く等異常を早期に把握するために必要な措置を講じなければならない。　　　　　　　　　　（根22⑴）

【解釈例規】

⑴　「異常があったとき」には，労働者が身体の異常を訴えたとき，換気装置に異常を認めたとき等があること。なお，酸素欠乏症の初期においては，顔面蒼白又は紅潮，脈拍及び呼吸数の増加，発汗，よろめき，めまい並びに頭痛の徴候が認められることに，硫化水素中毒の初期においては，眼及び気道の刺激，嗅覚の鈍麻並びに胸痛の徴候が認められることに留意すること。

⑵　「その他の関係者」には，高圧室内作業主任者，空気圧縮機を運転する者及び異常の原因が第10条に規定する「近接する作業場で行われる作業」にある場合には，その作業場の現場責任者があること。

⑶　監視人は，本条に規定する業務の遂行が可能な範囲ごとに配置する必要があること。

　　配置に当たっては，ボイラー，タンク，反応塔，船倉等の内部における酸素欠乏危険作業の場合のように，当該作業場所の開口部の外側から内部の監視が可能

な場合には開口部の外側に配置するよう指導すること。

　作業場所が複雑である場合等，その外部から作業の状況を監視することが著しく困難なときは，酸素欠乏危険作業に従事する労働者の中から通報者を選任し，かつ，通報者から外部の監視人に連絡しうるように電話等の通報設備を設置するよう指導すること。

(4)　「常時作業の状況を監視し，異常があったときに直ちにその旨を酸素欠乏危険作業主任者及びその他の関係者に通報する者を置く等」の「等」には，第1種酸素欠乏危険作業に係るものにあっては，作業場に自動警報装置付きの酸素濃度の測定機器（日本産業規格Ｔ 8201（酸素欠乏測定用酸素計）に定める規格に適合するか又はこれと同等以上の性能を有するものをいう。以下同じ。）を設置して常時測定を行い，空気中の酸素の濃度が18％未満になった時に警報が発することにより酸素欠乏危険作業主任者及びその他の関係者が異常を直ちに認知できるようにすること，第2種酸素欠乏危険作業に係るものにあっては，作業場に自動警報装置付きの酸素濃度の測定機器及び自動警報装置付きの硫化水素濃度の測定機器を設置して常時測定を行い，空気中の酸素の濃度が18％未満になった時又は硫化水素の濃度が10ppm を超えた時に警報が発し，酸素欠乏危険作業主任者及びその他の関係者が異常を直ちに認知できるようにすることがあること。

　　　　　　　　　　　　　（昭和57年6月14日付け基発第407号を一部改変）

〔解　　説〕

(1)　本条は，酸素欠乏危険作業に労働者を従事させる場合に，異常を早期に発見して適切な処置を迅速に行うために監視人を配置すること等の措置を講ずべきことを規定したものである。

(2)　自動警報装置付きの硫化水素濃度の測定機器については日本産業規格　Ｔ 8205（硫化水素計）に定められている。

（退　　避）

第14条　事業者は，酸素欠乏危険作業に労働者を従事させる場合で，当該作業を行う場所において酸素欠乏等のおそれが生じたときは，直ちに作業を中止し，労働者をその場所から退避させなければならない。　　　　　（根 25）

②　事業者は，前項の場合において，酸素欠乏等のおそれがないことを確認するまでの間，その場所に特に指名した者以外の者が立ち入ることを禁止し，かつ，その旨を見やすい箇所に表示しなければならない。　　　　　（根 25）

【解釈例規】

(1)　第 1 項の「酸素欠乏等のおそれが生じたとき」には，酸素欠乏の空気の噴出，換気装置の故障，不活性ガス等の漏出，圧気工法における送気圧の低下，硫化水素の急激な発生等酸素欠乏症等の急迫した危険が生じたときがあること。

(2)　第 2 項の「酸素欠乏等のおそれがない」とは，酸素欠乏等のおそれが生じた原因が除去され，又は消滅し，その結果第 1 種酸素欠乏危険作業に係る場合にあっては空気中の酸素の濃度が 18％以上に保たれている状態にあること，第 2 種酸素欠乏危険作業に係る場合にあっては空気中の酸素の濃度が 18％以上，かつ，硫化水素の濃度が 10ppm 以下に保たれている状態にあることをいうこと。

(3)　第 2 項の「特に指名した者」が労働者の救出等のために当該場所に立ち入る場合は，空気呼吸器等を着用させる必要があること。

（昭和 57 年 6 月 14 日付け基発第 407 号）

〔解　　説〕

　本条は，酸素欠乏危険作業においてガスの突出，硫化水素の急激な発生，換気装置の故障等で空気中の酸素濃度が 18％未満になるおそれ，または硫化水素の濃度が 10ppm を超えるおそれが生じたときは，労働者を安全な場所に退避させ，危険のないことを確認した後でなければ当該場所に特定の者以外の者が立ち入ることを禁止する趣旨の規定である。

-----労働安全衛生規則-----

（立入禁止等）

第 585 条　事業者は，次の場所には，関係者以外の者が立ち入ることを禁止し，かつ，その旨を見やすい箇所に表示しなければならない。

第 1 号～第 3 号（略）

　4　炭酸ガス濃度が 1.5 パーセントを超える場所，酸素濃度が 18 パーセントに満たない場所又は硫化水素濃度が 100 万分の 10 を超える場所

第 5 号～第 7 号（略）

第 2 項（略）

（避難用具等）

第 15 条　事業者は，酸素欠乏危険作業に労働者を従事させるときは，空気呼吸器等，はしご，繊維ロープ等非常の場合に労働者を避難させ，又は救出するため必要な用具（以下「避難用具等」という。）を備えなければならない。　　（根 22(1)）

②　第 7 条の規定は，前項の避難用具等について準用する。　　（根 22(1)）

【解釈例規】

(1)　第 1 項の「空気呼吸器等」については，救出作業に従事することが予定されている労働者の数以上を備えることが必要であること。

(2)　第 1 項の「繊維ロープ等」の「等」には，墜落制止用器具等，つり足場（巻き上げ可能なものに限る。）及び滑車が含まれること。

　　　　　　　　　　　　　　　　（昭和 57 年 6 月 14 日付け基発第 407 号を一部改変）

（救出時の空気呼吸器等の使用）

第 16 条　事業者は，酸素欠乏症等にかかつた労働者を酸素欠乏等の場所において救出する作業に労働者を従事させるときは，当該救出作業に従事する労働者に空気呼吸器等を使用させなければならない。　　　　　　　　（根 22(1)）

②　労働者は，前項の場合において，空気呼吸器等の使用を命じられたときは，これを使用しなければならない。　　　　　　　　　　　　　　　　（根 26）

〔解　　説〕

(1)　本条は，酸素欠乏等の場所において酸素欠乏症等にかかった労働者を救出する場合に，二次災害を防止するため，救出に従事する労働者に必ず空気呼吸器等を使用させなければならないことを規定したものである。

(2)　酸素欠乏症等の事故においては，救出のため立ち入った者の死亡事故が多いので，本条については特に留意する必要がある。

（診察及び処置）

第 17 条　事業者は，酸素欠乏症等にかかつた労働者に，直ちに医師の診察又は処置を受けさせなければならない。　　　　　　　　　　　　（根 22(1)）

【解釈例規】

「酸素欠乏症等にかかった労働者」には，酸素欠乏等の場所にあって酸素欠乏症等の初期の症状があった者も含まれ，それらの者についても診察又は処置を受けさせなければならないものであること。　　　（昭和 57 年 6 月 14 日付け基発第 407 号）

第 3 章　特殊な作業における防止措置

　本章は，圧気工法による作業，特定の地層に通じる井戸等が設けられている地下室等における作業，し尿等を入れてある設備等の改造等の作業等特殊な作業または冷蔵室等特殊な施設において発生する酸素欠乏症等を防止するため必要な措置を講

ずべきことを規定したものであり，これを遵守させることによって公衆災害の防止
にも寄与することができるものである。

（ボーリング等）

第18条　事業者は，ずい道その他坑を掘削する作業に労働者を従事させる場
　　合で，メタン又は炭酸ガスの突出により労働者が酸素欠乏症にかかるおそれ
　　のあるときは，あらかじめ，作業を行なう場所及びその周辺について，メタン
　　又は炭酸ガスの有無及び状態をボーリングその他適当な方法により調査し，
　　その結果に基づいて，メタン又は炭酸ガスの処理の方法並びに掘削の時期及
　　び順序を定め，当該定めにより作業を行なわなければならない。　（根22(1)）

【解釈例規】

(1)　「メタン又は炭酸ガスの突出により労働者が酸素欠乏症にかかるおそれのある
　　とき」には，次の地層を掘削する場合があること。

　イ　緑色凝灰岩からなる地層であって，断層又は節理のあるもの

　ロ　頁岩からなる地層であって，断層又は節理のあるもの

　ハ　黒色変岩と緑色変岩との境界にあって，粘土化しているじゃ紋岩からなる地
　　層

(2)　「その周辺」とは，作業場所の周辺に滞留しているメタン又は炭酸ガスがその
　　ガス圧により作業場所に突出するおそれがある箇所のすべてをいうこと。

(3)　「その他適当な方法」による「調査」には，発注者等が「適当な方法」によっ
　　て調査をしている場合には，事業者がその調査の結果について調べることが含ま
　　れること。

(4)　「メタン又は炭酸ガスの処理の方法」には，ガス抜きがあること。

（昭和57年6月14日付け基発第407号）

〔解　　説〕

　本条は，特定の地層を掘削する場合にメタンまたは炭酸ガスが突出することによ
り労働者が酸素欠乏症にかかることがあるため，あらかじめ先進ボーリング等によ
り当該ガスの有無および状態を調査し，その結果に基づき適切な方法により作業を
行うべきことを規定したものである。

> （消火設備等に係る措置）
> **第19条**　事業者は，地下室，機関室，船倉その他通風が不十分な場所に備える消火器又は消火設備で炭酸ガスを使用するものについては，次の措置を講じなければならない。
> 　1　労働者が誤つて接触したことにより，容易に転倒し，又はハンドルが容易に作動することのないようにすること。
> 　2　みだりに作動させることを禁止し，かつ，その旨を見やすい箇所に表示すること。
> 　　　　　　　　　　　　　　　　　　　　　　　　　　　　　　　（根22(1)）

【解釈例規】

(1)　「その他通風が不十分な場所」とは，自然通風が不十分で，かつ，換気が十分に行われていない場所をいい，船室，タンク，ボイラー，圧力容器及び反応塔の内部があること。

(2)　第1号により講ずべき措置としては，火災が発生した場合に直ちに取り出せるようにしたうえで囲いを設けることがあること。

　　　　　　　　　　　　　　　　　　　（昭和57年6月14日付け基発第407号）

〔解　　説〕

(1)　本条は，地下室等において，炭酸ガスを使用する消火器等を転倒し，誤って作動させる等により炭酸ガスが噴出することにより酸素欠乏症にかかることを防止するため，必要とする場合以外の場合に消火器等が作動することのないように措置すべきことを規定したものである。

(2)　地下室等に備えている炭酸ガスまたは蒸発性液体を使用する自動式の消火器等であって手動式に切り換え可能なものについては，当該地下室等の内部で溶接等の火気を使用することにより温度が上昇して消火設備が自動的に作動するおそれがある場合は，火気を使用する間，手動式に切り換えることが望ましい。

> （冷蔵室等に係る措置）
> **第20条**　事業者は，冷蔵室，冷凍室，むろその他密閉して使用する施設又は設備の内部における作業に労働者を従事させる場合は，労働者が作業している間，当該施設又は設備の出入口の扉又はふたが締まらないような措置を講じなければならない。ただし，当該施設若しくは設備の出入口の扉若しくはふたが内部から容易に開くことができる構造のものである場合又は当該施設若しくは設備の内部に通報装置若しくは警報装置が設けられている場合は，この限りでない。
> 　　　　　　　　　　　　　　　　　　　　　　　　　　　　　　　（根22(1)）

【解釈例規】

(1)　「その他密閉して使用する施設又は設備」には，タンク，ボイラー，圧力容器，反応塔等があること。

(2)　「出入口の扉又はふたが締まらないような措置」とは，扉又はふたを取りはずすこと，針金，ロープ，鎖等を使用して扉又はふたが締まらないように緊縛すること等があり，角材，鉄棒等で単に扉又はふたを支えることは，本条の措置には該当しないこと。　　　　　　　　　　　　（昭和57年6月14日付け基発第407号）

〔解　　説〕

本条は，労働者が，冷蔵室等の内部に閉じ込められて酸素欠乏症にかかることを防止するため，労働者が内部で作業する間，原則として出入口の扉又はふたが締まらないような措置を講ずべきことを規定したものである。

（溶接に係る措置）

第21条　事業者は，タンク，ボイラー又は反応塔の内部その他通風が不十分な場所において，アルゴン，炭酸ガス又はヘリウムを使用して行なう溶接の作業に労働者を従事させるときは，次の各号のいずれかの措置を講じなければならない。

　1　作業を行なう場所の空気中の酸素の濃度を18パーセント以上に保つように換気すること。

　2　労働者に空気呼吸器等を使用させること。　　　　　　　　（根22(1)）

②　第7条の規定は，前項第2号の空気呼吸器等について準用する。（根22(1)）

③　労働者は，第1項第2号の場合において，空気呼吸器等の使用を命じられたときは，これを使用しなければならない。　　　　　　　　　（根26）

【解釈例規】

第1項の「その他通風が不十分な場所」には，分離器，船倉等の内部があること。

（昭和57年6月14日付け基発第407号）

〔解　　説〕

本条は，タンク等の製造，改修等のためにイナート（不活性）ガスアーク溶接または炭酸ガスアーク溶接を行う場合には，当該ガスが内部に充満することにより酸素欠乏症が発生することを防止するために必要な措置を講ずべきことを規定したものである。

（ガス漏出防止措置）

第 22 条　事業者は，ボイラー，タンク，反応塔，船倉等の内部で令別表第 6 第 11 号の気体（以下「不活性気体」という。）を送給する配管があるところにおける作業に労働者を従事させるときは，次の措置を講じなければならない。

　1　バルブ若しくはコックを閉止し，又は閉止板を施すこと。

　2　前号により閉止したバルブ若しくはコック又は施した閉止板には施錠をし，これらを開放してはならない旨を見やすい箇所に表示すること。

（根 22⑴）

②　事業者は，不活性気体を送給する配管のバルブ若しくはコック又はこれらを操作するためのスイッチ，押しボタン等については，これらの誤操作による不活性気体の漏出を防止するため，配管内の不活性気体の名称及び開閉の方向を表示しなければならない。

（根 22⑴）

【解釈例規】

⑴　第 1 項の「船倉等」の「等」には，圧力容器，ガスホルダ，反応器，抽出器，分離器，熱交換器，船の二重底並びに窒素，フロン等を使用する低温恒温室及びピットがあり，完成していないものも含まれること。

⑵　第 2 項の「押しボタン等」の「等」には，遠隔操作用のレバーが含まれること。

⑶　第 2 項の「開閉の方向を表示し」とは，矢印，文字等で「開」及び「閉」の方向を表示することをいうこと。　　　（昭和 57 年 6 月 14 日付け基発第 407 号）

〔解　　説〕

⑴　本条は，労働者がボイラー等の内部で作業しているときに，その外部にいる者が，内部で作業していることを知らずに当該設備に窒素等の不活性気体を送給すること等により酸素欠乏症が発生することを防止するため，労働者が内部で作業している間，当該設備に通じる配管のバルブ等を閉止すべきこと等を規定したものである。

⑵　第 2 項の措置をより効果あらしめるため，バルブ等の配置箇所の照明を適切にすることが望ましい。

（ガス排出に係る措置）

第 22 条の 2　事業者は，タンク，反応塔等の容器の安全弁等から排出される不活性気体が流入するおそれがあり，かつ，通風又は換気が不十分である場所における作業に労働者を従事させるときは，当該安全弁等から排出される不活性気体を直接外部へ放出することができる設備を設ける等当該不活性気体が当該場所に滞留することを防止するための措置を講じなければならない。

（根 22⑴）

【解釈例規】

(1) 本条の「措置」は，炭酸ガス消火設備の炭酸ガスボンベを設置している室，フロンを冷媒とする冷凍機室，不活性気体を入れてある容器の貯蔵場所，不活性ガスを製造し，又は取り扱う装置を設置している場所等において労働者に作業を行わせる場合について，講ずべきものであること。

(2) 「タンク，反応塔等」の「等」には，冷凍機の蒸発器が含まれること。

(3) 「安全弁等」の「等」には，破裂板及び緊急放出装置が含まれること。

(昭和57年6月14日付け基発第407号)

(空気の稀薄化の防止)

第23条 事業者は，その内部の空気を吸引する配管（その内部の空気を換気するためのものを除く。）に通ずるタンク，反応塔その他密閉して使用する施設又は設備の内部における作業に労働者を従事させるときは，労働者が作業をしている間，当該施設又は設備の出入口のふた又は扉が締まらないような措置を講じなければならない。　　　　　　　　　　　　　(根22(1))

【解釈例規】

「ふた又は扉が締まらないような措置」の意義は，第20条の「扉又はふたが締らないような措置」の意義と同様であること。　(昭和57年6月14日付け基発第407号)

〔解　説〕

本条は，減圧または脱気した状態で化学反応を行わせるための設備等の内部において，労働者が作業している場合に，その外部にいる者が，内部で作業していることを知らずに内部の空気を吸引すること等により内部の空気が稀薄化し，そのため酸素欠乏症が発生することを防止するため，労働者が内部で作業している間，出入口のふた又は扉が締まらないような措置を講ずべきことを規定したものである。

(ガス配管工事に係る措置)

第23条の2 事業者は，地下室又は溝の内部その他通風が不十分な場所において，メタン，エタン，プロパン若しくはブタンを主成分とするガス又はこれらに空気を混入したガスを送給する配管を取り外し，又は取り付ける作業に労働者を従事させるときは，次の措置を講じなければならない。

　1　配管を取り外し，又は取り付ける箇所にこれらのガスが流入しないように当該ガスを確実に遮断すること。

　2　作業を行う場所の空気中の酸素の濃度を18パーセント以上に保つように換気し，又は労働者に空気呼吸器等を使用させること。　　　(根22(1))

② 第7条の規定は，前項第2号の規定により使用させる空気呼吸器等につい

て準用する。　　　　　　　　　　　　　　　　　　　　　　　　　　（根 22 (1)）
　③　労働者は，第1項第2号の場合において，空気呼吸器等の使用を命じられ
　たときは，これを使用しなければならない。　　　　　　　　　　　（根 26）

【解釈例規】

(1)　第1項の「その他通風が不十分な場所」には，暗きょ，マンホール又はピット
　の内部があること。

(2)　第1項第1号の措置には，そのゲージ圧力が，500mm 水柱〈編注：4.9kPa〉を
　超えるガスの配管工事においては，バルブ若しくはコックを確実に閉止すること
　又は閉止板若しくは閉止栓を取り付けることがあり，そのゲージ圧力が 500mm
　水柱以下のガスの配管工事においては，上記の措置のほか次の措置があること。
　イ　配管の内部にバッグ又はストッパーを挿入すること。
　ロ　本管又は支管をせん孔して，供給管若しくは分枝管（以下「供給管等」とい
　　う。）を取り付け，当該供給管等に附属しているバルブを閉止し，若しくは当
　　該供給管等の内部にストッパーを挿入すること。

　　　　　　　　　　　　　　　　　　　（昭和 57 年 6 月 14 日付け基発第 407 号）

〔解　　　説〕

　本条は，ガス配管工事において配管を取り外す等の作業を行う場合に，配管から
ガスが漏出することにより酸素欠乏症が発生するのを防止するために，ガスの遮
断，作業を行う場所の換気等必要な措置を講ずべきことを規定したものである。

（圧気工法に係る措置）
第 24 条　事業者は，令別表第 6 第 1 号イ若しくはロに掲げる地層が存在する
　箇所又はこれに隣接する箇所において圧気工法による作業を行うときは，適
　時，当該作業により酸素欠乏の空気が漏出するおそれのある井戸又は配管に
　ついて，空気の漏出の有無，その程度及びその空気中の酸素の濃度を調査し
　なければならない。　　　　　　　　　　　　　　　　　　　　　　（根 22 (1)）
②　事業者は，前項の調査の結果，酸素欠乏の空気が漏出しているときは，そ
　の旨を関係者に通知し，酸素欠乏症の発生を防止するための方法を教示し，
　酸素欠乏の空気が漏出している場所への立入りを禁止する等必要な措置を講
　じなければならない。　　　　　　　　　　　　　　　　　　　　　（根 22 (1)）

【解釈例規】

(1)　第1項の「これに隣接する箇所」の範囲は，圧気による空気が，令別表第 6 第
　1 号イ又はロに掲げる地層に浸透するおそれのある箇所のすべてをいうこと。

(2)　第1項の「酸素欠乏の空気が漏出するおそれがある井戸又は配管」とは，圧気

による空気が上記(1)に掲げる地層を浸透して井戸又は配管へ漏出する場合の当該
井戸又は配管をいうものであること。

(3)　第1項の「配管」とは，地中に埋設された管をいうこと。

(4)　第1項の「その程度」とは，漏出している酸素欠乏の空気の単位時間当りの漏
出量をいうこと。

(5)　第1項による調査を行う場合には，次によるものとすること。

　イ　圧気工法の工区が250メートル以内の部分については，圧気を始めてから1週
　　間以内及び圧気を始めて1カ月後から1週間以内に，予定工区の周囲1キロメー
　　トルの範囲について工区に隣接する区域から順次外側に向って実施すること。

　ロ　圧気工法の工区が250メートルを超える部分については，圧気工法による掘
　　削の作業を開始してから掘削の長さが250メートルに達するごとに，その時点
　　から1週間以内に，予定工区の周囲1キロメートルの範囲について，及びその
　　時点より1カ月後から1週間以内に予定工区の周囲1キロメートルの範囲から
　　イで調査した範囲を除いた範囲について実施すること。

　　　なお，調整の範囲を図示すると，次の図のようになる。

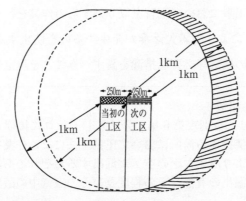

　　　備　考
　　　　1　実線で囲まれる部分は，圧気開始時及びその1カ月後
　　　　　の調査範囲
　　　　2　点線で囲まれる部分は，当初の工区の掘削が終了して
　　　　　次の工区に達したときの調査範囲
　　　　3　斜線で囲まれる部分は，次の工区に達してから1カ月
　　　　　後の調査範囲

　ハ　酸素欠乏の空気が漏出していることを認めたときは，漏出箇所及びその付近
　　については特に入念な調査を実施すること。

　　　なお，漏出箇所が調査範囲の外周付近の場合においては，1キロメートルの
　　範囲を超えて調査すること。

ニ　圧気のための送気量に異常を生じたときは，その都度，その日から1週間以内に，周囲1キロメートルの範囲について実施すること。

(6)　第2項の「関係者」とは，酸素欠乏の空気が漏出している井戸又は配管を管理する者，当該井戸又は配管のある場所における作業に労働者を従事させる事業者等をいうこと。

(7)　第2項の「酸素欠乏症の発生を防止するための方法」とは，酸素欠乏の空気が漏出している箇所を閉そくすること，漏出している当該空気を配管等により直接外気に放出して大気中に拡散させること，漏出箇所に顔を近づけないようにすること等があること。

(8)　第2項の「立入りを禁止する等」の「等」には，緊急の場合に付近の住民に警報することがあること。　　　　　　　　　（昭和57年6月14日付け基発第407号）

〔解　説〕

本条は，潜函工法または圧気シールド工法等による掘削の作業を行う場合に，圧気のために周辺区域に漏出する酸素欠乏の空気により酸素欠乏症が発生することを防止するため，当該作業により酸素欠乏の空気が漏出するおそれのある井戸または配管について調査し，当該空気が漏出している場合には必要な措置を講ずべきことを規定したものである。

（地下室等に係る措置）

第25条　事業者は，令別表第6第1号イ若しくはロに掲げる地層に接し，又は当該地層に通ずる井戸若しくは配管が設けられている地下室，ピット等の内部における作業に労働者を従事させるときは，酸素欠乏の空気が漏出するおそれのある箇所を閉そくし，酸素欠乏の空気を直接外部へ放出することができる設備を設ける等酸素欠乏の空気が作業を行なう場所に流入することを防止するための措置を講じなければならない。　　　　　　（根22(1)）

【解釈例規】

(1)　「令別表第6第1号イ若しくはロに掲げる地層に接し，又は当該地層に通ずる井戸若しくは配管が設けられている」とは，次の図のような場合をいうこと。

　　なお，地層の状態については一般に，ビルの管理者は，井戸の柱状図を所有していることに留意すること。

(2)　「酸素欠乏の空気を直接外部へ放出することができる設備」については，住民等の健康上問題がない場所を選定するとともに，当該設備の危険性について周知するための表示を行うよう指導すること。

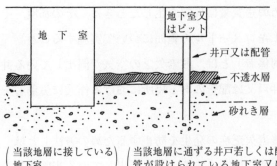

$$\left(\begin{array}{l}当該地層に接している\\地下室\end{array}\right)\quad\left(\begin{array}{l}当該地層に通ずる井戸若しくは配\\管が設けられている地下室又は\\ピット\end{array}\right)$$

(3) 「設備を設ける等」の「等」には，直接室内の空気を換気することがあること。

（昭和57年6月14日付け基発第407号を一部改変）

〔解　説〕

　本条は，地下室等であって，令別表第6第1号イ若しくはロに掲げる地層に接しているもの又は当該地層に通じる井戸若しくは配管があるものについて，壁の割れ目，井戸，配管等より酸素欠乏の空気が流入することを防止するための措置を講ずべきことを規定したものである。

（設備の改造等の作業）

第25条の2　事業者は，し尿，腐泥，汚水，パルプ液その他腐敗し，若しくは分解しやすい物質を入れてあり，若しくは入れたことのあるポンプ若しくは配管等又はこれらに附属する設備の改造，修理，清掃等を行う場合において，これらの設備を分解する作業に労働者を従事させるときは，次の措置を講じなければならない。

1　作業の方法及び順序を決定し，あらかじめ，これらを作業に従事する労働者に周知させること。

2　硫化水素中毒の防止について必要な知識を有する者のうちから指揮者を選任し，その者に当該作業を指揮させること。

3　作業を行う設備から硫化水素を確実に排出し，かつ，当該設備に接続しているすべての配管から当該設備に硫化水素が流入しないようバルブ，コック等を確実に閉止すること。

4　前号により閉止したバルブ，コック等には，施錠をし，これらを開放してはならない旨を見やすい箇所に表示し，又は監視人を置くこと。

5　作業を行う設備の周辺における硫化水素の濃度の測定を行い，労働者が硫化水素中毒にかかるおそれがあるときは，換気その他必要な措置を講ずること。

（根22(1)）

【解釈例規】

(1)　「配管等」の「等」には，バルブ及びコックが含まれること。

(2)　「附属する設備」には，スクリーン，破砕機（カッター）及びフィルタープレス，脱水機並びにろ過機が含まれること。

(3)　「清掃等」の「等」には，塗装，解体及び内部検査が含まれること。

(4)　第2号の「必要な知識を有する者」とは，硫化水素についての有害性，作業における障害予防措置の具体的方法，事故が発生した場合の応急処置の要領等についての知識のある者をいい，特定化学物質及び四アルキル鉛等作業主任者技能講習又は酸素欠乏・硫化水素危険作業主任者技能講習を修了した者がこれに該当すること。

(5)　第3号の「バルブ，コック等」の「等」には，閉止栓が含まれること。

(6)　第5号の「換気その他必要な措置」には，空気呼吸器等の使用が含まれること。　　　　　　　　　　　　　（昭和57年6月14日付け基発第407号を一部改変）

〔解　　説〕

　本条は，し尿等腐敗しまたは分解しやすい物質を入れてあるポンプ等の設備の改造等を行う場合，当該設備を分解する際に，設備内に滞留している硫化水素が空気中に放出され，硫化水素中毒が発生することを防止するために，作業方法等を決定し労働者に周知させること，指揮者を選任すること，バルブ，コック等を閉止し，施錠をすること等必要な措置を講ずべきことを規定したものである。

〔参　　考〕

　本条に違反するとされた判例

　「右マシンポーチャーは，密閉されているうえ，多種多量の薬品で加熱処理した再生パルプ液が底部に滞留するため，同部に発生しているバクテリヤが，右再生パルプ液中の硫酸に作用して，特定化学物質等である硫化水素が発生，滞留する場所であり，かつ，バクテリヤが酸素を消費して酸素欠乏を来たすおそれがある酸素欠乏危険場所であった」ので，「被告人Aは，被告人会社の業務に関し，同ポーチャー内の清掃作業のため従業員を同ポーチャー内に立入らせるために際しては，硫化水素中毒又は酸素欠乏症による事故の発生を未然に防止するため，自ら，又は右従業員に対し，適切な指示，指導をして，事前に同ポーチャー内の空気中の酸素の濃度及び硫化水素の有無を測定して，酸素の濃度を18パーセント以上に保ち，かつ，労働者が健康障害を受けるおそれのある程度の硫化水素が存在しないよう同ポーチャーの内部を十分に換気する措置を講ずべき」だったにもかかわらず，これを

怠ったと判示（当時の適用条文—旧特化則第22条第1項）。

(松山地裁　昭和54年3月27日判決)

第4章　酸素欠乏危険作業主任者技能講習及び
酸素欠乏・硫化水素危険作業主任者技能講習

　この章は，第11条に係る酸素欠乏危険作業主任者の技能講習についての内容および諸手続を規定したものである。

（酸素欠乏危険作業主任者技能講習の講習科目）

第26条　酸素欠乏危険作業主任者技能講習は，学科講習及び実技講習によつて行う。　　　　　　　　　　　　　　　　　　　　　（根76③）

②　学科講習は，次の科目について行う。
　1　酸素欠乏症及び救急そ生に関する知識
　2　酸素欠乏の発生の原因及び防止措置に関する知識
　3　保護具に関する知識
　4　関係法令　　　　　　　　　　　　　　　　　　　　（根76③）

③　実技講習は，次の科目について行なう。
　1　救急そ生の方法
　2　酸素の濃度の測定方法　　　　　　　　　　　　　　（根76③）

（酸素欠乏・硫化水素危険作業主任者技能講習の講習科目）

第27条　前条の規定は，酸素欠乏・硫化水素危険作業主任者技能講習について準用する。この場合において，同条第2項第1号中「酸素欠乏症」とあるのは「酸素欠乏症，硫化水素中毒」と，同項第2号中「酸素欠乏」とあるのは「酸素欠乏及び硫化水素」と，同条第3項第2号中「酸素」とあるのは「酸素及び硫化水素」と読み替えるものとする。　　　　　　（根76③）

（技能講習の細目）

第28条　安衛則第80条から第82条の2まで及びこの章に定めるもののほか，酸素欠乏危険作業主任者技能講習及び酸素欠乏・硫化水素危険作業主任者技能講習の実施について必要な事項は，厚生労働大臣が定める。　　（根76③）

〔解　　説〕

　酸素欠乏危険作業主任者技能講習および酸素欠乏・硫化水素危険作業主任者技能講習については，「酸素欠乏危険作業主任者技能講習及び酸素欠乏・硫化水素危険作業主任者技能講習規程」（昭和47年労働省告示第133号。平成15年厚生労働省告示第416号により名称変更）により講習の実施について必要な事項が定められている。

第5章　雑　　則

> （事故等の報告）
> **第29条**　事業者は，労働者が酸素欠乏症等にかかつたとき，又は第24条第1項の調査の結果酸素欠乏の空気が漏出しているときは，遅滞なく，その旨を当該作業を行う場所を管轄する労働基準監督署長に報告しなければならない。
> 　　　　　　　　　　　　　　　　　　　　　　　　　　　　　　（根100①）

〔解　　説〕

　本条は，労働者が酸素欠乏症等にかかったとき，または圧気工法において酸素欠乏の空気が漏出しているときに所轄労働基準監督署長に対して報告すべきことを規定したものである。

第4章　酸素欠乏危険作業主任者技能講習及び酸素欠乏・硫化水素危険作業主任者技能講習規程

（昭和 47 年 9 月 30 日労働省告示第 133 号）

（最終改正：平成 30 年 6 月 19 日厚生労働省告示第 249 号）

第 1 章　酸素欠乏危険作業主任者技能講習

（講　師）

第 1 条　酸素欠乏危険作業主任者技能講習（以下この章において「技能講習」という。）の講師は，労働安全衛生法（昭和 47 年法律第 57 号。以下「法」という。）別表第 20 第 12 号の表の講習科目の欄に掲げる講習科目に応じ，それぞれ同表の条件の欄に掲げる条件のいずれかに適合する知識経験を有する者とする。

労働安全衛生法別表第 20 第 12 号　酸素欠乏危険作業主任者技能講習

講習科目		条　　　　　件
学科講習	酸素欠乏症及び救急そ生に関する知識	1　学校教育法による大学において医学に関する学科を修めて卒業した者で，その後 2 年以上労働衛生に関する研究又は実務に従事した経験を有するものであること。 2　前号に掲げる者と同等以上の知識経験を有する者であること。
	酸素欠乏の発生の原因及び防止措置に関する知識	1　大学等において理学又は工学に関する学科を修めて卒業した者（当該学科を修めて専門職大学前期課程を修了した者を含む。以下同じ。）で，その後 2 年以上労働衛生に係る工学に関する研究又は実務に従事した経験を有するものであること。 2　前号に掲げる者と同等以上の知識経験を有する者であること。
	保護具に関する知識	1　学校教育法による大学において医学又は大学等において工学に関する学科を修めて卒業した者で，その後 2 年以上保護具に関する研究又は実務に従事した経験を有するものであること。 2　前号に掲げる者と同等以上の知識経験を有する者であること。
	関係法令	1　大学等を卒業した者で，その後 1 年以上労働衛生の実務に従事した経験を有するものであること 2　前号に掲げる者と同等以上の知識経験を有する者であること。

実技講習	救急そ生の方法	1　学校教育法による大学において医学に関する学科を修めて卒業した者で，その後2年以上労働衛生に関する研究又は実務に従事した経験を有するものであること。
		2　前号に掲げる者と同等以上の知識経験を有する者であること。
	酸素の濃度の測定方法	1　大学等において理学又は工学に関する学科を修めて卒業した者で，その後1年以上環境測定に関する実務に従事した経験を有するものであること。
		2　前号に掲げる者と同等以上の知識経験を有する者であること。

【解釈例規】

(1)　表の「条件」の欄の「実務」とは，管理，監督，指導，設計等の業務をいうこと。

(2)　表の「酸素欠乏症及び救急そ生に関する知識」の項の「条件」の欄第2号の「同等以上の知識経験を有する者」は，医師として5年以上の経験を有する者，歯科医師として5年以上の経験を有する者が該当すること。

(3)　表の「酸素欠乏の発生の原因及び防止措置に関する知識」の項の「条件」の欄第2号の「同等以上の知識経験を有する者」は，高等学校等において工学に関する学科を修めて卒業した者で，その後5年以上労働衛生に係る工学に関する研究又は実務に従事した経験を有するものが該当すること。

(4)　表の「保護具に関する知識」の項の「条件」の欄第2号の「同等以上の知識経験を有する者」は，高等学校等において工学に関する学科を修めて卒業した者で，その後5年以上保護具に関する研究又は実務に従事した経験を有するものが該当すること。

(5)　表の「関係法令」の項の「条件」の欄第2号の「同等以上の知識経験を有する者」は，高等学校等を卒業した者で，その後5年以上労働衛生の実務に従事した経験を有するものが該当すること。

(6)　表の「救急そ生の方法」の項の「条件」の欄第2号の「同等以上の知識経験を有する者」は，次に掲げる者が該当すること。

①　医師として5年以上の経験を有する者

②　歯科医師として5年以上の経験を有する者

③　日本赤十字社の行う救急法の講習を修了して救急員認定証を受けた者

④　平成5年3月31日付け消防救第41号「応急手当の普及啓発活動の推進に関する実施要綱」（次の⑤において「実施要綱」という。）に規定する応急手当指導員

⑤　実施要綱に規定する応急手当普及員

(7)　表の「酸素の濃度の測定方法」の項「条件」の欄第2号の「同等以上の知識経験を有する者」は，高等学校等において工学に関する学科を修めて卒業した者で，その後5年以上環境測定に関する実務に従事した経験を有するもの，10年以上環境測定に関する実務に従事した経験を有するものが該当すること。

(昭和57年6月14日付け基発第408号,

一部改正：平成26年4月16日付け基発第0416第1号)

（講習科目の範囲及び時間）

第2条　技能講習の学科講習は，次の表の上欄〈編注：左欄〉に掲げる講習科目に応じ，それぞれ，同表の中欄に掲げる範囲について同表の下欄〈編注：右欄〉に掲げる講習時間により，教本等必要な教材を用いて行うものとする。

講習科目	範囲	講習時間
酸素欠乏症及び救急そ生に関する知識	酸素欠乏症の病理，症状及び救急処置	2時間
酸素欠乏の発生の原因及び防止措置に関する知識	酸素欠乏の発生の原因　酸素欠乏の発生しやすい場所　酸素の濃度の測定方法　換気の方法	3時間
保護具に関する知識	空気呼吸器，酸素呼吸器及び送気マスク，墜落制止用器具等並びに救出用の設備及び器具の使用方法並びに保守点検の方法	2時間
関係法令	法，労働安全衛生法施行令（昭和47年政令第318号。以下「令」という。），労働安全衛生規則（昭和47年労働省令第32号。以下「安衛則」という。）及び酸素欠乏症等防止規則（以下「酸欠則」という。）中の関係条項	2時間

②　技能講習の実技講習は，次の表の上欄〈編注：左欄〉に掲げる講習科目に応じ，それぞれ，同表の中欄に掲げる範囲について同表の下欄〈編注：右欄〉に掲げる講習時間により行うものとする。

講習科目	範囲	講習時間
救急そ生の方法	人工呼吸の方法　人工そ生器の使用方法	2時間
酸素の濃度の測定方法	酸素濃度測定器の取扱い　測定位置の選定	1時間

③　第1項の学科講習は，おおむね100人以内の受講者を，前項の実技講習は，10人以内の受講者を，それぞれ1単位として行うものとする。

【解釈例規】

(1)　第1項及び第2項の表の「講習時間」の欄に掲げる時間数は，必要最小限の時間数を示すものであること。

(2)　第2項の実技講習のうち「酸素の濃度の測定方法」の講習においては，酸素計のうち，電気化学的方法によるものを用いて行うこと。

（昭和57年6月14日付け基発第408号）

（講習科目の受講の一部免除）

第3条　次の表の上欄〈編注：左欄〉に掲げる者は，同表の下欄〈編注：右欄〉に掲げる技能講習の講習科目の受講の免除を受けることができる。

講習の一部を免除される者	免除する講習科目
昭和46年9月26日までに都道府県労働基準局長又は建設業労働災害防止協会が行つた酸欠作業主任者講習を修了した者	酸素欠乏症及び救急そ生に関する知識 酸素欠乏の発生の原因及び防止措置に関する知識 保護具に関する知識
日本赤十字社の行う救急法の講習を修了して救急員認定証を受けた者	救急そ生の方法
平成10年3月31日までに日本赤十字社の行つた救急法一般講習Ⅱを修了して合格証を受けた者	
平成6年12月31日までに日本赤十字社の行つた救急法の講習を修了して救急員適任証を受けた者	
船員労働安全衛生規則（昭和39年運輸省令第53号）第28条第1項の国土交通大臣が指定した講習（同項第12号又は第13号に掲げる作業に係るものに限る。）の課程を修了した者	酸素欠乏症及び救急そ生に関する知識 保護具に関する知識 救急そ生の方法 酸素の濃度の測定方法

（修了試験）

第4条　技能講習においては，修了試験を行うものとする。

②　前項の修了試験は，学科試験及び実技試験とする。

③　学科試験は，技能講習の学科講習の講習科目について，筆記試験又は口述試験によつて行う。

④　実技試験は，技能講習の実技講習の講習科目について行う。

⑤　前三項に定めるもののほか，修了試験の実施について必要な事項は，厚生労働省労働基準局長の定めるところによる。

第2章　酸素欠乏・硫化水素危険作業主任者技能講習

（講習科目の範囲及び時間）

第5条　酸素欠乏・硫化水素危険作業主任者技能講習（以下この章において「技能講習」という。）の学科講習は，次の表の上欄〈編注：左欄〉に掲げる講習科目に応じ，それぞれ，同表の中欄に掲げる範囲について同表の下欄〈編注：右欄〉に掲げる講習時間により，教本等必要な教材を用いて行うものとする。

講習科目	範　　　　　囲	講習時間
酸素欠乏症，硫化水素中毒及び救急そ生に関する知識	酸素欠乏症及び硫化水素中毒の病理，症状及び救急処置	3時間
酸素欠乏及び硫化水素の発生の原因及び防止措置に関する知識	酸素欠乏等の発生の原因　酸素欠乏等の発生しやすい場所　酸素及び硫化水素の濃度の測定方法　換気の方法	4時間
保護具に関する知識	空気呼吸器，酸素呼吸器及び送気マスク，墜落制止用器具等並びに救出用の設備及び器具の使用方法並びに保守点検の方法	2時間
関係法令	法，令及び安衛則中の関係条項　酸欠則	2時間30分

②　技能講習の実技講習は，次の表の上欄〈編注・左欄〉に掲げる講習科目に応じ，それぞれ，同表の中欄に掲げる範囲について同表の下欄〈編注・右欄〉に掲げる講習時間により行うものとする。

講習科目	範　　　　　囲	講習時間
救急そ生の方法	人工呼吸の方法　人工そ生器の使用方法	2時間
酸素及び硫化水素の濃度の測定方法	酸素濃度測定器及び硫化水素濃度測定器の取扱い　測定位置の選定	2時間

③　第1項の学科講習は，おおむね100人以内の受講者を，前項の実技講習は，10人以内の受講者を，それぞれ1単位として行うものとする。

【解釈例規】

(1)　第1項及び第2項の表の「講習時間」の欄に掲げる時間数は，必要最小限の

時間数を示すものであること。

(2)　第 2 項の実技講習のうち「酸素及び硫化水素の濃度の測定方法」の講習においては，酸素の濃度の測定については酸素計のうち，電気化学的方法による測定方法によるもの，硫化水素の濃度の測定については検知管方式による硫化水素検定器又は検知管方式による硫化水素検定器と同等以上の性能を有する測定機器のうち，電気化学的方法によるものを用いて行うこと。

（昭和 57 年 6 月 14 日付け基発第 408 号）

（講習科目の受講の一部免除）

第 6 条　日本赤十字社の行う救急法の講習を修了して救急員認定証を受けた者，平成 10 年 3 月 31 日までに日本赤十字社の行つた救急法一般講習Ⅱを修了して合格証を受けた者及び平成 6 年 12 月 31 日までに日本赤十字社の行つた救急法の講習を修了して救急員適任証を受けた者は，技能講習の講習科目のうち救急そ生の方法の受講の免除を受けることができる。

（酸素欠乏危険作業主任者技能講習を修了した者等に関する特例）

第 7 条　酸素欠乏危険作業主任者技能講習（酸素欠乏症防止規則等の一部を改正する省令（昭和 57 年労働省令第 18 号）附則第 2 条及び労働安全衛生規則等の一部を改正する等の省令（平成 15 年厚生労働省令第 175 号）附則第 2 条の規定により酸素欠乏危険作業主任者技能講習とみなされたものを含む。）を修了した者に対する技能講習は，第 5 条の規定にかかわらず，次の表の上欄〈編注：左欄〉に掲げる講習科目について行うものとし，当該講習科目の範囲及び時間は，それぞれ，同表の中欄及び下欄〈編注：右欄〉に掲げるとおりとする。

講習科目	範　　　　　　囲	講習時間
硫化水素中毒に関する知識	硫化水素中毒の病理及び症状	1 時間
空気中の硫化水素の濃度が 100 万分の 10 を超える状態の発生の原因及び防止措置に関する知識	空気中の硫化水素の濃度が 100 万分の 10 を超える状態の発生の原因　　空気中の硫化水素の濃度が 100 万分の 10 を超える状態の発生しやすい場所　硫化水素の濃度の測定方法	1 時間
関係法令	法，令，安衛則及び酸欠則中の硫化水素中毒の防止に係る関係条項	30 分
硫化水素の濃度の測定方法	硫化水素濃度測定器の取扱い　測定位置の選定	1 時間

②　昭和 46 年 9 月 26 日までに都道府県労働基準局長又は建設業労働災害防止協会が行つた酸欠作業主任者技能講習を修了した者に対する技能講習の学科講習は，第 5 条第 1 項の規定にかかわらず，次の表の上欄〈編注：左欄〉

に掲げる講習科目について行うものとし，当該講習科目の範囲及び時間は，それぞれ，同表の中欄及び下欄〈編注：右欄〉に掲げるとおりとする。

講習科目	範　　　　　　　　　囲	講習時間
硫化水素中毒に関する知識	硫化水素中毒の病理及び症状	1時間
空気中の硫化水素の濃度が100万分の10を超える状態の発生の原因及び防止措置に関する知識	空気中の硫化水素の濃度が100万分の10を超える状態の発生の原因　空気中の硫化水素の濃度が100万分の10を超える状態の発生しやすい場所　硫化水素の濃度の測定方法	1時間
関係法令	法，令及び安衛則中の関係条項，酸欠則	2時間30分

【解釈例規】

(1)　第7条第1項及び第2項の表の「講習時間」の欄に掲げる時間数は，必要最小限の時間数を示すものであること。

(2)　第7条第1項の表の「硫化水素中毒に関する知識」，「空気中の硫化水素の濃度が100万分の10を超える状態の発生の原因及び防止措置に関する知識」及び「関係法令」の講習は学科講習であり，「硫化水素の濃度の測定方法」の講習は，実技講習であること。なお，「硫化水素の濃度の測定方法」の講習においては，検知管方式による硫化水素検定器又は検知管方式による硫化水素検定器と同等以上の性能を有する測定機器のうち，電気化学的方法による測定器を用いて行うこと。

　　　　　　　　　　　　　　　　　（昭和57年6月14日付け基発第408号）

（準　用）
第8条　第1条及び第4条の規定は，技能講習の講師及び修了試験について準用する。この場合において，第1条中「別表第20第12号」とあるのは「別表第20第13号」と読み替えるものとする。

労働安全衛生法別表第20第13号　酸素欠乏・硫化水素危険作業主任者技能講習

講習科目		条　　　　　　件
学科講習	酸素欠乏症，硫化水素中毒及び救急そ生に関する知識	1　学校教育法による大学において医学に関する学科を修めて卒業した者で，その後2年以上労働衛生に関する研究又は実務に従事した経験を有するものであること。 2　前号に掲げる者と同等以上の知識経験を有する者であること。

	酸素欠乏及び硫化水素の発生の原因及び防止措置に関する知識	1　大学等において理学又は工学に関する学科を修めて卒業した者で，その後2年以上労働衛生に係る工学に関する研究又は実務に従事した経験を有するものであること。 2　前号に掲げる者と同等以上の知識経験を有する者であること。
	保護具に関する知識	1　学校教育法による大学において医学又は大学等において工学に関する学科を修めて卒業した者で，その後2年以上保護具に関する研究又は実務に従事した経験を有するものであること。 2　前号に掲げる者と同等以上の知識経験を有する者であること。
	関係法令	1　大学等を卒業した者で，その後1年以上労働衛生の実務に従事した経験を有するものであること。 2　前号に掲げる者と同等以上の知識経験を有する者であること。
実技講習	救急そ生の方法	1　学校教育法による大学において医学に関する学科を修めて卒業した者で，その後2年以上労働衛生に関する研究又は実務に従事した経験を有するものであること。 2　前号に掲げる者と同等以上の知識経験を有する者であること。
	酸素及び硫化水素の濃度の測定方法	1　大学等において理学又は工学に関する学科を修めて卒業した者で，その後1年以上環境測定に関する実務に従事した経験を有するものであること。 2　前号に掲げる者と同等以上の知識経験を有する者であること。

（昭和47年9月30日労働省告示第132号）
（最終改正：平成30年6月19日厚生労働省告示第249号）

第5章　酸素欠乏危険作業特別教育規程

（第1種酸素欠乏危険作業に係る特別教育）

第1条　酸素欠乏症等防止規則第12条第1項の規定による特別の教育は，学科教育により，次の表の上欄〈編注：左欄〉に掲げる科目に応じ，それぞれ，同表の中欄に掲げる範囲について同表の下欄〈編注：右欄〉に掲げる時間以上行うものとする。

科　目	範　囲	時　間
酸素欠乏の発生の原因	酸素欠乏の発生の原因　酸素欠乏の発生しやすい場所	30分
酸素欠乏症の症状	酸素欠乏による危険性　酸素欠乏症の主な症状	30分
空気呼吸器等の使用の方法	空気呼吸器，酸素呼吸器若しくは送気マスク又は換気装置の使用方法及び保守点検の方法	1時間
事故の場合の退避及び救急そ生の方法	墜落制止用器具等並びに救出用の設備及び器具の使用方法並びに保守点検の方法　人工呼吸の方法　人工そ生器の使用方法	1時間
その他酸素欠乏症の防止に関し必要な事項	労働安全衛生法（昭和47年法律第57号），労働安全衛生法施行令（昭和47年政令第318号），労働安全衛生規則（昭和47年労働省令第32号）及び酸素欠乏症等防止規則中の関係条項　酸素欠乏症を防止するため当該業務について必要な事項	1時間

（第2種酸素欠乏危険作業に係る特別教育）

第2条　酸素欠乏症等防止規則第12条第2項において準用する同条第1項の規定による特別の教育は，学科教育により，次の表の上欄〈編注：左欄〉に掲げる科目に応じ，それぞれ，同表の中欄に掲げる範囲について同表の下欄〈編注：右欄〉に掲げる時間以上行うものとする。

科　目	範　囲	時　間
酸素欠乏等の発生の原因	酸素欠乏等の発生の原因　酸素欠乏等の発生しやすい場所	1時間
酸素欠乏症等の症状	酸素欠乏等による危険性　酸素欠乏症等の主な症状	1時間
空気呼吸器等の使用の方法	空気呼吸器，酸素呼吸器若しくは送気マスク又は換気装置の使用方法及び保守点検の方法	1時間
事故の場合の退避及び救急そ生の方法	墜落制止用器具等並びに救出用の設備及び器具の使用方法並びに保守点検の方法　人工呼吸の方法　人工そ生器の使用方法	1時間
その他酸素欠乏症等の防止に関し必要な事項	労働安全衛生法，労働安全衛生法施行令，労働安全衛生規則及び酸素欠乏症等防止規則中の関係条項　酸素欠乏症等を防止するため当該業務について必要な事項	1時間 30分

参考資料

　　酸素欠乏症等の労働災害発生状況については，厚生労働省から例年6月また
　は7月に「酸素欠乏症等の労働災害発生状況について」（年によって標題が異
　なる場合もあり。）として酸素欠乏症等の労働災害発生状況が公表されてきて
　いる。その際，過去においては，労働災害防止対策に係る指示が示されたもの
　もある。

　　また，酸素欠乏危険作業に係る通達等には，非定常作業が多い酸素欠乏危険
　作業自体の特性もあって，他分野の労働災害防止対策とは異なり，個々の災害
　発生に対して個別の業界団体に対して指示されているものも多く，酸素欠乏危
　険作業について包括的に指示されている通達は少なく，また，全般的な安全衛
　生指針の中の一部として，酸素欠乏症等防止対策が示されているものもある。

　　その中で，以下に過去に発出された通達については，現在においても，酸素
　欠乏危険作業の労働災害防止対策について，基本的な考え方が示されている部
　分があるので，参考として掲載する。

　　なお，以下に掲載している通達等については，あくまで参考として掲載して
　おり，当該通達等が発出された時点での法令に基づき記載されている部分や現
　在の表記とは異なる部分もあるため，文意を変えない範囲内で抄録として掲載
　しているものもある。法令の適用にあたっては最新の法令等を参照のこと。

1　酸素欠乏症等の労働災害発生状況の分析について（抄）

（平成20年7月1日付け基安労発第0701001号〔別添1〕）

7　まとめ

　酸素欠乏症等の労働災害は，酸素濃度等の測定，十分な換気の実施，空気呼吸器
等の使用等，酸素欠乏症等防止規則に定めた基本的な措置を適正に実施すれば，発
生を防ぐことができるものである。

　また，被災者を救出しようとした者に係る二次災害も発生している。

　このため，平成19年に発生した酸素欠乏症等の発生事例も踏まえ，事業者等に
対して次の事項を特に指導する必要がある。

⑴　事業者が率先して酸素欠乏危険作業のリスクの洗い出しを行い，作業場所が，
　窒素ガス等の無酸素気体に置換していることやし尿，汚水・汚泥等からの硫化水
　素が発生しやすい酸素欠乏危険場所であること等の情報を作業者に確実に伝達す

ること。

(2) 第1種酸素欠乏危険作業にあっては酸素欠乏・硫化水素危険作業主任者技能講習修了者又は酸素欠乏危険作業主任者技能講習修了者から，第2種酸素欠乏危険作業にあっては酸素欠乏・硫化水素危険作業主任者技能講習修了者から「酸素欠乏危険作業主任者」を確実に選任して，その者に酸素欠乏症等防止規則に定める職務（労働者の指揮，酸素濃度等の測定，換気装置の点検，空気呼吸器等の使用状況の監視）を行わせること。

(3) 作業者に対して特別教育を実施すること。

(4) 単独作業時の災害が認められることから，監視人の配置等異常を早期に把握するために必要な措置を講じること。

(5) 酸素欠乏症等にかかった作業者を救出する場合には，その救出者に，空気呼吸器を使用させること。

【参考】

以下の（略）の部分は，上記通達と同趣旨。

(1) **酸素欠乏症等の災害防止の徹底について（抄）**

（平成 19 年 6 月 18 日付け基安労発第 0618001 号〔別添 1〕）

7 まとめ

（略）

(2) 製造工程等で取り扱われるガスについては，窒素等，当該気体によって酸素が置換され酸素欠乏空気を発生させるものがあるが，酸化防止や爆発・火災防止等の利便性やそれ自体の無毒性ばかりが注目されがちであり，各種無酸素気体の性質及び当該気体による酸素欠乏の危険性等について教育を徹底すること。

（略）

(4) 酸素欠乏危険場所であるにもかかわらず，有機溶剤用防毒マスクを着用して作業を行ったため，被災した災害が認められる。防毒マスク及び防じんマスクは，酸素欠乏症等の防止には全く効果のないものであり，酸素欠乏危険作業の際には絶対に用いてはならないものであることを認識すること。

（略）

(2)　酸素欠乏症等災害発生状況等の分析について（抄）

（平成 17 年 6 月 15 日付け基安労発第 0615001 号〔別添〕）

7　まとめ

（略）

(4)　エアラインマスクのエアラインを空気配管に接続すべきところ，誤って
別の配管（窒素等）に接続したことにより被災した事案が散見されること
から，

①　配管の区別を明確にすること

②　作業標準を整備すること

③　配管設備等の情報を作業員に十分周知させること

などの措置を講じること。

(5)　平成 16 年においては，保冷車において保冷用のドライアイスや液体窒素
の昇華等により発生した二酸化炭素等により置換された酸素欠乏空気を吸
入したことにより被災した事案が散見されたことから，運輸交通業におい
ても酸素欠乏症防止のための措置を講じること。

2　コンクリート用化学混和剤を貯留するタンク内作業における酸素欠乏症等の防止について

（平成 14 年 1 月 9 日付け基安発第 0109002 号）

コンクリート用化学混和剤は，貯留条件によりその結果は一定でないものの一般
に腐敗しやすく，これを長期間貯留した場合には，コンクリート用化学混和剤を貯
留するタンク（以下「タンク」という。）の置かれた環境等の条件によってはタン
ク内で腐敗が進行し，酸素欠乏症を引き起こす危険性がある。

このため，タンクの内部は，労働安全衛生法施行令別表第 6 第 9 号の酸素欠乏危
険場所に該当し，今般，関係業界団体に対して，別添（略）のとおり標記災害の発
生防止対策の徹底について，会員事業場及び関係事業場への周知を図るよう要請し
たところである。

ついては，貴職におかれても下記に留意の上，関係業界団体，関係事業場等に対
する周知徹底に努められたい。

記

1　タンクの内部の洗浄，改修等を行う場合を除き，通常の作業においては，作業者がタンクの内部に入る必要がないので，タンクの内部については，原則として立入禁止とし，作業者が安易にタンクの内部に入ることのないよう周知徹底を図る必要があること。

2　タンクの内部の洗浄，改修等の作業を行うため，作業者がやむを得ずタンクの内部に入る場合は，酸素欠乏症等防止規則に規定されている第2種酸素欠乏危険作業に関する措置を講ずる必要があること。

3　長期間洗浄を行っていないタンクについては，内部で腐敗が進み，酸素濃度が低下している危険性が高いので，送気能力の高い送風機等を用い，特に十分な換気を行う必要があること。

4　十分な換気を継続して行えない場合であって，作業者に空気呼吸器又は送気マスクを着用させるときは，これらが適正に使用されない場合は，災害発生の原因となる危険性があるので，事前に十分な教育を行う必要があること。また，防毒マスク及び防じんマスクは，酸素欠乏症の防止には全く効力がないことについて周知徹底を図る必要があること。

3　納豆の製造工程における発酵場所に係る労働災害の防止について（抄）

（平成3年4月15日付け基発第266号〔別紙1〕）

1　納豆の製造工程における発酵場所は，労働安全衛生法施行令別表第6第8号に規定する「しょうゆ，酒類，もろみ，酵母その他発酵する物を入れてあり，又は入れたことのあるタンク，むろ又は醸造槽の内部」に該当するので，酸素欠乏症等防止規則に規定された酸素欠乏症の防止対策に係る措置を講ずること。

2　納豆の製造工程における発酵場所は，酸素濃度が低下するほか二酸化炭素濃度が非常に高くなることもあるので，当該場所に労働者を立ち入らせる場合には，換気する等二酸化炭素中毒を防止するための措置を講じること。

4　半導体製造工程における安全衛生対策指針（抄）

（昭和 63 年 2 月 18 日付け基発第 82 号）

第 7　緊急時対策

　（略）

5　酸素欠乏症の防止

　⑴　不活性ガスが流れる配管，バルブ等には，流れるガスの名称，流れの方向
　　又はバルブの開閉方向を表示すること。

　⑵　安全弁から排出される不活性ガスは，通風又は換気が不十分な場所に放出
　　しないこと。

　⑶　不活性ガスが流入するおそれがある場所には，不活性ガスを放出すること
　　ができる設備を設けること。

　⑷　ピット等通風の不十分な場所において不活性ガスの配管工事を行う場合に
　　は，配管から不活性ガスが流出しないように確実にしゃ断すること。

　⑸　クリーンルーム，その他不活性ガスが流出した場合において，酸素欠乏の
　　発生の危険のある場所については，酸素欠乏症等防止規則に準じて酸素欠乏
　　危険作業主任者を選任すること。

5　酸素欠乏症予防対策要綱（抄）

（昭和 42 年 11 月 18 日付け安発第 61 号）

2　作業時における措置

⑴　非圧気工法の作業場における作業の際の措置

　あらかじめ送気設備を使用して次に示す方法により送気を開始してから，15
分後に当該場所の酸素濃度を測定し，18％以上の酸素があることを確認してから
労働者を立ち入らせ，かつ，労働者に当該場所で作業させている間送気を継続す
ること。

　この場合，空気の送気口を作業場所にできるだけ近づけて，1 人当たり 10㎥／
分以上の送気を継続すること。

⑵　圧気工法の作業室における作業の際の措置

　あらかじめ，送気装置を使用して，気閘室及び作業室を当該気積の 5 倍以上の

有害でない空気を送給して喚気を行った後，酸素濃度を測定し，18%以上の酸素があることを確認してから労働者を立ち入らせ，かつ，労働者に当該場所で作業させている間送気を継続すること。

砂層または砂れき層に掘さく作業が到達すると，当該圧気工法の作業室内の圧力が急激に低下するが，この場合でも，送気量を減少させないで送気し続けること。

なお，近接して他に圧気工法を実施している場合には，そこを行う者と連絡して，無酸素状態の空気の還流を起こさせないための送気圧の調整を行うこと。

(3) ケーブル暗きょ等の下水暗きょ等における作業の際の措置

イ　送気設備を使用しない場合

あらかじめ，当該場所の酸素濃度を測定し，18%以上の酸素があることを確認してから労働者を立ち入らせること。

ロ　送気設備を使用する場合

あらかじめ，当該場所を次に示す方法により送気を開始してから15分後に，当該場所の酸素濃度を測定し，18%以上の酸素があることを確認してから労働者を立ち入らせ，かつ，労働者を当該場所で作業させている間送気を継続すること。

(イ) 暗きょにおける送気

暗きょの平均断面において 0.8m／秒以上の風速で次図に示す方法で送気すること。

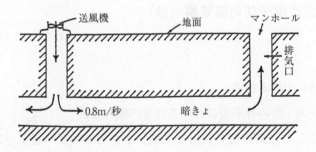

(ロ) ピットにおける送気

ピット内を均一に換気できるように注意し，20回／時以上の換気ができるように送気すること。

【 写真提供 】

株式会社 重松製作所

光明理化学工業 株式会社

株式会社 谷沢製作所

興研 株式会社

株式会社 流機エンジニアリング

理研計器 株式会社

（順不同）

酸素欠乏危険作業主任者テキスト

平成 25 年 3 月 25 日	第 1 版第 1 刷発行	
平成 27 年 1 月 15 日	第 2 版第 1 刷発行	
平成 29 年 6 月 30 日	第 3 版第 1 刷発行	
平成 31 年 2 月 28 日	第 4 版第 1 刷発行	
令和 3 年 6 月 30 日	第 5 版第 1 刷発行	
令和 6 年 9 月 5 日	第 9 刷発行	

編　　　者　中央労働災害防止協会

発 行 者　平 山　　剛

発 行 所　中央労働災害防止協会
　　　　　〒108-0023
　　　　　東京都港区芝浦3丁目17番12号
　　　　　吾妻ビル 9 階
　　　　　電話　販売　03（3452）6401
　　　　　　　　編集　03（3452）6209

印刷・製本　新日本印刷株式会社

落丁・乱丁本はお取替えいたします。　　　　　　　© JISHA 2021
ISBN 978-4-8059-1989-7　C3060
中災防ホームページ　https://www.jisha.or.jp/